中国方案是什么

《中国方案是什么》编写组◎著

新 华 出 版 社

图书在版编目（CIP）数据

中国方案是什么 /《中国方案是什么》编写组著 .

北京：新华出版社，2024.7

ISBN 978-7-5166-6087-4

Ⅰ . ① 中… Ⅱ . ① 中… Ⅲ . ① 中国特色社会主义—社会主义建设模式—研究

Ⅳ . ① D616

中国版本图书馆 CIP 数据核字（2021）第 206068 号

中国方案是什么

作者：《中国方案是什么》编写组

出版发行：新华出版社有限责任公司

（北京市石景山区京原路 8 号　邮编：100040）

印刷：河北鑫兆源印刷有限公司

成品尺寸：170mm×240mm　1/16　　　**印张：**26.75　　**字数：**285 千字

版次：2024 年 8 月第 1 版　　　　　　　**印次：**2024 年 8 月第 1 次印刷

书号：ISBN 978-7-5166-6087-4　　　　　**定价：**88.00 元

微店

视频号小店

抖店

京东旗舰店

微信公众号

喜马拉雅

小红书

淘宝旗舰店

扫码添加专属客服

目 录 CONTENTS

让和平的薪火代代相传，让发展的动力源源不断，让文明的光芒熠熠生辉，是各国人民的期待，也是我们这一代政治家应有的担当。中国方案是：构建人类命运共同体，实现共赢共享。

——习近平

第一章

大变局　新指引

2024 年的新年钟声尚在回荡，中东地区因巴以冲突燃起滚滚硝烟，紧张局势持续恶化。

1 月 2 日在黎巴嫩首都贝鲁特南郊，巴勒斯坦伊斯兰抵抗运动（哈马斯）政治局副主席萨利赫·阿鲁里据信遭以色列无人机袭击身亡，他是新一轮巴以冲突爆发以来，首名遇袭身亡的哈马斯高级政治领导人。

自 2023 年 10 月新一轮巴以冲突爆发以来，已有超过 3.8 万名巴勒斯坦人死亡，酿成严重的人道主义灾难。以方也有上千人丧生。冲突外溢效应持续在中东显现，地区局势急剧恶化，引起国际社会普遍担忧。

此外，乌克兰危机延宕不已，苏丹爆发武装冲突，尼日尔和加蓬发生政变……局部冲突与地区热点此起彼伏，国际形势动荡加剧。

与此同时，世界经济继续从新冠疫情等负面因素影响中艰难复苏，但复苏动能不足、增长势头不稳、各国分化趋势扩大等特征凸显。联合国 2024 年 1 月发布《2024 年世界经济形势与展望》报告，预测世界经济增速将从 2023 年的 2.7% 降至 2024 年的 2.4%。

放眼这纷繁世界，人们的一个共同感受是，当今世界正处于大发展大变革大调整时期，不稳定性和不确定性上升，人类社会面临许多共同挑战。

和平与发展面临着许多亟待破解的难题。

2021 年 3 月 25 日，联合国常务副秘书长阿明娜·穆罕默德（后右）在纽约联合国总部举行的记者会上发言。联合国当日发布的报告显示，新冠疫情或将导致全球失去 10 年发展成果。参与报告撰写的 60 多个国际机构呼吁，当务之急是筹措资金，努力解决日益扩大的不平等问题，实现经济复苏。（新华社记者 谢锷 摄）

一、世界百年未有之大变局

2017 年 12 月 28 日，具有划时代意义的中国共产党第十九次全国代表大会闭幕 65 天后，中共中央总书记、国家主席、中央军委主席习近平在人民大会堂接见了回国参加 2017 年度驻外使节工作会议的全体使节并发表重要讲话。

习近平主席在讲话中说，放眼世界，我们面对的是百年未有之大变局。新世纪以来一大批新兴市场国家和发展中国家快速发展，世界多极化加速发展，国际格局日趋均衡，国际潮流大势不可逆转。[1]

2018年6月，中共十九大后首次中央外事工作会议在北京举行。习近平主席在会议上指出，当前，我国处于近代以来最好的发展时期，世界处于百年未有之大变局，两者同步交织、相互激荡。[2]其后，习近平主席在国内外重要场合多次强调这一重要论断。

2023年12月27日至28日，中央外事工作会议时隔5年再次举行，习近平主席出席会议并发表重要讲话。会议指出，世界大变局加速演进，世界之变、时代之变、历史之变正以前所未有的方式展开，世界进入新的动荡变革期，但人类发展进步的大方向不会改变，世界历史曲折前进的大逻辑不会改变，国际社会命运与共的大趋势不会改变，对此我们要有充分的历史自信。[3]

大变局，历史前进的步伐

纵观人类历史，世界发展从来都是各种矛盾相互交织、相互作用的综合结果，大变局孕育于其中、演进于其中。15—16世纪，伴随西方国家的"大航海时代"来临，人类社会全球化程度进一步加深。17世纪中叶，欧洲主要国家签订《威斯特伐利亚和约》，确立国家主权平等的原则，在西方世界初步构架起一个规模有限的国际体系。18世纪第一次工业革命后，人类社会驶上了加速发展的轨道，科技

---

[1] 侯丽军：《习近平接见二〇一七年度驻外使节工作会议与会使节并发表重要讲话》，《新华每日电讯》2017年12月29日，第1版。

[2] 习近平：《坚持以新时代中国特色社会主义外交思想为指导　努力开创中国特色大国外交新局面》，《人民日报》2018年6月24日，第1版。

[3] 《中央外事工作会议在北京举行　习近平发表重要讲话》，新华网，2023年12月28日。

革命和工业革命带来生产力的巨大提升。进入 19 世纪，西方国家凭借船坚炮利，多次发动对外战争，致使亚洲、非洲、拉丁美洲等多地多国沦为殖民地、半殖民地，当地人民遭受巨大苦难。西方国家借此攫取掠夺了大量资源，以强力、强权主导国际事务。西方国家之间多次为争夺发展利益和殖民地爆发战争，同时也为避免或结束战争而尝试建立起多种类型的国际协调机制。从 19 世纪初的维也纳体系，到第一次世界大战后的凡尔赛—华盛顿体系，再到第二次世界大战后的雅尔塔体系，国际格局不断调整、演进。东欧剧变、苏联解体后，冷战格局落幕，美国成为当时唯一的超级大国，但世界其他一些地区国家的力量不断发展壮大，多极化趋势愈加清晰。科学社会主义诞生以来，从理论到实践，从遭遇曲折到改革振兴，也深刻影响世界大变局的演进过程，引领世界朝着有利于人类进步的方向发展。

进入 21 世纪，世界大变局的调整呈现出一系列前所未有的特征。当今世界变局，不是一时一事之变、一域一国之变，是世界之变、时代之变、历史之变。

国际体系和国际秩序的调整尤为深刻。过去数百年来，国际秩序一直是由少数国家或国家集团主导的。冷战结束、进入 21 世纪以来，和平、发展、合作、共赢成为时代潮流，任何国家或国家集团都再也无法单独主导世界事务。随着世界多极化和经济全球化深入发展，全球性挑战日益增多，第二次世界大战后建立的国际秩序和全球治理体系越来越显得不适应和不完善。发达国家内部矛盾重重、综合实力相对下降，一大批发展中国家群体性崛起，成为影响国际政治经济格局的重要力量。新兴市场国家和发展中国家推动国际秩序朝着更加公正、合理方向发展的呼声越来越高，国际关系民主化势不可当。

国际力量对比正在发生历史性变化。几十年来，一大批新兴市场国家和发展中国家走上发展的快车道，十几亿、几十亿人口正在加速走向现代化，多个发展中心在世界各地区逐渐形成。新兴市场国家和发展中国家自身实力、自主发展能力、国际影响力不断增强。发达国家和发展中国家在国际分工体系中的传统布局正被打破，发达国家经济增长乏力，新兴市场国家和发展中国家在世界经济中占据越来越大的份额，世界经济版图发生的深刻变化前所未有，世界经济重心加快"自西向东"位移。

根据国际货币基金组织（IMF）测算，按市场汇率换算，2021年新兴市场和发展中经济体的经济总量占全球的份额约为40.9%，创历史最高水平；2022年新兴市场和发展中经济体的经济总量占全球的份额将升至41.1%，并在未来5年达到44%左右。[1] 新兴市场国家和发展中国家对世界经济增长贡献率约为80%。[2] 有预测认为，2030年前后这些国家的经济总量占比将接近或达到世界的一半，全球发展版图将更加全面均衡。

新一轮科技革命和产业变革向纵深发展。人类经历了农业革命、工业革命，正在经历信息革命。新一轮科技革命和产业变革正处在

---

[1] 常红：《〈中国社会科学院国际形势报告（2022）〉指出——世界格局"东升西降""西强东弱"态势依旧》，人民网，2022年2月24日。
[2] 《2019年世界经济形势：进入中低速增长轨道》，人民网，2020年1月19日。

实现重大突破的历史关口。人工智能、大数据、量子技术、基因工程等前沿科技不断取得突破，催生大量新产业、新业态、新模式，社会生产和消费从工业化向自动化、智能化转变，学科之间、科学和技术之间、技术之间、自然科学和人文社会科学之间日益呈现交叉融合趋势。新一轮科技革命和产业变革带来的新陈代谢和激烈竞争前所未有，不仅有力重构全球创新版图、重塑全球经济结构，而且深刻改变人类社会生产生活方式和思维方式，推动生产关系变革，给国际格局和国际体系带来广泛而深远的影响。

国际政治和社会思潮深刻演变。世界社会主义 500 年，从空想到科学、从理论到实践、从一国实践到多国发展，反映了人类对美好社会制度的执着追求，深刻改变着世界历史的发展进程。20 世纪 80 年代末 90 年代初，世界社会主义遭受严重挫折，但历史发展规律不以人的意志为转移，历史总是要显示出其前进的力量。中国特色社会主义进入新时代，科学社会主义在 21 世纪的中国焕发出强大的生机。

当前，世界百年未有之大变局进入加速演变期。英国"脱欧"、法国"黄马甲"运动、美国大规模骚乱等不断上演，其背后是国际金融危机深层次影响持续发酵，西方国家政治极化、民粹主义、种族冲突、贫富差距持续拉大等问题。特别要看到，新冠疫情成为大变局的新变量、新格局的催化剂。这次疫情，不仅让复苏乏力的世界经济雪上加霜，更重要的是它凸显出西方资本主义主导下国际体系的严重弊端，加快了国际力量的此消彼长，推动百年变局不断向纵深发展。

2019 年 9 月 10 日在纽约联合国总部拍摄的联合国儿童基金会制作的装置艺术作品，3758 个蓝色书包象征了 2018 年在世界各冲突地区丧生的儿童。（新华社记者 李木子 摄）

四大赤字，直面全球共同挑战

在纽约联合国总部北草坪上，3758 个蓝色书包如同墓碑一般排列着，纪念 2018 年全球因冲突而丧生的儿童。印着"联合国儿童基金会"标识的蓝色书包，是战乱地区儿童永远无法实现的梦想。

百年变局给世界带来巨大震荡，人类面临诸多全球性挑战。时任慕尼黑安全会议主席沃尔夫冈·伊申格尔 2019 年 2 月指出，危机就在于旧秩序正在死亡，而新秩序无法诞生，在这个过渡期，各种各样的病态症状就会层出不穷。

据联合国 2021 年 6 月发布的报告，2020 年全球各地的武装冲突造成约 2.65 万起严重侵害少年儿童人权的事件，超过 1.93 万名儿童受害。报告特别指出，与 2019 年相比，2020 年侵害事件总数增长了约 1500 起，绑架事件数量增幅高达 90%，强奸和其他形式的性侵害事件激增 70%。[1]

根据德国海德堡国际冲突研究所（HIIK）年度报告，2021 年，在全球范围观察到 355 起冲突，其中约 60%（204 起）是暴力冲突，151 起处于非暴力水平。与 2020 年相比，全面战争从 21 次减少到 20 次，而有限战争从 19 次增加到 20 次。

澳大利亚智库经济与和平研究所（IEP）发布的 2022 年全球恐怖主义指数（GTI）显示，2021 年，全球死于恐怖主义的人数为 7142 人，同比下降了 1.2%，然而全球袭击事件数量同比增加了

---

[1]《联合国报告：2020 年武装冲突导致的严重侵害少年儿童事件高达 2 万多起》，中国新闻网，2021 年 6 月 22 日。

17%，达到 5226 起。

自然和人为原因造成的全球人道主义危机在不断加剧。根据联合国人道主义事务协调办公室（OCHA）发布的《2023 年全球人道主义状况概览》，2023 年将有 3.39 亿人需要人道主义援助和保护，比 2022 年年初的 2.74 亿人大幅增加，创历史新高，其中相当大一部分人生活在撒哈拉沙漠以南非洲。联合国及其合作组织 2023 年需要 515 亿美元向 68 个国家的 2.3 亿最需要帮助的人提供援助，资金需求与 2022 年相比增加了 25%。

2021 年 3 月 13 日，鸽子飞翔在叙利亚拉卡的受损建筑之上。2021 年 3 月 15 日，叙利亚危机爆发 10 周年。据联合国难民署统计，10 年来，危机造成 600 多万人流离失所。（新华社 / 法新）

长期存在的贫困现象和贫富差距过大问题也是全球经济和人类社会发展的难题。根据联合国开发计划署 2021 年发布的全球多维贫困指数（MPI），在 109 个发展中国家中，有 13 亿人（占总人口的 22%）生活在多维贫困中。国际救援组织乐施会 2022 年年初发布的一份研究报告显示，2020 年 3 月至 2021 年 11 月，全球最富有的 10 个人财富总额由约 7000 亿美元增至逾 1.5 万亿美元，相当于全球最贫穷的 31 亿人财富总和的 7 倍。与此同时，贫困人口增加数量超过 1.6 亿人。[1]

世界经济面临着"逆全球化""去全球化"思潮以及民粹主义、单边主义、保护主义明显抬头，国际贸易投资低迷，多边贸易体制遭受严重冲击，区域贸易安排丛生，导致规则碎片化等问题。

国际货币基金组织 2023 年 10 月发布的《世界经济展望报告》170 多次提及"碎片化"一词，警告"地缘政治分裂"正在给产业链供应链造成重大损失，"各国分裂成只在彼此之间开展贸易的集团……可能会让全球全年国内生产总值减少 7%"。

根据国际劳工组织（ILO）发布的《世界就业和社会展望：2023年趋势》报告，2023 年全球就业增长将仅为 1.0%，不及 2022 年水平的一半。[2]

全球治理体系和治理能力严重滞后，也制约着世界经济的发展。

2022 年 6 月 12 日，日内瓦。因新冠疫情等原因被数度推迟后，世贸组织第十二届部长级会议终于开幕。但不可否认，复杂的国际形势使本届会议和世贸组织面临诸多考验……世贸组织内部挑战重

---

[1] 王鑫方：《报告显示全球不平等加剧》，《中国纪检监察报》2022 年 1 月 18 日，第 4 版。
[2] 《国际劳工组织预计 2023 年全球失业人数将增至 2.08 亿》，中国新闻网，2023 年 1 月 16 日。

重，制约自身改革进程。一方面，各成员利益各异，在一些重大问题上达成一致存在阻力；另一方面，世贸组织争端解决机制仍面临系统性障碍，上诉机构依然无法正常运行。[1]

此外，国际货币基金组织、世界银行等国际多边机构，也面临着诸如议而不决、决而不行和代表性不足等结构性问题。

习近平主席 2018 年 4 月会见联合国秘书长古特雷斯时指出，国际上的问题林林总总，归结起来就是要解决好治理体系和治理能力的问题。[2]

习近平主席 2020 年 9 月 22 日在第七十五届联合国大会一般性辩论上指出，这场疫情启示我们，全球治理体系亟待改革和完善。疫情不仅是对各国执政能力的大考，也是对全球治理体系的检验。[3]

美国布鲁金斯学会全球经济和发展项目高级研究员阿马尔·巴塔查雅说，全球治理机制到底是什么？一方面是合法性，也就是每个国家在全球治理中都应该享有平等的话语权；另一方面是有效的多边合作，即各国齐聚一堂，共商多边解决之道。[4]

时至今日，人们依然会记得 2015 年那张令人心碎的照片：层层浪花拍打着沙滩，但 3 岁的生命永久凋零，张开的小手、俯卧的幼体叩击着人们的心扉。溺亡于地中海的小难民艾兰，是叙利亚战乱

---

[1] 陈俊侠、陈斌杰：《世贸组织第 12 届部长级会议前瞻：多边主义面临的契机与挑战》，新华网，2022 年 6 月 11 日。
[2] 谭晶晶：《习近平会见联合国秘书长》，《新华每日电讯》2018 年 4 月 9 日，第 1 版。
[3] 《习近平在第七十五届联合国大会一般性辩论上的讲话》，新华网，2020 年 9 月 22 日。
[4] 解读中国工作室：《读懂中国：海外知名学者谈中国新时代》，天津人民出版社，2019 年版，第 290 页。

2015 年 9 月 4 日，在印度布巴内什瓦尔附近的海滩，一名印度艺术家创作以"叙利亚小难民艾兰·库尔迪溺亡"为题材的沙雕。（新华社 / 法新）

中数百万流离失所者的凄惨写照，也让人们陷入沉思：人类已进入 21 世纪，这类悲剧何时能不再上演？

习近平主席 2017 年 5 月 14 日在首届"一带一路"国际合作高峰论坛的主旨演讲中提出，和平赤字、发展赤字、治理赤字，是摆在全人类面前的严峻挑战。[1] 2019 年 3 月 26 日，习近平主席在中法全球治理论坛闭幕式上的讲话中又提出了"信任赤字"。[2]

2022 年 10 月 16 日，在中国共产党第二十次全国代表大会上，习近平总书记以简洁有力的语言概括纷繁复杂的国际形势：当前，

---

[1] 习近平：《携手推进"一带一路"建设——在"一带一路"国际合作高峰论坛开幕式上的演讲》，《人民日报》2017 年 5 月 15 日，第 3 版。
[2] 习近平：《为建设更加美好的地球家园贡献智慧和力量——在中法全球治理论坛闭幕式上的讲话》，《新华每日电讯》2019 年 3 月 27 日，第 2 版。

2017年5月14日，"一带一路"国际合作高峰论坛开幕式在北京国家会议中心举行。
（新华社记者 李学仁 摄）

世界之变、时代之变、历史之变正以前所未有的方式展开。一方面，和平、发展、合作、共赢的历史潮流不可阻挡，人心所向、大势所趋决定了人类前途终归光明。另一方面，恃强凌弱、巧取豪夺、零和博弈等霸权霸道霸凌行径危害深重，和平赤字、发展赤字、安全赤字、治理赤字加重，人类社会面临前所未有的挑战。[1]

如何破解这些全球赤字？习近平主席提出坚持公正合理、坚持互商互谅、坚持同舟共济、坚持互利共赢四个核心理念。习近平主席强调，面对严峻的全球性挑战，面对人类发展在十字路口何去何从

---

[1] 习近平：《高举中国特色社会主义伟大旗帜 为全面建设社会主义现代化国家而团结奋斗——在中国共产党第二十次全国代表大会上的报告》，求是网，2022年10月25日。

的抉择，各国应该有以天下为己任的担当精神，积极做行动派、不做观望者，共同努力把人类前途命运掌握在自己手中。[1]

二、大变局下的"中国指引"

当今世界正处于百年未有之大变局，各种新旧问题与复杂矛盾叠加碰撞、交织发酵。人类社会面临前所未有的挑战，不稳定、不确定、难预料成为常态。

站在何去何从的十字路口，人类面临两种截然不同的取向：一种是重拾冷战思维，挑动分裂对立，制造集团对抗；另一种是从人类共同福祉出发，致力团结合作，倡导开放共赢，践行平等尊重。两种取向、两种选择的博弈和较量，将深刻影响人类和地球的未来。

2013年，习近平主席提出构建人类命运共同体理念，目的就是回答"人类向何处去"的世界之问、历史之问、时代之问，为彷徨求索的世界点亮前行之路，为各国人民走向携手同心共护家园、共享繁荣的美好未来贡献中国方案。

构建人类命运共同体，就是每个民族、每个国家、每个人的前途命运都紧紧联系在一起，应该风雨同舟，荣辱与共，努力把我们生于斯、长于斯的星球建成一个和睦的大家庭，推动建设持久和平、普遍安全、共同繁荣、开放包容、清洁美丽的世界，把各国人民对

---

[1] 习近平：《为建设更加美好的地球家园贡献智慧和力量——在中法全球治理论坛闭幕式上的讲话》，《新华每日电讯》2019年3月27日，第2版。

美好生活的向往变成现实。

"五个世界"的中国主张

构建人类命运共同体理念，着眼全人类的福祉，既有现实思考，又有未来前瞻；既描绘了美好愿景，又提供了实践路径和行动方案；既关乎人类的前途，也攸关每一个体的命运。

10 多年来，构建人类命运共同体的理念不断丰富和发展。从习近平主席 2013 年在莫斯科国际关系学院首次提出，到 2015 年在第七十届联大一般性辩论上提出"五位一体"总体框架，再到 2017 年在联合国日内瓦总部提出建设"五个世界"的总目标，人类命运共同体理念的思想内涵不断深化拓展。

10 多年来，构建人类命运共同体的实践稳步推进。从双边到多边，从区域到全球，这一理念取得全方位、开创性的丰硕成果，共建"一带一路"倡议、全球发展倡议、全球安全倡议、全球文明倡议落地生根，给世界带来的是繁荣稳定的巨大红利，创造的是扎扎实实的民生福祉。

10 多年来，构建人类命运共同体的观念日益深入人心。越来越多国家和人民认识到，这一理念符合全人类共同利益，反映了世界人民追求和平、正义、进步的心声，汇聚了各国人民共建美好世界的最大公约数。国际社会普遍认为，人类命运共同体理念超越利己主义和保护主义，打破了个别国家唯我独尊的霸权思维，反映出中国对人类发展方向的独到见解，对于推动各国团结合作、共创人类美好未来具有重要意义。

构建人类命运共同体，坚持开放包容，坚持互利共赢，坚持公道正义，不是以一种制度代替另一种制度，不是以一种文明代替另一种文明，而是不同社会制度、不同意识形态、不同历史文化、不同发展水平的国家在国际事务中利益共生、权利共享、责任共担。构建人类命运共同体理念，站在历史正确的一边，站在人类进步的一边，为国际关系确立新思路，为全球治理提供新智慧，为国际交往开创新格局，为美好世界描绘新愿景。

坚持对话协商，建设一个持久和平的世界。纵观人类文明发展进程，尽管千百年来人类一直期盼永久和平，但战争从未远离。当今世界，人类所处的安全环境仍然堪忧，国际安全形势动荡复杂，传统安全威胁和非传统安全威胁相互交织，地区冲突和局部战争持续不断，恐怖主义仍然猖獗。20 世纪上半叶，人类遭受了两次世界大战的劫难。从 20 世纪 40 年代后期开始，延续 40 余年的冷战，也给世人留下惨痛的教训。进入 21 世纪以来，战争的阴影依然笼罩着人类。

维护和平是每个国家都应该肩负起来的责任。各国要相互尊重、平等协商，坚决摒弃冷战思维和强权政治。大国要在相互尊重的基础上管控矛盾分歧，平等对待小国，不搞唯我独尊、恃强凌弱的霸道。任何国家都不能随意发动战争，不能破坏国际法治，不能打开潘多拉盒子，要共同维护比金子还珍贵的和平时光。各方要秉持和平、主权、普惠、共治原则，把深海、极地、外空、互联网等领域打造成各方合作的新疆域，而不是相互博弈的竞技场。

坚持共建共享，建设一个普遍安全的世界。世上没有绝对安全的世外桃源，一国安全不能建立在别国不安全之上，别国面临的威胁也可能成为本国的挑战。邻居出了问题，不能光想着扎好自家篱笆，而应该去帮一把。各方应该树立共同、综合、合作、可持续的安全观，以对话解决争端，以协商化解分歧，统筹应对传统和非传统安全威胁。恐怖主义、难民危机等问题都同地缘冲突密切相关，化解冲突是根本之策。各国应该以合作谋和平、以合作促安全，坚持以和平方式解决争端，反对动辄使用武力或以武力相威胁，反对为一己之私挑起事端、激化矛盾，反对以邻为壑、损人利己。各国一起走和平发展道路，才能实现世界长久和平，才能让和平的阳光普照大地，让人人享有安宁祥和。

坚持合作共赢，建设一个共同繁荣的世界。人类社会发展的历史实践表明，开放带来进步，封闭必然落后。世界已经成为你中有我、我中有你的地球村，各国经济社会发展日益相互联系、相互影响，推进互联互通、加快融合发展成为促进共同繁荣发展的必然选择。当前，发展不平衡不充分问题仍然普遍存在，如果奉行零和博弈、赢者通吃的老一套逻辑，采取尔虞我诈、以邻为壑的老一套办法，结果必然是封上了别人的门，也堵上了自己的路，侵蚀的是自己发展的根基，损害的是全人类的未来。

经济全球化是历史大势，促成了贸易大繁荣、投资大便利、人员大流动、技术大发展。各国应该坚持你好我好大家好的理念，推进开放、包容、普惠、平衡、共赢的经济全球化，创造全人类共同发展的良好条件，共同推动世界各国繁荣发展，让发展成果惠及世界各国，让人人享有富足安康。各国应该坚持开放的政策取向，旗帜鲜明地反对保护主义、单边主义，提升多边和双边开放水平，推动各国经济联动融通，共同建设开放型世界经济。各国应该加强宏观经济政策协调，减少负面外溢效应，合力促进世界经济增长。各国应该推动构建公正、合理、透明的国际经贸规则体系，推进贸易和投资自由化便利化，促进全球经济进一步开放、交流、融合。

坚持交流互鉴，建设一个开放包容的世界。中国有句古话："万物并育而不相害，道并行而不相悖。"文明的繁盛、人类的进步，离不开求同存异、开放包容，离不开文明交流、互学互鉴。世界上有 200 多个国家和地区、2500 多个民族、多种宗教，一部人类史就是一幅不同文明交流、互鉴、融合的宏伟画卷。不同文明凝聚着不同民族的智慧和贡献，没有高低之别，更无优劣之分。傲慢和偏见是文明交流互鉴的最大障碍，平等和尊重才是文明交流互鉴的前提。历史呼唤着人类文明同放异彩，不同文明应该和谐共生、相得益彰，共同为人类发展提供精神力量。我们应该坚持世界是丰富多彩的、文明是多样的理念，让人类创造的各种文明交相辉映，编织出斑斓绚丽的图画，共同消除现实生活中的文化壁垒，共同抵制妨碍人类心灵互动的观念纰缪，共同打破阻碍人类交往的精神隔阂，让各种文明和谐共存，让人人享有文化滋养。

坚持绿色低碳，建设一个清洁美丽的世界。生态文明建设关乎人类未来，建设美丽家园是人类的共同梦想。共同呵护好地球家园，是为了我们自己，也是为了子孙后代。我们应该坚持人与自然共生共存的理念，像对待生命一样对待生态环境，对自然心存敬畏，尊重自然、顺应自然、保护自然，共同保护不可替代的地球家园，共同医治生态环境的累累伤痕，共同营造和谐宜居的人类家园，让自然生态休养生息，让人人都享有绿水青山。各方应倡导绿色、低碳、循环、可持续的生产生活方式，采取行动应对气候变化，构筑尊崇自然、绿色发展的生态体系。中国将提高国家自主贡献力度，采取更加有力的政策和措施，二氧化碳排放力争于 2030 年前达到峰值，努力争取 2060 年前实现碳中和。面向未来，中国愿同各方一道，坚持走绿色发展之路，共筑生态文明之基，全面落实联合国 2030 年可持续发展议程，保护好人类赖以生存的地球家园。

构建人类命运共同体为改革和完善国际治理体系提出了中国方案。这一重要理念，汇聚了各国人民求和平谋发展盼稳定的最大公约数，画出了不同文化背景和发展程度国家之间的最大同心圆，超越了零和博弈、强权政治、冷战对抗的各种陈旧思维，成为新时代中国特色大国外交的总目标，成为引领时代潮流和人类前进方向的鲜明旗帜。

中共二十大报告指出："构建人类命运共同体是世界各国人民前途所在。"人类命运共同体理念以和平发展超越冲突对抗，以共同安全取代绝对安全，以互利共赢摒弃零和博弈，以交流互鉴防止文明冲突，以绿色发展呵护地球家园，顺应了世界大势和人心所向。面对层出不穷的全球性挑战，只有各国行天下之大道，和睦相处、合作共赢，繁荣才能持久，安全才有保障。新时代中国愿同世界各国一道，以推动构建新型国际关系为根本路径，以落实全球发展倡议、全球安全倡议、全球文明倡议为重要依托，以和平、发展、公平、正义、民主、自由的全人类共同价值为价值追求，携手建设持久和平、普遍安全、共同繁荣、开放包容、清洁美丽的世界。

构建人类命运共同体理念，浓缩着新时代中国领导人对世界的深邃思考，体现了中国这个大国、中国共产党这个大党的天下情怀，蕴藏着人类从何处来、向何处去的历史密码。构建人类命运共同体的美好目标，需要一代又一代人接力跑才能实现。中国将与各国一道，在和平与发展的马拉松跑道上奋勇向前。

新时代中国的"世界观"

2020 年 3 月 21 日，中国赴塞尔维亚抗疫医疗专家组从广州出发飞抵贝尔格莱德，支援当地疫情防控工作。随后的一幕令很多中国人为之动容：塞尔维亚总统武契奇不仅亲自到机场迎候中国医疗专家组，并现场向五星红旗献上深情一吻。

突然而至的疫情令塞尔维亚医疗系统承压，检测手段有限，病例快速增长，整个国家面临"最为困难的时刻"。中国专家组几乎走遍塞尔维亚所有疫情严重的城市，给当地带来疫情防控的宝贵知识和经验，更给塞尔维亚民众带来了战胜疫情的信心和动力。[1]

中国没有忘记，在中国疫情吃紧的关键时刻，塞尔维亚政府在财政并不宽裕的情况下给予中国紧急医疗物资援助，在首都贝尔格莱德还专门举行了一场声援中国抗疫的音乐会。

肆虐全球的新冠疫情以一种极端和特殊的方式告诫世人：人类

---

[1] 石中玉：《塞尔维亚总统：中国助力塞尔维亚稳定疫情和恢复经济》，新华网，2020 年 5 月 2 日。

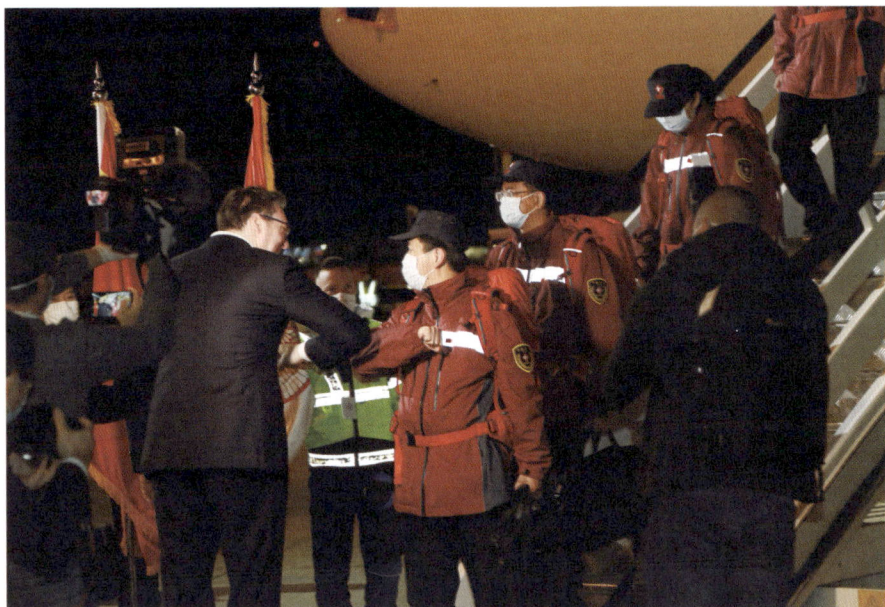

2020 年 3 月 21 日晚，中国援助塞尔维亚抗疫医疗专家组一行 6 人乘专机抵达塞首都贝尔格莱德，前来迎接的塞尔维亚总统武契奇（左）与医疗专家组成员"碰肘"致意。（新华社记者 石中玉 摄）

生活在一个互联互通、休戚与共的地球村里。

"人类是一个整体，地球是一个家园。面对共同挑战，任何人任何国家都无法独善其身，人类只有和衷共济、和合共生这一条出路。"2021 年 7 月 6 日，习近平主席在中国共产党与世界政党领导人峰会上的主旨讲话中这样说。[1]

构建人类命运共同体，实现共赢共享。数年间，习近平主席在一系列重大国际场合、从多个角度深刻阐述中国的主张和理念，为世界提供应对和解决"世界怎么了、我们怎么办"世纪命题的中国方案。

---

[1] 习近平：《加强政党合作　共谋人民幸福——在中国共产党与世界政党领导人峰会上的主旨讲话》，《新华每日电讯》2021 年 7 月 7 日，第 2 版。

在推动构建人类命运共同体的总目标引领下，根据不同领域和议题，可从多个维度来观察中国方案。

——倡导平等、开放、合作、共享的全球经济治理观。

"当前，经济全球化虽然面临不少阻力，但存在更多动力，总体看，动力胜过阻力，各国走向开放、走向合作的大势没有改变、也不会改变。"习近平主席说。[1]

一方面，为应对疫情冲击、促进经济复苏、维护世界稳定，国际社会作出了艰苦努力；但另一方面，一些地方战乱和冲突仍在持续，饥荒和疾病仍在流行，隔阂和对立仍在加深，各国人民追求幸福生活的呼声更加强烈。

经济全球化是社会生产力发展的客观要求和科技进步的必然结果，为世界经济增长提供了强劲动力，促进了商品和资本流动、科技和文明进步、各国人民交往。经济全球化也是一把"双刃剑"，反全球化的声音也反映出经济全球化进程的不足。面对经济全球化带来的机遇与挑战，中国主张充分利用一切机遇，合作应对一切挑战，同世界各国合作，共同引导经济全球化朝着更加开放、包容、普惠、平衡、共赢的方向发展。

习近平主席指出，全球经济治理需要与时俱进、因时而变。全球经济治理应该以平等为基础，更好反映世界经济格局新现实，增加新兴市场国家和发展中国家代表性和发言权，确保各国在国际经

---

[1] 习近平：《加强政党合作　共谋人民幸福——在中国共产党与世界政党领导人峰会上的主旨讲话》，《新华每日电讯》2021年7月7日，第2版。

济合作中权利平等、机会平等、规则平等。

全球经济治理应该以开放为导向，坚持理念、政策、机制开放，适应形势变化，广纳良言，充分听取社会各界建议和诉求，鼓励各方积极参与和融入，不搞排他性安排，防止治理机制封闭化和规则碎片化。

全球经济治理应该以合作为动力，全球性挑战需要全球性应对，合作是必然选择，各国要加强沟通和协调，照顾彼此利益关切，共商规则，共建机制，共迎挑战。

全球经济治理应该以共享为目标，提倡所有人参与，所有人受益，不搞一家独大或者赢者通吃，而是寻求利益共享，实现共赢目标。[1]

——提倡创新、协调、绿色、开放、共享的发展观，实现各国经济社会协同进步，解决发展不平衡带来的问题，缩小发展差距，促进共同繁荣。

"一花独放不是春，百花齐放春满园。"中国始终认为，大家一起发展才是真发展，可持续发展才是好发展。

中国秉持创新、协调、绿色、开放、共享的发展理念，拓展务实合作空间，助力全球经济复苏、民生改善。

中国古人说："适己而忘人者，人之所弃；克己而立人者，众之所戴。"发展是世界各国的权利，而不是少数国家的专利。中国致力于推动各国加强发展合作、各国人民共享发展成果，提升全球

---

[1] 习近平：《中国发展新起点　全球增长新蓝图——在二十国集团工商峰会开幕式上的主旨演讲》，《新华每日电讯》2016 年 9 月 4 日，第 2 版。

发展的公平性、有效性、协同性，反对任何人搞技术封锁、科技鸿沟、发展脱钩。

中国将继续同国际社会加强高质量共建"一带一路"合作，共同为促进全球互联互通做增量、做加法。以开放、融通、互利、共赢的合作精神，拒绝自私自利、短视封闭的狭隘政策，维护世界贸易组织规则，支持多边贸易体制，构建开放型世界经济。

在经济全球化遭遇"逆风"的当下，中国用行动表明，中国开放的大门只会越开越大。这是中国基于发展需要作出的战略抉择，也是顺应经济全球化大势的务实行动。

——践行共同、综合、合作、可持续的全球安全观，摒弃冷战思维、集团对抗，反对以牺牲别国安全换取自身绝对安全的做法。

共同，就是要尊重和保障每一个国家的安全，安全应该是普遍的、平等的、包容的；综合，就是要统筹维护传统领域和非传统领域安全，通盘考虑安全问题的历史经纬和现实状况，多管齐下、综合施策，协调推进地区安全治理；合作，就是要通过对话合作，促进各国、各地区和全球的安全，通过对话沟通，增进战略互信，求同化异，和睦相处；可持续，就是要发展和安全并重，以实现持久安全，发展是安全的基础，安全是发展的条件，应该聚焦发展主题，改善民生，缩小贫富差距，夯实安全的根基。

应对恐怖主义挑战，没有一个国家可以独善其身，反恐是各国的共同义务，要加强协调，建立全球反恐统一战线。

——树立平等、互鉴、对话、包容的文明观，以文明交流超越文明隔阂，以文明互鉴超越文明冲突，以文明共存超越文明优越。

文明因多样而交流，因交流而互鉴，因互鉴而发展。文明的繁盛、人类的进步，离不开求同存异、开放包容，离不开文明交流、互学互鉴。人类只有肤色语言之别，文明只有姹紫嫣红之别，但绝无高低优劣之分。文明交流互鉴应该是对等的、平等的，应该是多元的、多向的，而不应该是强制的、强迫的，不应该是单一的、单向的。

中国主张各国秉持相互尊重、开放包容的精神，多沟通、多对话、多协商、多合作，树立平等、互鉴、对话、包容的文明观，为促进世界和平与发展、推动构建人类命运共同体肩负起各国应有的责任与担当。

——"人民幸福生活是最大的人权"是当代中国人权观的凝练表达。多年来，中国是全球人权治理体系的共同建设者，更是增益世界人权事业发展的行动派，为实现"人人得享人权"的世界愿景贡献了实实在在的中国力量。

——作为全球生态文明建设的参与者、贡献者、引领者，中国坚定践行多边主义，努力推动构建公平合理、合作共赢的全球环境治理体系。

中华民族始终遵循"道法自然、天人合一"的自然观，践行"钓而不纲，弋不射宿"的生态观，体现了对天地宇宙的敬畏和热爱、对人与自然和谐共生的追求。

中国秉持"绿水青山就是金山银山"理念，坚定不移走生态优先、绿色发展新道路，努力开创美丽中国建设新局面，推动国际社会加强绿色合作，共谋人与自然和谐共生之道，推动构建人与自然生命共同体。

——倡导公平正义的国际秩序观，始终做国际关系准则的捍卫者、多边体系的维护者、国际秩序的稳定锚。

中国反对一切形式的单边主义，反对搞针对特定国家的阵营化和排他性"小圈子"，反对打着所谓"规则"旗号破坏国际秩序、制造"新冷战"和意识形态对抗的行径。

中国坚持世界只有一个体系，就是以联合国为核心的国际体系；只有一个秩序，就是以国际法为基础的国际秩序；只有一套规则，就是以联合国宪章宗旨和原则为基础的国际关系基本准则。

——倡导共商共建共享的全球治理观，不断改革完善全球治理体系，推动各国携手建设人类命运共同体。

推动全球治理体系变革是国际社会大家的事，全球事务应该由各国人民商量着办，需要积极推进全球治理规则民主化，通过充分协商达成共识和一致行动。国家之间要坚持求同存异、聚同化异，以交流促合作，以合作促共赢。各国也应有以天下为己任的担当精神，大国更应有大国的责任和担当，提供更多全球公共产品。要坚定维护和践行多边主义，保障各国平等发展权利，促进共同繁荣发展，共享全球发展成果。

中国倡导高举构建人类命运共同体旗帜，推动全球治理体系朝着更加公正合理的方向发展，坚持以公平正义为理念引领全球治理体系改革。

——推动构建相互尊重、公平正义、合作共赢的新型国际关系。

当今世界正处于百年未有之大变局中，各国应如何相处，应该遵循什么样的准则，需要构建怎样的国际关系，是个重大课题。

习近平主席在倡导推动构建人类命运共同体重要理念的同时，开创性地提出推动构建相互尊重、公平正义、合作共赢的新型国际关系。构建人类命运共同体是目标和方向，建设相互尊重、公平正义、合作共赢的新型国际关系就是前提和路径，其实质就是要走出一条国与国交往的新路，并为构建人类命运共同体开辟道路、创造条件。

中共十八大以来，以习近平同志为核心的党中央敏锐把握国际形势新变化，在新的历史起点上，赋予和平共处五项原则新的时代内涵，推动国际社会朝着构建人类命运共同体的崇高目标不懈努力。中国积极发展全球伙伴关系，扩大同各国的利益交汇点，推进大国协调和合作，构建总体稳定、均衡发展的大国关系框架，按照亲诚惠容理念和与邻为善、以邻为伴周边外交方针深化同周边国家关系，秉持真实亲诚理念和正确义利观加强同发展中国家团结合作。发展全球伙伴关系，是中国外交理论和实践的重要创新，是当代国际关系理念的重要突破，成为中国推动构建新型国际关系的新路径和通向人类命运共同体的新起点。

——坚守和平、发展、公平、正义、民主、自由的全人类共同价值。

2015年9月28日，在第七十届联合国大会一般性辩论上，习近平主席指出："和平、发展、公平、正义、民主、自由，是全人类的共同价值，也是联合国的崇高目标。"[1]

---

[1] 习近平：《携手构建合作共赢新伙伴　同心打造人类命运共同体——在第七十届联合国大会一般性辩论时的讲话》，《新华每日电讯》2015年9月29日，第2版。

人类生活在同一个地球村，越来越成为你中有我、我中有你的命运共同体，客观存在共同利益，必然要求共同价值。中国所主张的共同价值，不是要把哪一方的价值观奉为一尊，而是倡导求同存异、和而不同，充分尊重文明的多样性，尊重各国自主选择社会制度和发展道路的权利，而不是唯我独尊，将自己的政治理念和制度模式强加于人。

新加坡国立大学亚洲研究院研究员马凯硕曾这样表达对人类命运共同体理念的看法：这个理念很好地捕捉了世界的变化，过去几十亿人生活在190多条独立的船上，随着全球化，世界变得越来越小，变得更加相互依赖，如今人们住在同一条船上的190多个船舱里，现在的处境是相同的，我们不应该只是关心自己的船舱，而是应该关心整个船只，因为我们有共同的未来。[1]

中国方案 天下情怀

当今世界，是各国人民的世界。世界的命运必须由各国人民共同掌握。今天的人类，比以往任何时候都有条件朝着和平与发展的目标迈进。世界面临的困难和挑战需要各国人民同舟共济、携手应对，和平发展、合作共赢才是人间正道。

我们所处的是一个充满挑战的时代，也是一个充满希望的时代。"建设一个什么样的世界、如何建设这个世界"成为关乎人类前途

---

[1] 解读中国工作室：《读懂中国：海外知名学者谈中国新时代》，天津人民出版社，2019 年版，第 277 页。

命运的重大课题。面对时代之问,中国的回答是构建人类命运共同体。这一理念源于对国家交往关系的合理性设计,源于国际社会的普遍共识和共同期盼,也源于中国的大国责任和担当。

今日之中国,不仅是中国之中国,而且是世界之中国。中国的发展离不开世界,世界的发展也需要中国。中共二十大报告擘画了以中国式现代化全面推进中华民族伟大复兴的宏伟蓝图,明确提出推动构建人类命运共同体是中国式现代化的本质要求之一,把中国的前途命运和人类的前途命运紧密联系起来。

构建人类命运共同体理念基于深厚的中国文化底蕴,源于中国式现代化的道路实践,继承弘扬新中国外交的优良传统,吸收借鉴人类社会优秀文明成果,反映了全人类的普遍愿望和共同心声。这一理念汲取中国传统文化智慧,坚守大道之行、天下为公的治理原则,追寻和合共生、天下大同的高远理想,日益成为时代精神的重要组成部分。它直指当前国际政治经济运行机制中的痼疾,推动全球治理体系向着更加公正合理的方向发展,是中国为人类社会发展和文明进步作出的重大开创性贡献。

构建人类命运共同体,是从世界和平与发展的大势出发处理当代国际关系的中国智慧,是完善全球治理的中国方案,是应对21世纪各种全球性挑战的中国主张。

人类命运共同体理念直指当今世界面临的和平赤字、发展赤字、安全赤字、治理赤字,在卫生健康、气候变化、网络安全等领域提出丰富主张,转化为具体行动,为解决世界性难题作出了中国的独特贡献。

人类命运共同体理念超越了集团政治的"小圈子"规则，超越了实力至上的逻辑，超越了少数西方国家定义的"普世价值"，顺应时代潮流，倡导全球协作，推动国际秩序朝着更加公正合理的方向发展。

中国始终坚定维护联合国宪章宗旨和原则，坚定维护联合国权威和地位，践行真正的多边主义，积极参与引领全球治理体系变革。

中国提出全球发展倡议、全球安全倡议、全球文明倡议，从发展、安全、文明三个维度指明人类社会前进方向，彼此呼应、相得益彰，成为推动构建人类命运共同体的重要依托，是解答事关人类和平与发展重大问题的中国方案。

中国提出和平、发展、公平、正义、民主、自由的全人类共同价值，以宽广胸怀理解不同文明对价值内涵的认识，尊重不同国家人民对自身发展道路的探索，弘扬中华文明蕴含的全人类共同价值，超越所谓"普世价值"的狭隘历史局限，体现了人类命运共同体的价值追求。

联合国秘书长古特雷斯说，在习近平主席的领导下，中国已成为多边主义的重要支柱，"而我们践行多边主义的目的，就是要建立人类命运共同体"。正是基于这种国际认同，这一中国理念多次载入联合国相关文件和决议，也是时代的需要。

2017 年 2 月，联合国社会发展委员会第五十五届会议协商一致通过"非洲发展新伙伴关系的社会层面"决议，"构建人类命运共同体"理念首次写入联合国决议。

一个多月后，联合国安理会一致通过关于阿富汗问题的第 2344

号决议，强调应本着合作共赢精神推进地区合作，以有效促进阿富汗及地区的安全、稳定和发展，构建人类命运共同体。这是"构建人类命运共同体"理念首次写入安理会决议。

此后，"构建人类命运共同体"还被写入联合国人权理事会、联合国大会等相关会议文件中。

诺贝尔经济学奖得主安格斯·迪顿说："人类命运共同体是个伟大的计划，我非常希望能够实现。与此同时，中国为实现这个目标所做的努力令人钦佩。"

在第七十一届联合国大会主席彼得·汤姆森看来，中国所倡导的构建人类命运共同体理念，是"人类在这个星球上的唯一未来"。

联合国开发计划署署长施泰纳说，中国不仅充分拥抱了自身历史发展的新时期，也致力于推动实现联合国关注的可持续发展目标。"这标志着我们正面向一个全新时代。中国与世界，一起探索未来。"

在欧洲议会欧中友好小组秘书长盖琳看来，人类的未来，必将是世界各民族因共同命运而聚集到一起并建立一个相互合作的世界。构建人类命运共同体无疑是维护世界和平稳定发展的"最佳选择"。[1]

共建"一带一路"倡议是构建人类命运共同体的生动实践，是中国为世界提供的广受欢迎的国际公共产品和国际合作平台。10多年来，共建"一带一路"取得显著成效，开辟了世界经济增长的新

---

[1] 韩墨、陈杉：《书写命运与共的世界故事——写在习近平主席在联合国日内瓦总部发表重要演讲两周年之际》，《光明日报》2019年1月20日，第1版。

空间，搭建了国际贸易和投资的新平台，提升了有关国家的发展能力和民生福祉，为完善全球治理体系拓展了新实践，为变乱交织的世界带来更多确定性和稳定性。共建"一带一路"，不搞地缘政治联盟或军事同盟，不以意识形态划界，更不搞"零和博弈"和"你赢我输"，因而得到国际社会特别是广大发展中国家日益广泛的支持。截至 2023 年 6 月底，中国与五大洲的 150 多个国家、30 多个国际组织签署了 200 多份共建"一带一路"合作文件，形成一大批标志性项目和惠民生的"小而美"项目。

"习近平主席提出的人类命运共同体和'一带一路'倡议深刻诠释了合作、和平与发展的真谛，反映了世界人民的普遍诉求。"巴基斯坦前总统阿尔维说。[1]

经济合作与发展组织（OECD）发展中心全球发展研究部主任卡尔·达尔曼说："在全球经济治理变革中，中国扮演着非常特殊的角色，因为她是一个经济快速增长的发展中国家，拥有很多经验，可以将其他国家的经验、自身的经验以及其他国家需要改进之处结合起来。"[2]

英国学者马丁·雅克也认为，中国本身是一个发展中国家，她能了解全球大多数发展中国家面临的问题，而发达国家却无法了解，这正是中国参与全球治理变革的优势所在。[3]

---

[1] 韩墨、陈杉、金正：《东风浩荡万里澄——写在习近平主席在联合国日内瓦总部发表历史性演讲四周年之际》，《人民日报》2021 年 1 月 18 日，第 1 版。
[2] 《海外知名学者眼中的中国新时代》，参考消息网，2019 年 1 月。
[3] 《马丁·雅克：中国将成为怎样的全球性大国？》，观察者网，2019 年 4 月 24 日。

"全球化时代，各国的利益越来越紧密地联系在一起。"法国巴黎第八大学教授皮埃尔·皮卡尔说，构建人类命运共同体是中国为维护人类和平与福祉所提出的重要倡议，也是人类历史上最重要的哲学思想之一。[1]

"大道不孤，天下一家。"人类生活在同一个地球村，各国利益休戚与共、命运紧密相连。世界命运掌握在各国人民手中，人类前途系于各国人民的抉择。让和平的薪火代代相传，让发展的动力源源不断，让文明的光芒熠熠生辉，是各国人民的期待。和平、发展、合作、共赢的时代潮流不可阻挡。历史已经并将继续证明，睦邻友好必将超越以邻为壑，互利合作必将取代零和博弈，多边主义必将战胜单边主义。构建人类命运共同体的中国方案，蕴含人类共同价值和共同责任，反映各国人民的深沉追求，昭示了历史演进的基本方向，必将汇聚起强大的文明合力，引领世界向着更美好的明天迈进。

---

[1] 韩墨、陈杉、金正：《东风浩荡万里澄——写在习近平主席在联合国日内瓦总部发表历史性演讲四周年之际》，《人民日报》2021年1月18日，第1版。

我们要坚持共商共建共享的全球治理观，坚持全球事务由各国人民商量着办，积极推进全球治理规则民主化。

——习近平

第二章

多元的世界　共同的治理

2019 年 12 月 11 日，有国际贸易"最高法院"之称的世界贸易组织上诉机构因法官人数不足而陷入"停摆"状态，这是该机构成立以来首次"停摆"。

4 天之后的 12 月 15 日，即会期延长了两天以后，于西班牙举行的联合国气候变化大会在未达成任何实质性减排协议的情况下闭幕。现行全球治理机制的低效、乏力等问题，再次摆在人们面前。

随着国际力量对比消长变化和全球性挑战日益增多，加强全球治理、推动全球治理体系改革成为普遍呼声。"各国要同心协力，妥善应对各种问题和挑战。越是面临全球性挑战，越要合作应对，共同变压力为动力、化危机为生机。"[1] 中国以天下为己任，高举人类命运共同体旗帜，坚持走多边主义道路，坚持以公平正义为理念引领全球治理体系变革，建设顺应时代发展潮流、符合国际社会期待的全球治理体系，彰显新时代中国外交的大国担当。

一、公平正义的全球治理理念

当前，全球治理体系变革正处在新的历史转折点上，一批新兴市场国家和发展中国家快速发展，国际影响力不断增强。世界上的事情越来越需要各国共同商量着办，建立国际机制、遵守国际规则、追求国际正义成为多数国家的共识。

---

[1] 习近平：《顺应时代前进潮流 促进世界和平发展——在莫斯科国际关系学院的演讲》，《新华每日电讯》2013 年 3 月 24 日，第 1 版。

和平共处 命运与共

中国始终是国际合作的倡导者和多边主义的支持者。新中国成立 70 多年来，中国维护世界和平、促进共同发展的愿望从未改变，并用实际行动为之不懈努力。

"70 年来，和平共处五项原则跨越时空、超越隔阂，经久愈韧、历久弥新，成为开放包容、普遍适用的国际关系基本准则和国际法基本原则，为人类进步事业作出了不可磨灭的历史贡献。"[1] 2024 年 6 月 28 日，习近平主席在和平共处五项原则发表 70 周年纪念大会上这样说道。

和平共处五项原则在处理中印和中缅关系过程中孕育而生并得到越来越广泛的理解和认同。1953 年 12 月，印度政府代表团访华。会谈期间，时任政务院总理的周恩来说："新中国成立后就确立了处理中印两国关系的原则，那就是互相尊重领土主权、互不侵犯、互不干涉内政、平等互惠和和平共处的原则。"[2] 这是中国领导人首次提出和平共处五项原则，得到印度方面的赞同。1954 年 6 月 28 日，中印双方发表联合声明，共同倡导和平共处五项原则，并指出这五项原则既适用于中印两国和亚洲以及世界其他国家，也适用于整个国际关系。周恩来访问缅甸时，在两国联合声明中，确认和平共处五项原则也应该是指导中国和缅甸之间关系的原则。

和平共处五项原则所倡导的各国不分大小一律平等、尊重一切

---

[1] 《习近平在和平共处五项原则发表 70 周年纪念大会上的讲话（全文）》，新华网，2024 年 6 月 28 日。

[2] 《周恩来年谱（1949—1976）》（上卷），中央文献出版社，1997 年版，第 342 页。

国家的主权和领土完整、求同存异、互利共赢等精神，超越了社会制度差异和意识形态分歧，成为新中国对外政策的基石，也是"刚刚自立于世界民族之林的新中国为国际社会提供的第一份价值非凡的公共产品"。[1] 20世纪60年代兴起的不结盟运动把和平共处五项原则作为指导原则，1974年12月12日联大通过的《各国经济权利和义务宪章》则把和平共处五项原则纳入国际经济关系的基本原则。

70多年来，和平共处五项原则历经国际风云变幻的考验，为推动建立更加公正合理的国际政治经济新秩序发挥了积极作用。中共十八大以来，中国提出的构建人类命运共同体理念、亲诚惠容周边外交理念、真实亲诚对非政策方针等，均继承和发展了和平共处五项原则。而以和平共处、求同存异为核心的万隆精神，至今仍是国与国相处的重要准则，为推动建设新型国际关系作出了不可磨灭的历史贡献。

随着经济全球化的推进，国际力量对比深刻演变，现有国际秩序和体系日益面临新挑战。特别是近几年来，世界经济低迷、地缘动荡、热点频发、思潮碰撞，各种乱象此起彼伏。新冠疫情突如其来，乌克兰危机、巴以冲突等牵动地区局势，南北差距、复苏分化、发展断层、技术鸿沟等问题更加突出。

个别大国大搞本国优先，奉行单边主义，肆意"退群毁约"，严

---

[1] 于洪君：《和平共处五项原则——新中国奉献的第一份公共产品》，澎湃新闻，2019年10月29日。

重破坏多边主义和全球治理。新形势下，又有一些国家和势力从私利出发，推行形形色色的伪多边主义。他们表面上打着多边主义合作的旗号，实质上搞的是"小圈子"，试图以意识形态划线站队；表面上说要遵守规则，实质上却对国际法"合则用、不合则弃"；表面上主张公平竞争，实质上追求"庄家通吃"，打压别国正当发展权利。[1]

人类发展又一次站在了何去何从的十字路口，不少国际战略学者惊呼，我们正在走进一个"失序的世界"。

如今，互联网、云计算、大数据、人工智能等高科技的迅猛发展，拉近了人们彼此之间的距离，世界各国人民的命运紧密联系在了一起，国际社会日益成为一个你中有我、我中有你的"命运共同体"。面对"建设一个什么样的世界、如何建设这个世界"的重大课题，中国提出构建人类命运共同体的重要理念。

构建人类命运共同体理念与和平共处五项原则一脉相承，都根植于亲仁善邻、讲信修睦、协和万邦的中华优秀传统文化，都彰显了中国外交自信自立、坚持正义、扶弱扬善的精神风骨，都体现了中国共产党人为人类作出新的更大贡献的世界情怀，都展现了中国坚持走和平发展道路的坚定决心，是新形势下对和平共处五项原则最好的传承、弘扬、升华。[2]

构建人类命运共同体的中国方案，着眼于解决当今世界面临的现实问题、实现人类社会和平永续发展，以天下大同为目标，秉持

[1]《习近平外交思想学习问答》，学习出版社、人民出版社，2023 年版，第 201 页。
[2]《习近平在和平共处五项原则发表 70 周年纪念大会上的讲话（全文）》，新华网，2024 年 6 月 28 日。

合作共赢理念，找到了人类共建美好世界的最大公约数，开辟出合作共赢、共建共享的发展新道路，为人类发展提供了新选择。

中国参与全球治理体系改革，坚持从国情出发、坚持发展中国家定位，把维护国家利益同维护广大发展中国家共同利益结合起来；坚持权利和义务相平衡，既看到中国发展对世界的要求，也看到国际社会对中国的期待；继续发挥独特优势，既注重与发达国家的沟通协调，又加强与新兴市场国家和发展中国家的团结合作；坚持以经济发展为中心，集中力量办好自己的事情，不断增强在国际上说话办事的实力；积极参与全球治理，既主动承担国际责任，也尽力而为、量力而行。

中国参与全球治理体系改革，致力于推动全球治理理念创新发展。全球治理规则要体现更加公正合理的要求，吸收人类各种优秀文明成果，发掘中华文化中积极的处世之道和治理理念同当今时代的共鸣点，丰富打造人类命运共同体等主张，弘扬共商共建共享的全球治理理念。[1]

中国参与全球治理体系改革，坚持真正的多边主义，推进国际关系民主化，坚定支持联合国在国际事务中的核心地位。全球治理体系变革的关键是兼顾公平和效率，符合变化了的世界政治经济形势，满足应对全球性挑战的现实需要，顺应和平发展合作共赢的历史趋势。[2]

---

[1]《习近平外交思想学习纲要》，人民出版社、学习出版社，2021年版，第147页。
[2]《关于全球治理变革和建设的中国方案》，中华人民共和国外交部网站，2023年9月13日。

破解"全球赤字"的中国智慧

秋色初染，钱塘潮涌。2016 年 9 月，二十国集团领导人聚首浙江杭州。习近平主席主持峰会，围绕"构建创新、活力、联动、包容的世界经济"主题，同与会各方共绘世界经济发展与合作的新图景。当前，国际形势风云变幻，百年变局加速演进。一方面，世界不确定性不稳定性日益增多，和平赤字、发展赤字、安全赤字、治理赤字加重；另一方面，伴随新兴市场国家和发展中国家群体性崛起，国际影响力不断增强，全球治理体系呼唤新变革。

2019 年 3 月，法国巴黎春和景明，而彼时的国际局势依然阴云笼罩。"面对严峻的全球性挑战，面对人类发展在十字路口何去何从的抉择，各国应该有以天下为己任的担当精神，积极做行动派、不做观望者，共同努力把人类前途命运掌握在自己手中。"[1] 26 日举行的中法全球治理论坛闭幕式上，习近平主席发出的号召掷地有声。

为全球治理明确方向，为国际合作把脉开方。在元首外交引领下，中国为人类更加美好的未来贡献力量，发挥负责任大国应有的作用担当。

"什么样的国际秩序和全球治理体系对世界好、对世界各国人民好，要由各国人民商量，不能由一家说了算，不能由少数人说了算。"[2]

"坚持公正合理，破解治理赤字""坚持互商互谅，破解信任

---

[1] 习近平：《为建设更加美好的地球家园贡献智慧和力量——在中法全球治理论坛闭幕式上的讲话》，《新华每日电讯》2019 年 3 月 27 日，第 2 版。
[2] 习近平：《在庆祝中国共产党成立 95 周年大会上的讲话》，《求是》，2021 年第 8 期。

赤字"	"坚持同舟共济，破解和平赤字"	"坚持互利共赢，破解发展赤字"[1]；

"坚持改革创新，挖掘增长动力"	"坚持与时俱进，完善全球治理"	"坚持迎难而上，破解发展瓶颈"	"坚持伙伴精神，妥善处理分歧"[2]；

"坚持创新驱动"	"坚持开放导向"	"坚持绿色发展"	"坚持普惠共享"[3]；

······

从中法全球治理论坛到二十国集团领导人峰会，从上合组织峰会到亚信峰会，从金砖国家领导人峰会到亚太经合组织领导人非正式会议······习近平主席利用各种国际场合针对全球治理提出中国方案，推动各方凝聚捍卫多边主义的重要共识。

当下，世界之变、时代之变、历史之变正以前所未有的方式展开，向人类提出了必须严肃对待的挑战。无论是应对眼下的危机，还是共创美好的未来，人类都需要同舟共济、团结合作、互利共赢，通过充分协商形成全球治理体系变革方案的共识和一致行动，推动各国权利平等、机会平等、规则平等。

推动全球治理体系变革，必须顺应时代潮流，让规则更加公平

---

[1] 习近平：《为建设更加美好的地球家园贡献智慧和力量——在中法全球治理论坛闭幕式上的讲话》，《新华每日电讯》2019年3月27日，第2版。

[2] 习近平：《携手共进，合力打造高质量世界经济——在二十国集团领导人峰会上关于世界经济形势和贸易问题的发言》，《新华每日电讯》2019年6月29日，第2版。

[3] 习近平：《坚守初心 团结合作 携手共促亚太高质量增长——在亚太经合组织第三十次领导人非正式会议上的讲话》，《新华每日电讯》2023年11月19日，第2版。

2016 年 9 月 4 日，出席二十国集团领导人杭州峰会的 G20 成员和嘉宾国领导人及有关国际组织负责人在杭州西湖景区观看《最忆是杭州》实景演出交响音乐会。图为演员在《最忆是杭州》实景演出中表演。（新华社记者 黄宗治 摄）

正义，让制度更加以人为本，不能搞"小圈子"，不能强加于人，更不能搞实用主义、双重标准，合则用、不合则弃。中国致力于推动全球治理体系变革更好地体现和平、发展、公平、正义、民主、自由的全人类共同价值，始终以增进各国人民的福祉为推动全球治理体系变革的出发点和落脚点。

推动全球治理体系变革不是推倒重来、另起炉灶，而是应该朝着更加平衡地反映大多数国家，特别是新兴市场国家和发展中国家意愿与利益的方向发展。各国应该展现以天下为己任的担当精神，以平等、开放、透明、包容精神，携手破解"四个赤字"。中国主张，全球事务应该由各国人民商量着办，使全球治理体系符合变化了的世界政治经济，满足应对全球性挑战的现实需要，顺应和平发展合作共赢的历史趋势。

加强全球经济治理。经济全球化是一把"双刃剑"，既为全球发展提供强劲动能，也带来一些新情况新挑战。面对挑战，不应该任由单边主义、保护主义破坏国际秩序和国际规则，而要以建设性姿态改革全球经济治理体系，更好地趋利避害。要坚持共商共建共享的全球治理观，维护以世界贸易组织为核心的多边贸易体制，完善全球经济治理规则，推动建设开放型世界经济。中国将实施更加积极主动的开放战略，以实际行动维护经济全球化，推动构建创新、活力、联动、包容的世界经济。

加强全球安全治理。当前世界正处于大发展、大变革、大调整时期，全球安全面临全新挑战。新的安全挑战和形势呼唤新的安全治理。中国倡导各国秉持共同、综合、合作、可持续的安全观，树立人类命运共同体意识，共同构建合作共赢的新型国际关系。这些理念不仅为加强全球安全治理指明了方向，也为维护世界和平与安全提供了现实可行的路径，是全方位增进世界和平与安全的解决方案。从积极推动政治解决朝鲜半岛问题，到维护伊核全面协议，再到推动阿富汗、叙利亚、巴以等问题政治解决进程，中国始终坚定维护以联合国为核心的国际体系、以国际法为基础的国际秩序、以联合国宪章宗旨和原则为基础的国际关系基本准则，始终坚定站在国际法和国际道义一边，做加强全球安全治理、维护国际公平正义的"行动派"。

加强网络空间治理。随着互联网、大数据、人工智能等现代信息技术不断取得突破，数字经济蓬勃发展，各国利益更加紧密相连。为世界经济发展增添新动能，迫切需要我们加快数字经济发展，推动全球互联网治理体系向着更加公正合理的方向迈进。中国主张，各国应该深化务实合作，以共进为动力、以共赢为目标，走出一条互信共治之路，让网络空间命运共同体更具生机活力。国际社会应该积极推进全球互联网治理体系变革，共同构建和平、安全、开放、合作的网络空间，建立多边、民主、透明的全球互联网治理体系，共同构建网络空间命运共同体。

加强全球环境治理。进入工业文明时代以来，人与自然深层次矛盾日益显现。作为最大的发展中国家，中国采取切实行动应对气候变化，更加积极、建设性地参与全球气候治理，成为不可或缺的重要参与方。中国力争2030年前实现碳达峰、2060年前实现碳中和。这是中国基于推动构建人类命运共同体的责任担当和实现可持续发展的内在要求作出的重大战略决策。中国承诺实现从碳达峰到碳中和的时间，远远短于发达国家所用时间，需要付出艰苦努力。

作为全球生态文明建设的参与者、贡献者、引领者，中国坚定践行多边主义，努力推动构建公平合理、合作共赢的全球环境治理体系。中国秉持"授人以渔"理念，通过多种形式的南南务实合作，尽己所能帮助发展中国家提高应对气候变化能力。从非洲的气候遥感卫星，到东南亚的低碳示范区，再到小岛国的节能灯，中国应对气候变化南南合作成果看得见、摸得着、有实效。中方还将生态文明领域合作作为共建"一带一路"重点内容，发起了系列绿色行动倡议，采取绿色基建、绿色能源、绿色交通、绿色金融等一系列举措，持续造福参与共建"一带一路"的各国人民。

从参与并引领二十国集团合作到积极推动亚太区域合作，从加强全球公共卫生安全治理到携手应对气候变化，中国始终把脉时代课题，为解决全球发展面临的重大现实问题提供中国方案、贡献中国智慧。

在元首外交引领下，新时代的中国奋发有为，积极推动全球治理体系变革，同各方携手共进、合作共赢，为实现全球良政善治不懈努力。面向未来，中国将继续发挥负责任大国作用，秉持共商共建共享的全球治理观，积极参与引领全球治理体系改革和建设，推动全球治理体系向着更加公正合理方向发展，使发展成果更多更好惠及各国人民。第七十三届联合国大会主席埃斯皮诺萨称赞中国"维护了多边主义体系的健康与活力"。[1]墨西哥工业发展和经济增长研究所所长德拉克鲁斯认为，中国为破解"全球赤字"提出了构建人类命运共同体等理念，中国方案有助于各国将各自发展同人类命运相结合，共同推动世界繁荣进步。[2]

二、高举多边主义旗帜

2020年11月15日，历经8年艰苦谈判，《区域全面经济伙伴关系协定》（RCEP）终于在第四次区域全面经济伙伴关系协定领导

---

[1] 王建刚：《专访："中国维护了多边主义体系的健康与活力"——访第73届联大主席埃斯皮诺萨》，新华网，2019年9月16日。
[2] 孙萍：《特稿：破解"全球赤字" 贡献中国方案》，新华网，2019年11月17日。

人会议期间正式签署。作为世界上人口最多、成员结构最多元、发展潜力最大的自贸区，RCEP 的最终实施将会取消 90% 以上的关税壁垒、非关税壁垒和投资壁垒，实现更高水平的贸易投资自由化便利化，有力地推动后疫情时代全球经济的恢复和发展。

突如其来的新冠疫情严重冲击了世界经济，愈演愈烈的保护主义、单边主义使遭遇逆流的经济全球化雪上加霜，为世界经济复苏蒙上了阴影。在这种局面下，中国、日本、韩国等国和东盟 10 国克服重重困难，最终促成了协定的签署，具有里程碑意义。2022 年 1 月 1 日，协定正式生效。RCEP 的成功签署、正式生效再次表明，开放合作是各国互利共赢的必由之路，多边主义和自由贸易是大势所趋。

世界上的问题错综复杂，解决问题的出路是维护和践行多边主义，推动构建人类命运共同体。

回顾历史，多边主义是国际体系发展的必然产物。各国通过对话协商达成共识的多边进程，催生了主张以多边方式解决国际问题、开展国际合作的多边理念，有力推动了国际秩序的民主化和现代化。立足现实，多边主义是维护和平发展的重要基石。联合国为多边主义提供了最佳实践场所，70 多年来，联合国以和平为己任、以发展为目标、以公平为要义，为维护和平稳定、促进发展繁荣发挥了不可或缺的作用。展望未来，多边主义是加强全球治理的必由之路。实践一再证明，只要联合国宪章精神坚持得好，只要多边主义理念践行得好，全球治理就得以推进，人类福祉就得到维护。人类过去的发展离不开多边主义，未来的进步更离不开多边主义。[1]

如何维护和践行多边主义？中国主张，要坚持开放包容，不搞封闭排他，国际上的事由大家共同商量着办，世界前途命运由各国共同掌握。要坚持以国际法为基础，不搞唯我独尊，国际社会应该按照各国共同达成的规则和共识来治理，毫不动摇维护以联合国为核心的国际体系、以国际法为基础的国际秩序、以联合国宪章宗旨和原则为基础的国际关系基本准则，践行真正的多边主义。要坚持协商合作，不搞冲突对抗，尊重和包容各国历史文化和社会制度差异，不干涉别国内政，通过协商对话解决分歧，通过战略沟通增进政治互信。要坚持与时俱进，不搞故步自封，21世纪的多边主义要守正创新、面向未来，既要坚持多边主义的核心价值和基本原则，也要立足世界格局变化，着眼应对全球性挑战需要，在广泛协商、凝聚共识的基础上改革和完善全球治理体系。

联合国的坚定支持者

联合国自成立以来，在维护世界和平、促进共同发展、推动国际合作方面发挥了不可替代的重要作用，作出了有目共睹的重大贡献，在当代全球治理体系中处于核心地位。中国政府鲜明指出，世界上只有一个体系，就是以联合国为核心的国际体系。只有一个秩序，就是以国际法为基础的国际秩序。只有一套规则，就是以联合国宪章宗旨和原则为基础的国际关系基本准则。

---

[1]《习近平外交思想学习问答》，学习出版社、人民出版社，2023年版，第199—200页。

2021 年 10 月，中国隆重纪念恢复联合国合法席位 50 周年。习近平主席在纪念会议上提出五点倡议：大力弘扬和平、发展、公平、正义、民主、自由的全人类共同价值，共同为建设一个更加美好的世界提供正确理念指引；携手推动构建人类命运共同体，共同建设持久和平、普遍安全、共同繁荣、开放包容、清洁美丽的世界；坚持互利共赢，共同推动经济社会发展更好造福人民；加强合作，共同应对人类面临的各种挑战和全球性问题；坚决维护联合国权威和地位，共同践行真正的多边主义。[1] "五个共同" 倡议既立足解决当下问题，更着眼全人类未来，推动不同国家在国际事务中利益共生、权利共享、责任共担，为共建美好世界找到了最大公约数，为构建人类命运共同体指明了实践路径。

50 多年来，作为最大的发展中国家和联合国安理会常任理事国，中国始终将自身发展置于全人类发展坐标系，坚定维护联合国权威和地位、走多边主义道路，一贯高度重视并积极参与、支持联合国工作，为世界和平发展作出了重要贡献。站在新的历史起点上，中国将继续与世界携手同行，坚定不移做世界和平的建设者、全球发展的贡献者、国际秩序的维护者。

2015 年 9 月，联合国发展峰会通过包含 17 项可持续发展目标的 2030 年可持续发展议程，其中第一个目标是 "在全世界消除一切形式的贫困"。9 月 28 日，习近平主席在纽约联合国总部出席第七十届

---

[1] 习近平：《在中华人民共和国恢复联合国合法席位 50 周年纪念会议上的讲话》，《新华每日电讯》2021 年 10 月 26 日，第 2 版。

联合国大会一般性辩论时宣布，中国决定设立为期 10 年、总额 10 亿美元的中国—联合国和平与发展基金，支持联合国工作，促进多边合作事业。截至 2023 年 11 月，中国—联合国和平与发展基金在和平安全和发展领域共支持 130 多个项目，覆盖亚洲、非洲、拉丁美洲和大洋洲 100 多个国家，为推动落实可持续发展议程，支持联合国维护国际和平与安全的努力提供了重要支撑。[1]

帮助发展中国家落实可持续发展目标，菌草成为重点推进的项目之一。20 世纪 80 年代，农业专家林占熺开始探索"以草代木"的养菇模式，在 1986 年获得成功后逐步形成了独特的菌草技术和菌草产业链。此后陆续推广到宁夏、新疆、贵州等中国中西部欠发达地区，帮助数以万计的农民增加了收入，同时保护了森林，改善了当地脆弱的生态环境，成为反贫困的"绿色奇兵"。

1997 年 7 月，林占熺应巴布亚新几内亚东高地省政府邀请，带领菌草技术专家组到该国实施菌草技术重演示范。1998 年 1 月，菌草技术在东高地省重演示范取得成功，实现了当地食用菌栽培零的突破。从此，巴新人民将菌草称作"中国草"或"林草"，巴新前国防部长还给自己的女儿起名"菌草"，用的是汉语拼音。

2000 年，时任福建省省长习近平与时任东高地省省长拉法拉玛签署了两省结为友好省协议和《福建省援助东高地省发展菌草、旱稻生产技术项目协议书》，亲自推动福建省援助东高地省菌草和旱稻项目的实施。2018 年 11 月，在访问巴布亚新几内亚前夕，习近平

---

[1]《中国—联合国和平与发展基金指导委员会举行第八次会议》，新华网，2023 年 11 月 18 日。

2019 年 4 月 18 日，在位于纽约的联合国总部，菌草技术发明人、福建农林大学研究员林占熺（前排中）在"菌草技术：'一带一路'倡议对促进落实联合国 2030 年可持续发展议程的实质性贡献"专题研讨会上发言。（新华社记者 李木子 摄）

主席在题为《让中国同太平洋岛国关系扬帆再启航》的署名文章中提到："18 年前，我担任中国福建省省长期间，曾推动实施福建省援助巴新东高地省菌草、旱稻种植技术示范项目。我高兴地得知，这一项目持续运作至今，发挥了很好的经济社会效益，成为中国同巴新关系发展的一段佳话"。[1]

如今，菌草技术已推广到全球 100 多个国家，给非洲、亚洲和太平洋等地区的发展中国家带来脱贫希望。第七十三届联合国大会

---

[1] 习近平：《让中国同太平洋岛国关系扬帆再启航》，《新华每日电讯》2018 年 11 月 15 日，第 2 版。

主席埃斯皮诺萨说,菌草在世界各地对那些最可能落在后面的人——农民、妇女、儿童和残疾人的生活改善产生了影响,"它绝不是无缘无故被称为'神奇之草'"。[1]

消除贫困是人类面临的共同挑战。作为最大的发展中国家,自改革开放以来,按照现行贫困标准计算,中国 7.7 亿农村贫困人口摆脱贫困,对世界减贫贡献率超过 70%。特别是自 2012 年以来,有近 1 亿人摆脱了贫困,创造了人类减贫史上的奇迹。2020 年 12 月 3 日,习近平主席宣布,现行标准下农村贫困人口全部脱贫,贫困县全部摘帽。中国提前 10 年实现减贫相关可持续发展目标,为世界范围内消除贫困、实现和平发展作出历史性贡献。

在推动自身减贫进程的同时,中国还为世界减贫事业提供力所能及的帮助。2021 年 1 月 10 日发布的《新时代的中国国际发展合作》白皮书显示,中国通过支持其他发展中国家减贫事业,提升农业发展水平,促进教育公平,改善基础设施,推进工业化进程等,为推动落实联合国 2030 年可持续发展议程积极贡献力量。例如,在老挝、缅甸、柬埔寨等国开展减贫示范项目,向亚非国家派遣农业技术专家组,在尼泊尔、莫桑比克、纳米比亚等国修建学校,在古巴、吉尔吉斯斯坦等国建设输变电和配电网项目等。[2]据统计,截至 2020 年 9 月,中国为发展中国家提供 180 个减贫项目、118 个农业合作

---

[1] 顾钱江、林超:《"中国草"脱贫攻坚当"奇兵" "菌草之父"绘就"菌草治黄作战地图"》,《新华每日电讯》2019 年 10 月 23 日,第 5 版。
[2] 中华人民共和国国务院新闻办公室:《新时代的中国国际发展合作》白皮书,2021 年 1 月 10 日。

项目、178 个促贸援助项目、103 个生态保护和应对气候变化项目、134 所医院和诊所、123 所学校和职业培训中心。[1]

推动全球减贫是中国落实联合国 2030 年可持续发展议程的重要行动之一。2016 年 9 月初的二十国集团领导人杭州峰会，在中方倡导下，首次就落实联合国 2030 年可持续发展议程制定行动计划。紧接着，中国发布《落实 2030 年可持续发展议程国别方案》，从成就与经验、机遇和挑战、指导思想及总体原则、落实工作总体路径、17 项可持续发展目标落实方案等五方面，为其他国家尤其是发展中国家提供借鉴和参考。

中国一直以实际行动维护世界和平。坚定履行包括财政义务在内的联合国框架下的各项义务，中国已成为联合国常规预算和维和预算的第二大出资国，2022—2024 年常规预算经费分摊比例约 15.3%，维和预算经费分摊比例约 18.7%。2020 年是中国军队参加联合国维和行动 30 周年。30 多年来，中国累计派出维和人员 5 万余人次，赴 20 多个国家和地区参加近 30 项联合国维和行动，是派遣维和人员最多的安理会常任理事国和联合国第二大维和摊款国。[2] 联合国副秘书长哈雷高度评价说："没有中国举足轻重、至关重要的支持，就肯定没有我们维和行动现在取得的成功。"[3]

中国历来维护以联合国宪章为核心的国际法体系在全球治理中

---

[1]《中国关于联合国成立 75 周年立场文件》，中华人民共和国中央人民政府网站，2020 年 9 月 10 日。

[2]《外交部：中国是联合国维和行动的关键力量》，光明网，2022 年 10 月 18 日。

[3] 王建刚：《综述：2019，中国继续坚定支持联合国事业和多边主义》，新华网，2019 年 12 月 19 日。

的地位和作用，主张在国际法和国际关系的基本原则下，秉持相互尊重、公平正义、合作共赢的原则，构建新型国际关系。相互尊重，就是国家不分大小、强弱、贫富一律平等，各国应尊重彼此的政治制度、自主选择发展道路的权利和彼此利益关切，反对干涉别国内政，反对霸权主义和强权政治。公平正义，就是摒弃单纯的物质主义取向和竞争至上法则，确保各个国家能够获得平等的发展权利和机会，缩小彼此发展差距。合作共赢，就是放弃一味追求所谓的"相对收益"，纠正"赢者通吃"的过时做法，坚持以双赢、多赢、共赢为目标，在追求本国利益时兼顾各国合理关切，实现共同发展。

中国的发展得益于全球，也正以自己的发展为国际社会作出贡献。中国坚持正确义利观，秉持相互尊重、平等相待，重信守诺、互利共赢，量力而行、尽力而为的原则，不附加任何政治条件地为广大发展中国家提供资金、技术、人员、智力等方面的援助。作为最大的发展中国家，中国在南南合作框架下，为其他发展中国家落实议程提供帮助。在 2015 减贫与发展高层论坛上，习近平主席在主旨演讲中提出，中国坚定不移支持发展中国家消除贫困，推动更大范围、更高水平、更深层次的区域合作，对接发展战略，推进工业、农业、人力资源开发、绿色能源、环保等各领域务实合作，帮助各发展中国家把资源优势转化为发展优势。[1]

---

[1] 习近平：《携手消除贫困　促进共同发展——在 2015 减贫与发展高层论坛上的主旨演讲》，《新华每日电讯》2015 年 10 月 17 日，第 2 版。

二十国集团：合作协调之桥

国际货币基金组织 2017 年发布的《全球经济展望》报告指出，2008 年国际金融危机后的 10 年间，发达经济体年增长率平均为 1.2%，而新兴市场与发展中经济体增长率平均为 5.1%，两者相差 3.9 个百分点。[1]经济增长的持续分化加大了各经济体之间的政策分化，原有的国际经济秩序已难以应对日益复杂的挑战。作为世界第二大经济体，中国积极参与世界银行、国际货币基金组织、世界贸易组织相关工作，利用二十国集团等平台，推动完善全球经济治理。维护多边贸易体制，支持世贸组织必要改革，推动国际金融体系改革，提升新兴市场国家和发展中国家代表性和话语权，推动构建更加公正合理的国际经济秩序。"二十国集团就宛若一座桥，让大家从四面八方走到了一起。这是一座友谊之桥，通过这里我们把友谊的种子播向全球。这是一座合作之桥，通过这里我们共商大计，加强协调，深化合作，谋求共赢。这是一座未来之桥，通过这里我们同命运、共患难，携手前行，共同迎接更加美好的明天。"[2]2016 年 9 月 4 日，在欢迎出席二十国集团领导人杭州峰会外方代表团团长及所有嘉宾时，习近平主席在致辞中以"桥"为喻，阐述二十国集团在推动全球治理中的使命。

与美国和欧洲等传统西方国家相比，新兴市场国家占世界经济的比重不断上升，推动国际力量对比和格局发生重大变化。自 20

---

[1] 徐秀军：《分化的世界亟待构建人类命运共同体》，今日中国网站，2018 年 1 月 24 日。
[2] 李忠发、侯丽军：《最忆是杭州——习近平和彭丽媛欢迎出席 G20 杭州峰会的外方代表团团长及所有嘉宾》，《新华每日电讯》2016 年 9 月 5 日，第 1 版。

2019 年 10 月 25 日，经过 17 天运行，满载着 82 个标准箱的中欧班列（义乌—列日）"世界电子贸易平台（eWTP）菜鸟号"首趟列车抵达比利时列日物流多式联运货运场站。这是首个贯通中国长三角区域、中亚和欧洲并服务于跨境电子商务的专列。（新华社记者 潘革平 摄）

世纪 70 年代布雷顿森林体系崩溃后，以七国集团为代表的国家间协调机制逐步成为主导全球经济治理的主要机制。2008 年国际金融危机后，单纯依靠西方国家已无法应对复杂的世界经济局势，包括主要新兴市场国家在内的二十国集团逐渐成为发达国家和发展中国家就国际经济事务进行充分协商的重要平台和开展国际经济合作的主要论坛。二十国集团成员经济总量占世界近 90%。有学者认为，二十国集团为推动全球治理机制改革带来了新动力，全球治理开始从"西方治理"向"西方和非西方共同治理"转变。[1]

---

[1] 梁启东：《G20 峰会展现人类命运共同体美好前景》，人民论坛，2020 年 3 月 30 日。

促进经济增长一直是二十国集团峰会的核心议题。在中国的倡导和推动下，杭州峰会取得了大量开创性成果，既展示了中国参与和推动全球治理的决心，也为全球治理体系变革打上了鲜明的中国印记。杭州峰会首次全面阐释中国的全球经济治理观，首次把创新作为核心成果，首次把发展议题置于全球宏观政策协调的突出位置，首次形成全球多边投资规则框架，首次发布气候变化问题主席声明，首次把绿色金融列入二十国集团议程。[1] 峰会展现了中国作为最大发展中国家和负责任大国的义务与行动，同时也传递出二十国集团不仅属于二十国，也属于全世界，特别是发展中国家和人民的坚定信号。

中国发出倡议：树立利益共同体和命运共同体意识，让二十国集团走得更好更远，真正成为世界经济的稳定器、全球增长的催化器、全球经济治理的推进器。

完善经济全球化治理架构

长期以来，经济全球化为世界经济增长提供了强劲动力，促进了商品和资本流动、科技和文明进步、各国人民交往。但随着世界经济进入新的动荡变革期，单边主义、保护主义、民粹主义甚嚣尘上，地缘政治紧张态势加剧，经济全球化面临更多困难。[2]

中国主张完善经济全球化治理架构，充分利用一切机遇，合作

---

[1]《习近平在中共中央政治局第三十五次集体学习时强调　加强合作推动全球治理体系变革　共同促进人类和平与发展崇高事业》，《新华每日电讯》2016年9月29日，第1版。
[2]《习近平外交思想学习问答》，学习出版社、人民出版社，2023年版，第208页。

应对一切挑战，引导好经济全球化走向，推动经济全球化朝着更加
开放、包容、普惠、平衡、共赢的方向发展。要主动作为、适度管理，
让经济全球化的正面效应更多释放出来，实现经济全球化进程再平
衡；要顺应大势、结合国情，正确选择融入经济全球化的路径和节奏；
要讲求效率、注重公平，让不同国家、不同阶层、不同人群共享经
济全球化的好处。[1]

　　国际贸易是促进全球经济增长的重要引擎，以世界贸易组织为
核心的多边贸易体制是经济全球化和自由贸易的基石。中国是多边
贸易体制的积极参与者、坚定维护者和重要贡献者，坚定维护以规
则为基础，透明、非歧视、开放、包容的多边贸易体制，支持世界
贸易组织改革，增强其有效性和权威性，促进自由贸易，反对单边
主义和保护主义，维护公平竞争，保障发展中国家发展权益和空间。

　　中国主张世贸组织改革应坚持三项基本原则：第一，维护非歧
视、开放等多边贸易体制的核心价值，为国际贸易创造稳定和可预
见的竞争环境；第二，保障发展中成员的发展利益，纠正世贸组织
规则中的"发展赤字"，解决发展中成员在融入经济全球化方面的
困难，帮助实现联合国 2030 年可持续发展目标；第三，遵循协商一
致的决策机制，在相互尊重、平等对话、普遍参与的基础上，共同
确定改革的具体议题、工作时间表和最终结果。中国认为，世贸组
织改革的行动领域主要包括四个：一是解决危及世贸组织生存的关

---

[1] 习近平：《共担时代责任　共促全球发展——在世界经济论坛 2017 年年会开幕式上的主旨
　　演讲》，《新华每日电讯》2017 年 1 月 18 日，第 2 版。

图为 2020 年 11 月 2 日拍摄的第三届中国国际进口博览会场馆——国家会展中心（上海）南广场。（新华社记者　丁汀 摄）

键和紧迫性问题；二是增加世贸组织在全球经济治理中的相关性；三是提高世贸组织的运行效率；四是增强多边贸易体制的包容性。[1]

中国为世界贸易和投资提供了广阔的市场和机遇。积极营造宽松有序的投资环境，放宽外商投资准入，建设高标准自由贸易试验区，加强产权保护，促进公平竞争，使中国市场更加透明和规范。2020 年，《中华人民共和国外商投资法》及其实施条例正式施行，全国外商投资准入负面清单进一步减至 31 条，[2] 自贸试验区外商投资准入负面清单减至 27 条。[3] 出台《粤港澳大湾区发展规划纲要》《海南自由贸易港建设总体方案》《全面深化前海深港现代服务业合作区改

---

[1]《中国关于世贸组织改革的建议文件》，中华人民共和国商务部网站，2019 年 5 月 14 日。

[2]《外商投资准入特别管理措施（负面清单）（2021 年版）》，中国政府网，2021 年 12 月 27 日。

[3]《自由贸易试验区外商投资准入特别管理措施（负面清单）（2021 年版）》，中国政府网，2021 年 12 月 27 日。

革开放方案》等，对外开放合作的大门越开越大。截至 2022 年年底，中国累计实际使用外资金额超过 2.8 万亿美元，累计设立超过 112 万家外商投资企业。[1] 中国不仅要大规模"请进来"，还要大踏步"走出去"。中国对外投资规模和水平不断提升，2022 年，中国对外直接投资流量 1631.2 亿美元，为全球第 2 位，连续 11 年列全球前三，连续 7 年占全球份额超过一成。2022 年年末，中国对外直接投资存量达 2.75 万亿美元，连续 6 年排名全球前三，中国境内投资者共在全球 190 个国家和地区设立境外企业 4.7 万家。[2]

中国主张继续改革国际金融体系，扩大特别提款权作用，筑牢全球金融安全网，提高发展中国家代表权和发言权。2016 年年初，国际货币基金组织 2010 年份额和治理改革方案获得通过，新兴市场和发展中国家在国际货币基金组织中的话语权得到提升，中国成为第三大份额国（6.394%），仅次于美国（17.407%）和日本（6.464%）。份额是国际货币基金组织的主要资金来源，中国支持一个强健、基于份额、资源充足的国际货币基金组织，维护其在全球金融安全网中的核心作用，同时期待国际货币基金组织对未来份额比重调整作出具有清晰时间表和路线图的承诺。[3]

中国推动构建公正高效的全球金融治理格局。亚洲基础设施投资银行（亚投行）是国际上首个由中国倡议设立的多边金融机构，截至 2023 年年末，从最初的 57 个创始成员，发展到遍布全球的

---

[1]《中国外资统计公报 2023》，中华人民共和国商务部网站，2023 年 9 月 26 日。

[2]《2022 年度中国对外直接投资统计公报》，中华人民共和国商务部网站，2023 年 9 月 28 日。

[3] 高攀、熊茂伶：《易纲敦促 IMF 继续推动份额和治理改革》，新华社客户端，2019 年 10 月 20 日。

109 个成员，投资项目累计 252 个，投资金额达 504.7 亿美元，实现标准普尔、穆迪、惠誉三家国际评级机构最高信用评级"全满贯"。亚洲基础设施投资银行的"朋友圈"越来越大、好伙伴越来越多、合作质量越来越高，逐渐成为推动全球共同发展的新型多边开发银行、与时俱进的新型发展实践平台、高标准的新型国际合作机构和国际多边合作新典范。

点亮"金砖之光"

"国际社会应该着眼长远、落实承诺，为发展中国家发展提供必要支持，保障发展中国家正当发展权益，促进权利平等、机会平等、规则平等，让各国人民共享发展机遇和成果。"[1]中国倡议发起和参与了一系列以发展中国家为主体的国际组织与合作机制，推动金砖国家合作机制、上海合作组织、中非合作机制等在区域和全球治理中发挥更大作用，为深化发展中国家合作注入正能量。

近年来，"全球南方"的觉醒让世界瞩目。金砖国家合作机制迎来扩员，非洲联盟成为二十国集团正式成员，"77 国集团和中国"哈瓦那峰会发出"全球南方"加强团结合作的响亮声音。作为发展中国家、"全球南方"的一员，中国始终同其他发展中国家同呼吸、共命运，坚定维护发展中国家共同利益，推动增加新兴市场国家和

---

[1] 习近平：《让多边主义的火炬照亮人类前行之路——在世界经济论坛"达沃斯议程"对话会上的特别致辞》，新华网，2021 年 1 月 25 日。

发展中国家在全球事务中的代表性和发言权。[1]

金砖国家人口占全球超过 40%，经济总量占世界四分之一，经过 18 年发展，日益成为促进世界经济增长、完善全球治理、推动国际关系民主化的建设性力量。在当前世界动荡变革、风险挑战层出不穷背景下，金砖国家秉持开放包容、合作共赢精神，致力于推进多极化世界，在国际事务中积极、稳定、向善的作用更加突出。

2006 年，金砖国家外长举行首次会晤，开启金砖国家合作序幕。2009 年，金砖国家领导人在俄罗斯举行首次正式会晤。2011 年，南非正式加入，金砖国家合作机制由"金砖四国"变为"金砖五国"。2023 年 8 月，在南非约翰内斯堡举行的金砖国家领导人第十五次会晤上，中国、俄罗斯、南非、巴西、印度五国领导人一致同意，邀请沙特、埃及、阿联酋、阿根廷、伊朗、埃塞俄比亚作为新成员加入金砖。

金砖合作机制不断完善，合作势头不断上升，在重大国际事务中的沟通和协调不断加强，成为带动世界经济增长、完善全球经济治理、推动国际关系民主化的重要力量。此次金砖扩员，是金砖发展进程中的重大历史性时刻，顺应了历史发展潮流，呼应了发展中国家普遍意愿，将有力推进世界多极化和国际关系民主化势头，有力推动全球政治经济治理体系朝着更加公正合理的方向发展，有力

---

[1] 习近平：《深化团结合作 应对风险挑战 共建更加美好的世界——在 2023 年金砖国家工商论坛闭幕式上的致辞》，《新华每日电讯》2023 年 8 月 23 日，第 2 版。

提升新兴市场和发展中国家在国际事务中的代表性和发言权。[1]

中国积极推动金砖机制拓展合作领域，涵盖政治、经济、金融、贸易、人文等多个领域，形成多层次、全方位合作架构。2015年7月开业的新开发银行，是面向全球发展中国家的金融机构，中国于2017年9月向新开发银行项目准备基金捐赠400万美元，成为首个向该项目准备基金出资的创始成员国，进一步拓展了中国和金砖国家合作新空间。为了解决金砖国家短期金融危机，中国倡议建立应急储备基金。2014年7月，应急储备安排正式启动，初始互换规模为1000亿美元，中国作为倡议者承诺出资410亿美元，充分体现了大国的担当。

2017年，中国接任金砖主席国，金砖务实合作取得新的进展，含金量进一步提升。在贸易便利化、服务贸易、货币互换、本币结算、政府和社会资本合作等领域规划了合作路线图，成立了新开发银行非洲区域中心，制定了《金砖国家创新合作行动计划》。中国着力推动经济、政治、人文并驾齐驱的"三轮驱动"新格局，令金砖成色越来越足。

2017年9月，中国成功举办金砖国家领导人厦门会晤，通过了《金砖国家领导人厦门宣言》，向世界展示了金砖国家共同意志；设立首期5亿元人民币金砖国家经济技术合作交流计划；在南南合作援助基金项下提供5亿美元援助；在未来一年为其他发展中国家提供

---

[1]《大道众行远，携手启新程——中共中央政治局委员、外交部长王毅谈习近平主席出席金砖国家领导人第十五次会晤并对南非进行国事访问》，《新华每日电讯》2023年8月26日，第1版。

4 万个来华培训名额。一份份文件、一组组数据，展示了中国的务实行动和主动担当。厦门会晤期间，习近平主席邀请埃及、几内亚、墨西哥、塔吉克斯坦、泰国 5 个来自全球不同地区国家的领导人共商国际发展合作和南南合作大计，开启了"金砖 +"合作新模式。"金砖 +"合作理念在不断强化五国团结协作内核，提升金砖向心力、凝聚力的同时，持续扩大金砖"朋友圈"，同广大新兴市场国家和发展中国家实现共同发展繁荣。"'金砖 +'合作模式的成功实践，增强了金砖国家在全球治理中的规则制定权、议题设置权和话语传播权。"[1]

习近平主席说，国际经济规则需要不断革故鼎新，以适应全球增长格局新变化，让责任和能力相匹配。[2] 厦门会晤重申开放包容、合作共赢的金砖精神，全面总结了金砖合作 10 年来的成功经验，为加强金砖伙伴关系、深化各领域务实合作规划了新的蓝图。

美中关系全国委员会会长斯蒂芬·欧伦斯说，从"一带一路"到"金砖 +"等一系列倡议和理念，都是近年来中国为促进世界经济增长所做的努力，这恰如其分地体现了中国作为"负责任的利益攸关者"的作用。[3]

印度尼赫鲁大学中国和东南亚研究中心教授、汉学家狄伯杰认为，厦门会晤在国际形势、全球治理和金砖合作方面达成了广泛共识，

---

[1] 王明国：《"金砖 +"合作模式与中国对全球治理机制的创新》，《当代世界》，2019 年第 12 期。
[2] 习近平：《共建伙伴关系 共创美好未来——在金砖国家领导人第七次会晤上的讲话》，《新华每日电讯》2015 年 7 月 10 日，第 2 版。
[3] 杨士龙、徐兴堂：《美方人士说厦门会晤再次彰显中国为促进全球经济增长所做努力》，新华网，2017 年 9 月 7 日。

为金砖合作机制的发展注入了新的希望和动力，有利于建立更加合理的世界秩序。[1]

2022 年 6 月 23 日至 24 日，习近平主席以视频方式分别主持金砖国家领导人第十四次会晤、全球发展高层对话会并发表重要讲话。6 月 22 日，习近平主席在金砖国家工商论坛开幕式上发表主旨演讲。继三亚会晤和厦门会晤之后，中国第三次主办金砖国家领导人会晤，对于共同维护国际公平正义、重振全球发展事业、推动构建人类命运共同体具有重要意义。

2022 年，金砖"中国年"，可谓亮点纷呈。中方全年共主办 160 多场各领域高级别活动，邀请多个国家和国际组织通过"金砖 +"模式参与活动，多个国家提出希望加入"金砖大家庭"。2022 年 3 月，金砖国家疫苗研发中心启动，搭建辐射发展中国家的联合研发和生产综合平台，助力构建人类卫生健康共同体。

《金砖国家领导人第十四次会晤北京宣言》，就支持多边主义、完善全球治理体系等表明共同立场，发出了捍卫国际公平正义的金砖强音。从提出《金砖国家加强供应链合作倡议》，凝聚维护多边贸易体制、完善国际贸易规则制定的金砖共识，到达成首份《金砖国家粮食安全合作战略》；从建立"金砖国家技术转移中心网络"，到达成"金砖国家数字经济伙伴关系框架"……金砖国家合作持续深入，金砖影响力不断扩大，为维护世界和平主持公道，为全球发展合作举旗定向，为完善全球治理体系把脉开方。

---

[1] 胡晓明：《综述：印专家评金砖厦门会晤　期待新的"金色十年"》，新华网，2017 年 9 月 7 日。

在国际格局深刻演变的关键时刻，中国成功主办此次会晤，聚焦金砖、超越金砖，回答世界之问、历史之问、时代之问，在国际关系史上写下浓墨重彩的一笔。"作为金砖国家中最大经济体，中国把金砖合作推向了新高度。"阿根廷迪特利亚大学政治学和国际研究专业负责人胡安·内格里如此评价。

2023 年 8 月，在金砖国家领导人第十五次会晤中，中国就加强金砖务实合作提出具体举措，包括宣布设立"中国—金砖国家新时代科创孵化园"，探索建立"金砖国家全球遥感卫星数据与应用合作平台"，愿同各方共建"金砖国家可持续产业交流合作机制"，探索建立数字教育合作机制等。金砖机制的蓬勃发展，拓展了南南合作的平台，增强了维护和平的力量，扩大了世界正义阵线，是发展中国家团结合作的又一个重要里程碑。

促进上合之"合"

2001 年 6 月 15 日，上海合作组织宣告成立。经过 20 多年的发展，上合组织已成为世界上幅员最广、人口最多的综合性区域组织，截至 2024 年 7 月，成为拥有 10 个成员国、2 个观察员国、14 个对话伙伴的"大家庭"，并同联合国等国际和地区组织建立了广泛的合作关系，国际影响力不断提升，已经成为促进世界和平与发展、维护国际公平正义不可忽视的重要力量。上合组织以《上海合作组织宪章》《上海合作组织成员国长期睦邻友好合作条约》为遵循，构建起不结盟、不对抗、不针对第三方的建设性伙伴关系，开创了区域合作的新模式，为地区和平与发展作出了新贡献。

上合组织自成立以来，创造性地提出并始终践行互信、互利、平等、协商、尊重多样文明、谋求共同发展的"上海精神"。"上海精神"符合当今时代发展大势和地区需要，体现了成员国和各国人民的共同诉求，为不同文明交流互鉴树立了典范，因而具有强大生命力。

中国以实际行动推进上合组织理论和机制创新。面对风云激荡的国际局势，在上合组织成员国元首理事会第十九次会议上，习近平主席着眼于携手构建更加紧密的上合组织命运共同体，呼吁共同把上合组织打造成团结互信、安危共担、互利共赢、包容互鉴的典范，使上合组织的凝聚力和影响力与日俱增。

在上合组织框架内，中国倡导践行共同、综合、合作、可持续的安全观，推动《上海合作组织反恐怖主义公约》《上海合作组织反极端主义公约》生效，共同打击"三股势力"，通过联合反恐演习、去极端化合作等，打造安全利益共同体。中国坚定支持"阿人主导，阿人所有"原则，进一步发挥"上合组织—阿富汗联络组"作用，促进阿富汗和平重建进程。利用中国—上合组织国际司法交流合作培训基地等平台，中国为各方培训执法人员，强化执法能力建设。

中国还积极落实《上海合作组织成员国多边经贸合作纲要》《上海合作组织成员国政府间国际道路运输便利化协定》，建设中国—上合组织地方经贸合作示范区、上合组织农业技术交流培训示范基地，办好青年交流营、青年创新创业大赛等品牌项目，扎实推进经贸、互联互通、农业、教育、科技、文化、旅游、卫生、减灾、媒体等各领域合作。

2022年是上合组织宪章签署20周年，也是成员国长期睦邻友好合作条约签署 15 周年。这一年的 9 月 14 日至 16 日，习近平主席出席在撒马尔罕举行的上海合作组织成员国元首理事会第二十二次会议，并应邀对哈萨克斯坦、乌兹别克斯坦进行国事访问。在撒马尔罕峰会上，习近平主席深刻总结上合组织成功经验——坚持政治互信、坚持互利合作、坚持平等相待、坚持开放包容、坚持公平正义，指出这"五个坚持"充分体现了"上海精神"，始终是上合组织的生命力所在，也是必须长期坚持的根本遵循。

关于上合组织未来建设方向，习近平主席指出，新形势下，上海合作组织作为国际和地区事务中重要建设性力量，要勇于面对国际风云变幻，牢牢把握时代潮流，不断加强战略自主，巩固深化团结合作，推动构建更加紧密的上海合作组织命运共同体。习近平主席为此提出五点建议，强调要加大相互支持、拓展安全合作、深化务实合作、加强人文交流、坚持多边主义，这些建议契合各成员国求团结、促稳定、谋发展的共同心声，为上合组织擘画了前进路线图、描绘了合作新前景。

在习近平主席和与会各国领导人共同努力下，本次峰会通过涵盖经济、金融、科技、人文、机制建设、对外交往等领域共 40 余项成果文件。特别是在中方推动下，成员国元首发表关于维护国际能源安全、维护国际粮食安全、应对气候变化、维护供应链安全稳定多元化等 4 份重磅声明。中方还宣布设立中国—上合组织反恐专业人员培训基地、举办产业链供应链论坛、建立中国—上合组织大数据合作中心以及向有需要的发展中国家提供 15 亿元人民币紧急人道主义粮食援助等。这些举措实实在在、顺应各国需要，体现出中国不仅是全球发展倡议和全球安全倡议的提出者，也是践行倡议的行动派。

上合组织作为新型国际组织，越来越显示出强大的生命力和光明的发展前景，必将为维护亚欧大陆以及世界的和平与繁荣注入更多正能量和新动力，为推动构建新型国际关系和打造人类命运共同体发挥示范作用。[1]

中非携手同行

"我们愿同非洲人民心往一处想、劲往一处使，共筑更加紧密的中非命运共同体，为推动构建人类命运共同体树立典范。"[2] 在2018 年中非合作论坛北京峰会开幕式上，习近平主席为新时代中非关系发展擘画了新的蓝图。

中非友好交往源远流长。20 世纪五六十年代，毛泽东、周恩来等新中国第一代领导人和非洲老一辈政治家共同开启了中非关系新纪元。从那时起，中非人民在反殖反帝、争取民族独立和解放的斗争中，在发展振兴的道路上，相互支持、真诚合作，结下了同呼吸、共命运、心连心的兄弟情谊。[3] 几十年来，无论国际风云如何变幻，中非友谊历久弥坚、薪火相传，经受了考验，排除了干扰，成为国

---

[1] 《沧海横流领航向，丝路古道焕新机——国务委员兼外交部长王毅谈习近平主席出席上海合作组织撒马尔罕峰会并对哈萨克斯坦、乌兹别克斯坦进行国事访问》，新华网，2022 年 9 月 17 日。

[2] 习近平：《携手共命运　同心促发展——在 2018 年中非合作论坛北京峰会开幕式上的主旨讲话》，《新华每日电讯》2018 年 9 月 4 日，第 2 版。

[3] 习近平：《永远做可靠朋友和真诚伙伴——在坦桑尼亚尼雷尔国际会议中心的演讲》，《新华每日电讯》2013 年 3 月 26 日，第 2 版。

际关系的典范、南南合作的样板。从 1991 年到 2024 年，中国外长连续 34 年年初首访均前往非洲。这一传统的坚持，凸显中方对发展双边关系的重视，也是中非友谊历久弥坚的明证。2000 年，中非合作论坛成立，掀开了中非友好新篇章；2006 年，中非合作论坛北京峰会确立了中非新型战略伙伴关系；2013 年 3 月，习近平担任国家主席后首访非洲，提出真实亲诚对非政策理念和正确义利观，为新时代中非友好合作提供了根本遵循；2015 年，中非合作论坛约翰内斯堡峰会上，中非关系提升为全面战略合作伙伴关系；2018 年，中非合作论坛北京峰会上，习近平主席倡议携手打造责任共担、合作共赢、幸福共享、文化共兴、安全共筑、和谐共生的中非命运共同体，为新时代中非关系发展指明了新方向。2023 年 8 月，中非领导人对话会上，习近平主席宣布中方发起"支持非洲工业化倡议"，实施"中国助力非洲农业现代化计划"和"中非人才培养合作计划"，这三大举措涵盖非洲实现现代化迫切需要的领域，也是中国以实际行动支持非洲发展的生动体现。

中非合作是全方位合作。从 2006 年中非合作论坛北京峰会宣布成立中非发展基金、建立境外经贸合作区等对非经贸合作八项举措，到 2015 年约翰内斯堡峰会提出中国与非洲在工业化、农业现代化等领域"十大合作计划"，再到 2018 年北京峰会提出中非共同实施产业促进、设施联通等"八大行动"，中非合作成果已遍及非洲各地，惠及广大非洲人民；中国教官为饱受战乱之苦的中非共和国培训总统卫队；中国"光明行"医疗队为布基纳法索白内障患者实施免费手术；中国援非"万村通"项目让赞比亚 500 个村庄 1 万户家庭看上免费卫星电视；中国公司为近千名尼日利亚公务员提供电子政务培训……中非合作带给非洲民众的是看得见、摸得着的变化。过去 10 年，中国向非洲提供大量发展援助，参与建设 6000 多公里铁路、6000 多公里公路、80 多个大型电力设施。[1] 卢旺达总统顾问保罗·基蒙约感慨，与中国的合作，推动了非洲经济发展，给很多人带来了实惠，中非伙伴关系意味着"更多发展机遇和更多的选择与自由"。[2]

中非合作是平等互利的。中国始终尊重非洲、支持非洲，坚持做到"五不"，即：不干预非洲国家探索符合国情的发展道路，不干涉非洲内政，不把自己的意志强加于人，不在对非援助中附加任何政治条件，不在对非投资融资中谋取政治私利。中国是重信守诺的合作伙伴。2018 年中非合作论坛北京峰会后的一年间，中国非洲研究院成立，中非合作论坛北京峰会成果落实协调人会议召开，首届中国—非洲经贸博览会、首届中非和平安全论坛均成功举办……峰会成果相继落地，彰显中方推进中非命运共同体建设的行动力。非洲联盟驻华代表奥斯曼说，中非合作建立在平等、尊重与互利共赢的共识之上。苏丹代理外长阿里·萨迪克说，中国是非洲的重要合作伙伴，"因为中国致力于不带附加条件地促进非洲国家发展"。[3]

中非友好关系为构建新型国际关系树立了光辉典范。"真诚友好、平等相待，互利共赢、共同发展，主持公道、捍卫正义，顺应时势、

---

[1] 习近平：《勠力同心　携手同行　迈向发展共同体——在"金砖+"领导人对话会上的讲话》，《新华每日电讯》2023 年 8 月 25 日，第 2 版。
[2] 刘锴、杨骏、卢苏燕：《携手铸就非凡梦想——写在习近平主席提出构建更加紧密的中非命运共同体一周年之际》，《新华每日电讯》2019 年 9 月 4 日，第 2 版。
[3] 聂祖国：《全球南方团结求变　坎帕拉峰会发出合作强音》，新华网，2014 年 1 月 23 日。

开放包容"的中非友好合作精神，成为双方关系继往开来的力量源泉。从 2018 年中非合作论坛北京峰会到 2021 年中非合作论坛第八届部长级会议，中非双方并肩携手，全力推进落实"八大行动"峰会成果。《中非合作 2035 年愿景》首个"三年规划"明确双方共同实施卫生健康、减贫惠农、贸易促进、投资驱动、数字创新、绿色发展、能力建设、人文交流、和平安全等"九项工程"，[1] 成为构建新时代中非命运共同体的鲜明注脚。

中阿迈向共赢

"在阿拉伯商人云集的义乌市，一位名叫穆罕奈德的约旦商人开了一家地道的阿拉伯餐馆。他把原汁原味的阿拉伯饮食文化带到了义乌，也在义乌的繁荣兴旺中收获了事业成功，最终同中国姑娘喜结连理，把根扎在了中国。"[2] 在中阿合作论坛第六届部长级会议开幕式上，习近平主席讲述了义乌阿拉伯餐馆的故事。中国梦与阿拉伯梦是相通的，中国的发展带给包括广大阿拉伯国家在内的世界各国广阔机遇。

中阿是共建"一带一路"的天然合作伙伴。古丝绸之路上"舟舶继路、商使交属"，在中华文明和阿拉伯文明交流互鉴史上写下了重要篇章。2014 年 6 月，习近平主席在中阿合作论坛第六届部长

---

[1] 习近平：《同舟共济，继往开来，携手构建新时代中非命运共同体——在中非合作论坛第八届部长级会议开幕式上的主旨演讲》，《新华每日电讯》2021 年 11 月 30 日，第 2 版。
[2] 习近平：《弘扬丝路精神 深化中阿合作——在中阿合作论坛第六届部长级会议开幕式上的讲话》，中国政府网，2014 年 6 月 5 日。

级会议上首次提出打造中阿命运共同体倡议。发展中阿战略伙伴关系、构建中阿命运共同体，同样需要弘扬丝路精神。要促进文明互鉴，尊重道路选择，坚持合作共赢，倡导对话和平。中阿共建"一带一路"，要构建以能源合作为主轴，以基础设施建设、贸易和投资便利化为两翼，以核能、航天卫星、新能源三大高新领域为突破口的"1+2+3"合作格局。2023 年 11 月 29 日，中国和约旦签署关于共同推进"一带一路"建设的谅解备忘录。至此，中国同全部 22 个阿拉伯国家和阿拉伯国家联盟签署了共建"一带一路"合作文件。

以标本兼治、综合施策的中国方案回答"中东之问"。中东向何处去？中方围绕和平与发展两大主题，指出化解分歧，关键要加强对话；破解难题，关键要加快发展；道路选择，关键要符合国情。中国坚定支持中东和平进程，提出促进中东和平稳定五点倡议，鼓励地区国家摆脱大国地缘争夺，走向联合自强之路；提出关于解决巴勒斯坦问题的四点主张、落实巴以"两国方案"三点思路，助力巴勒斯坦问题公正解决和巴勒斯坦国有效施政；阐明解决叙利亚问题四点主张，支持叙利亚加快和解和重建，回归阿拉伯大家庭；推动恢复履行伊朗核问题全面协议，维护国际核不扩散体系。中国致力于做中东和平的建设者、中东发展的推动者、中东工业化的助推者、中东稳定的支持者、中东民心交融的合作伙伴。

一系列常设机制成为推动构建中阿命运共同体的生动注脚。中国—阿拉伯国家博览会，2013 年由中阿经贸论坛升级而来，是中国与阿拉伯国家携手打造的面向全球的开放型平台。前五届中阿博览会共有 112 个国家和地区、6000 多家中外企业、超过 40 万客商参加，累计签订各类合作项目 1200 多个。[1] 2023 年 9 月举办的第六届中阿博览会，共形成合作成果 403 个，计划投资和贸易总额超 1700 亿元。中阿关系暨中阿文明对话研讨会是中阿合作论坛框架下一项重要机制性活动，每两年举办一届，2005 年以来已成功举办 10 届。2023 年 10 月举办的第十届研讨会围绕"加强文明交流，实现和平共处""尊重多元文化与民族特性，筑牢人类兄弟情谊""开展文明对话，助力人类社会发展繁荣"等议题进行了深入交流，进一步深化中阿文明交流互鉴和凝聚共识。

以中阿合作论坛第八届部长级会议为契机，中阿一致同意建立全面合作、共同发展、面向未来的中阿战略伙伴关系，成为双方友好合作新的历史起点。在共建"一带一路"倡议下，中阿务实合作的新路径进一步明晰：牢牢抓住互联互通这个"龙头"，积极推动油气合作、低碳能源合作"双轮"转动，努力实现金融合作、高新技术合作"两翼"齐飞。新时代中阿合作内容进一步丰富，合作水平再上新台阶。

2022 年 12 月，习近平主席在首届中国—阿拉伯国家峰会上提出的重要主张为中阿命运共同体建设规划了前进路径，对新时代中阿关系发展作出了顶层设计，顺应双方共同意愿和需要，得到与会各方领导人的积极热烈响应。

中阿峰会发表了《中华人民共和国和阿拉伯国家全面合作规划纲要》和《深化面向和平与发展的中阿战略伙伴关系文件》，中方

---

[1] 谢希瑶、于瑶：《第六届中阿博览会哪些看点值得期待》，新华网，2023 年 7 月 31 日。

有关部门同阿方以及阿盟秘书处还在共建"一带一路"、能源、粮食、投资、绿色、安全、航天等领域签署和达成了多项合作文件。这些累累硕果汇聚了中阿在双方关系发展以及重大地区和国际问题上的战略共识，昭示着未来合作的巨大潜力和广阔前景。

习近平主席提出，中方将同阿方一道推进"八大共同行动"，涵盖支持发展、粮食安全、卫生健康、绿色创新、能源安全、文明对话、青年成才、安全稳定诸多领域，充实完善了中阿务实合作的四梁八柱。

海湾阿拉伯国家合作委员会是中东海湾最具活力的地区组织。1981年海合会成立后，中国即同海合会建立联系。在首届中国—海湾阿拉伯国家合作委员会峰会上，习近平主席发表重要讲话，从团结、发展、安全、文明四个方面精辟阐释如何建立中海战略伙伴关系，强调中海要做共促团结的伙伴、共谋发展的伙伴、共筑安全的伙伴、共兴文明的伙伴。

中国同海合会国家领导人发表《中海峰会联合声明》，宣布加强中海建立起来的战略伙伴关系，绘就中国同海合会国家务实合作发展蓝图，增进中国同海合会国家在重大国际和地区问题上的共识，成为中海关系未来发展的行动指南。峰会还发表《中海战略对话2023年至2027年行动计划》，就未来5年中海在政治、经贸、能源、文化和旅游、教育、科技等领域合作作出规划。

事实证明，中国对阿拉伯国家以心相交、以义为先，受到地区国家的真心支持和广泛欢迎。国际舆论也认为，中阿相互尊重、互不干涉内政，共同反对霸权强权，反对搞意识形态对抗，这是中阿双方最重要的共识、中阿关系最宝贵的财富[1]。

三、推动构建人类卫生健康共同体

公共卫生问题是全球性挑战。中国在发展公共卫生事业、履行国际义务、参与全球公共卫生治理方面取得重要进展，全面展示了秉持国际人道主义和负责任大国的形象。

2014年埃博拉病毒在西非肆虐之际，中国率先驰援几内亚、利比里亚、塞拉利昂三国，开展了新中国历史上规模最大的援外医疗行动，先后提供了四轮总价值7.5亿元人民币的紧急援助，派出1000多人次专家和医疗人员赶赴一线参与救援，在疫区及时援建治疗中心，在国际援非抗疫行动中发挥了示范作用。

突如其来的新冠疫情让各国之间的正常交往按下了"暂停键"，百年未有之大变局叠加百年未遇之大灾疫，引发了全球性危机。新冠疫情大流行再次表明，人类生活在一个地球村，各国休戚相关、命运与共。

面对来势汹汹的疫情，中国发挥政治优势和体制优势，迅速采取了最全面、最严格、最彻底的防控措施，在最短时间内构建起全民动员、联防联控、公开透明的防控体系。经过艰苦努力，率先控制住了疫情，取得了重大战略性成果。同时，统筹做好疫情防控和

---

[1]《相知跨千年，携手创未来——中共中央政治局委员、国务委员兼外交部长王毅谈习近平主席出席中国—阿拉伯国家峰会、中国—海湾阿拉伯国家合作委员会峰会并对沙特进行国事访问》，新华网，2022年12月11日。

复工复产，经济率先恢复增长，是 2020 年唯一实现正增长的主要经济体。彭博社报道称，对世界第二大经济体来说，以更大的经济规模走出疫情，是这戏剧性一年的顶点。[1] 中国作为最大的发展中国家和第一人口大国，做好国内疫情防控本身就是对全球公共卫生安全治理的重大贡献。

中国在打赢疫情防控阻击战的同时，以实际行动践行人类命运共同体理念，积极投身于抗疫国际合作中，引领抗疫国际合作方向。习近平主席密集开展元首外交，多次出席国际会议，仅 2021 年就同外国领导人及国际组织负责人视频会晤、通话 100 多次，传递中国与世界同舟共济、携手抗疫的坚定决心，倡导共建人类卫生健康共同体。

在 2020 年 3 月召开的二十国集团领导人应对新冠肺炎特别峰会上，习近平主席提出四点倡议：一是坚决打好新冠肺炎疫情防控全球阻击战；二是有效开展国际联防联控；三是积极支持国际组织发挥作用；四是加强国际宏观经济政策协调。

在 2020 年 5 月 18 日开幕的第七十三届世界卫生大会上，习近平主席深入系统阐述构建人类卫生健康共同体理念，提出要全力搞好疫情防控、发挥世界卫生组织领导作用、加大对非洲国家支持、加强全球公共卫生治理、恢复经济社会发展、加强国际合作等六点建议。在主持中非团结抗疫特别峰会时，习近平主席倡议，要尽最大努力保护人民生命安全和身体健康，最大限度降低疫情负面影响。坚定不移携手抗击疫情，坚定不移推进中非合作，坚定不移践行多边主义，

---

[1]《100 万亿意味着什么？》，国际在线，2021 年 1 月 19 日。

2020年2月27日，在韩国首尔，中国驻韩国大使馆紧急筹备的医用口罩准备运往大邱。箱子外包装上写着"道不远人　人无异国""守望相助　共克时艰"等支持性的话语。（新华社发 中国驻韩国大使馆供图）

坚定不移推进中非友好。

在这场史无前例的抗疫斗争中，中国开展了大规模的全球人道主义行动。中国累计向 153 个国家和 15 个国际组织提供数千亿件抗疫物资，与全球 180 多个国家和地区以及 10 多个国际组织共同举办疫情防控、医疗救治等技术交流活动 300 余场，向 34 个国家派出 38 支抗疫医疗专家组，向 120 多个国家和国际组织提供了 23 亿剂新冠疫苗，是对外提供疫苗最多的国家。[1] 中非建立了 45 个对口医院合作机制，中国援建的非洲疾控中心总部大楼项目已于 2023 年

---

[1]《习近平外交思想学习问答》，学习出版社、人民出版社，2023 年版，第 95 页。

1 月竣工。中国全面落实二十国集团"暂缓最贫困国家债务偿付倡议"，总额超过 13 亿美元，是二十国集团成员中落实缓债金额最大的国家。[1]中国以公开、透明、科学、负责的态度，同世界卫生组织和国际社会携手抗击疫情，第一时间发布病毒基因序列等关键信息，向世卫组织和联合国全球人道主义应对计划提供资金援助。中国积极支持并参与疫苗国际合作，加入世界卫生组织"新冠肺炎疫苗实施计划"，将疫苗作为全球公共产品。

在全球健康峰会上，习近平主席指出要总结正反两方面经验，抓紧补短板、堵漏洞、强弱项，着力提高应对重大突发公共卫生事件能力和水平，并提出五点意见：一是坚持人民至上、生命至上；二是坚持科学施策，统筹系统应对；三是坚持同舟共济，倡导团结合作；四是坚持公平合理，弥合"免疫鸿沟"；五是坚持标本兼治，完善治理体系。中国的这些倡议和行动为坚决打好疫情防控阻击战注入了强大的信心与动力。

人类健康是社会文明进步的基础。在经济全球化时代，类似新冠疫情这样的重大突发公共卫生事件不会是最后一次。秉承团结合作精神，推动构建人类卫生健康共同体，才能共佑人类共同的地球家园。

---

[1] 习近平：《携手共建人类卫生健康共同体——在全球健康峰会上的讲话》，《新华每日电讯》2021 年 5 月 22 日，第 2 版。

推动构建新型国际关系，就是要秉持相互尊重、公平正义、合作共赢，摒弃传统的以强凌弱的丛林法则，走出一条对话而不对抗、结伴而不结盟的国与国交往新路。

——习近平

第三章

握手，而不是握拳

　　"这是最好的时代，也是最坏的时代。"世界经济论坛2017年年会开幕式上，习近平主席引用英国文学家狄更斯的话，描述当下的世界：一方面，物质财富不断积累，科技进步日新月异，人类文明发展到历史最高水平；另一方面，地区冲突频繁发生，恐怖主义、难民潮等全球性挑战此起彼伏，贫困、失业、收入差距拉大，世界面临的不确定性上升……

　　三年后，全球疫情与百年变局相叠加，人类面临更多困局与挑战。习近平主席以"史上罕见的多重危机"总结2020年人类经历的寒冬与黑夜。"病毒没有国界，需要全球共同回应。"英国社会科学院院士、"全球化"概念提出人之一马丁·阿尔布劳说。一系列全球性问题让人们更加意识到团结协作的必要性。

　　2021年1月，世界经济论坛"达沃斯议程"对话会把主题定为"把握关键之年，重建各方信任"。在这次线上论坛的欢迎仪式上，世界经济论坛创始人兼执行主席克劳斯·施瓦布说，目前的首要任务是重建信任，而重建信任需要加强全球合作，推动全社会共同参与，为更好的未来作出贡献。

　　人类社会发展史，就是一部不断携手战胜各种挑战和困难的历史。面对复杂多变的全球局势，中国倡导握手，而不是握拳。"这个世界，各国相互联系、相互依存的程度空前加深，人类生活在同一个地球村里，生活在历史和现实交汇的同一个时空里，越来越成为你中有我、我中有你的命运共同体。"[1]构建新型国

---

[1] 习近平：《顺应时代前进潮流　促进世界和平发展——在莫斯科国际关系学院的演讲》，《新华每日电讯》2013年3月24日，第1版。

际关系，携手应对共同挑战，这是解决时代难题、破解信任赤字的中国主张。

一、国际关系向何处去

总有一些时刻，会深深影响历史的进程。

2013 年 3 月，习近平担任国家主席后首次出访，首站俄罗斯。在莫斯科国际关系学院发表的重要演讲中，习近平主席面向世界明确提出："面对国际形势的深刻变化和世界各国同舟共济的客观要求，各国应该共同推动建立以合作共赢为核心的新型国际关系，各国人民应该一起来维护世界和平、促进共同发展。"[1] 这是中国领导人首次在国际舞台上提出构建新型国际关系的倡议。

此后，"新型国际关系"在习近平主席的公开讲话与文章中频繁出现。有学者曾经在 2018 年做过统计，2013—2017 年，习近平主席在国内外多个场合 50 余次阐释这一理念，新型国际关系也"在各种国际场合被用作寻求处理好国家间关系、保持国际社会稳定发展的'中国方案'"。[2]

一些关键节点可以勾勒出中国领导人对新型国际关系理念的探索轨迹。

2014 年 6 月，习近平主席在和平共处五项原则发表 60 周年纪

---

[1] 习近平：《顺应时代前进潮流 促进世界和平发展——在莫斯科国际关系学院的演讲》，《新华每日电讯》2013 年 3 月 24 日，第 1 版。

[2] 赵可金、史艳：《构建新型国际关系的理论与实践》，《美国研究》，2018 年第 4 期。

念大会上指出，和平共处五项原则精辟体现了新型国际关系的本质特征，是一个相互联系、相辅相成、不可分割的统一体，适用于各种社会制度、发展水平、体量规模国家之间的关系。[1]

在同年11月的中央外事工作会议上，习近平主席强调，我们要坚持合作共赢，推动建立以合作共赢为核心的新型国际关系，坚持互利共赢的开放战略，把合作共赢理念体现到政治、经济、安全、文化等对外合作的方方面面。

2015年9月，在出席第七十届联合国大会一般性辩论时，习近平主席再次强调："当今世界，各国相互依存、休戚与共。我们要继承和弘扬联合国宪章宗旨和原则，构建以合作共赢为核心的新型国际关系，打造人类命运共同体。"[2]中共十九大报告中更明确提出，中国特色大国外交要推动构建新型国际关系，推动构建人类命运共同体。中共二十大报告指出，中国始终坚持维护世界和平、促进共同发展的外交政策宗旨，致力于推动构建人类命运共同体。

阿根廷战略规划研究所所长豪尔赫·卡斯特罗认为，中国提出构建新型国际关系，"不只是中国对于当前世界格局的一种立场或看法，更是这个大国对自身发展经验的智慧总结"。[3]印度尼西亚前

---

[1]《习近平在和平共处五项原则发表60周年纪念大会上的讲话（全文）》，新华网，2014年6月28日。

[2] 习近平：《携手构建合作共赢新伙伴　同心打造人类命运共同体——在第七十届联合国大会一般性辩论时的讲话》，《新华每日电讯》2015年9月29日，第2版。

[3] 高乔：《新型国际关系是世界和平发展"稳定锚"》，《人民日报》（海外版）2021年7月13日，第10版。

图为 2017 年 1 月 16 日在瑞士达沃斯拍摄的世界经济论坛标志。（新华社记者 徐金泉 摄）

总统梅加瓦蒂·苏加诺赞同中国着力构建新型国际关系、构建人类命运共同体的举措，认为"各国应该通过建设性对话，消除分歧与矛盾，共同维护世界和平"。[1]

促进和平与发展的关键选择

以合作取代打压，用共赢代替独占，对话不对抗，结伴不结盟，科学完整、内涵丰富、意义深远的新型国际关系理念，高度契合全球利益深度交融、各国命运紧密相连的时代特征。

---

[1] 胡泽曦：《推动构建新型国际关系　共创世界更加美好未来》，《人民日报》2020 年 9 月 16 日，第 3 版。

俄罗斯战略研究中心主任沃尔斯基认为，中方倡议主张指明了国与国交往的发展方向。"各国都要重视交往中的平等原则，在合作中寻求共同利益，在沟通中增进理解互信，在对话中提升双边关系。"[1]

有学者作出总结，新型国际关系具有内在逻辑统一的内涵：相互尊重是新型国际关系的逻辑起点，公平正义是新型国际关系的重要准则，合作共赢是新型国际关系的核心价值。[2]还有学者认为，"相互尊重"是新型国际关系的政治学逻辑，是国际社会对国际关系行为平等交往和良性互动的基本要求，也是国际关系民主化的出发点；"公平正义"是新型国际关系的伦理学逻辑，也是国际关系合理化、法治化的伦理要求；"合作共赢"是新型国际关系的经济学逻辑，也是国际关系民主化与合理化的重要内容。[3]

一个国家要谋求自身发展，必须也让别人发展；要谋求自身安全，必须也让别人安全；要谋求自己过得好，必须也让别人过得好。共同发展、共同安全、共同治理，是新型国际关系倡导的重要原则。[4]

2018年6月的中央外事工作会议上，习近平主席指出，把握国际形势要树立正确的历史观、大局观、角色观。他强调，要运筹好大国关系，推动构建总体稳定、均衡发展的大国关系框架。要做好周边外交工作，推动周边环境更加友好、更加有利。要深化同发展

---

[1] 胡泽曦：《推动构建新型国际关系　共创世界更加美好未来》，《人民日报》2020年9月16日，第3版。
[2] 李季：《构建新型国际关系的内涵与路径》，《法制与社会》，2020年第2期。
[3] 郭树勇：《新型国际关系：世界秩序重构的中国方案》，《红旗文稿》，2018年第4期。
[4] 赵可金、史艳：《构建新型国际关系的理论与实践》，《美国研究》，2018年第4期。

中国家团结合作，推动形成携手共进、共同发展新局面。[1]

新型国际关系超越零和博弈、赢者通吃的旧思维，倡导共谋发展、互利互惠的新思路。中国倡导的伙伴关系主张对话而不对抗、结伴而不结盟，致力于走出一条国与国交往的新路。这种伙伴关系不设假想敌，不针对第三方，致力于以共赢而非零和的理念处理国与国的交往，注重寻求各国共同利益的汇合点，从根本上摒弃了国际关系中以大欺小、以强凌弱、以富压贫的强权行径，摒弃了结盟对抗的旧思维，超越了零和博弈的老套路，为各国平等参与国际事务、推动国际关系民主化和法治化注入了新动力。[2]

中国秉持和平发展、合作共赢的外交理念，通过不断构建全球伙伴关系，推动与各方关系全面发展，进而推动构建多层次的新型国际关系。[3]

中国在坚持不结盟原则的前提下广交朋友，形成遍布全球的伙伴关系网络。截至 2024 年 1 月，中国已同 183 个国家建立外交关系，同 110 多个国家和国际组织建立不同形式的伙伴关系，全球伙伴关系网络越织越密。

新型国际关系为当今世界处理国与国关系提供了新思路。进入新时代以来，中国积极行动，以实践推动构建新型国际关系，不断推进同各国的务实合作，为进入 21 世纪的国际关系带来新气象。

---

[1] 《坚持以新时代中国特色社会主义外交思想为指导 努力开创中国特色大国外交新局面》，《新华每日电讯》2018 年 6 月 24 日，第 1 版。

[2] 《习近平外交思想学习纲要》，人民出版社、学习出版社，2021 年版，第 120 页。

[3] 李季：《构建新型国际关系的内涵与路径》，《法制与社会》，2020 年第 2 期。

在双边层面，中国同老挝、柬埔寨、缅甸、印度尼西亚、泰国、马来西亚、巴基斯坦、蒙古国、古巴、南非、越南等国家就构建双边命运共同体发表行动计划、联合声明或达成重要共识，同中亚五国双边层面践行人类命运共同体全覆盖。在区域层面，中非命运共同体是最早提出的区域命运共同体，成为中国与地区国家构建命运共同体的典范。中阿、中拉、中国—太平洋岛国等命运共同体建设蹄疾步稳，成为发展中国家团结合作、携手共进的生动写照。中国—东盟命运共同体建设持续推进。澜沧江—湄公河国家命运共同体建设不断取得新进展。上海合作组织命运共同体成果丰硕，中国—中亚命运共同体建设迈出坚实步伐。[1]

美国历史学家詹姆斯·亚当斯曾说："当我们与同时代的其他人分享梦想的时候，我们的梦想将更有力量。"中国理念正汇聚成推进国际关系民主化的正义呼声：尊重各国人民自主选择发展道路的权利，摒弃"弱肉强食"，和平共处，平等协商；反对霸权主义和强权政治，共商共建共享；加大机遇分享，加强相互合作，共同应对挑战，实现发展和繁荣。

二、大国的样子　行动的力量

美国前国务卿基辛格在其著作《世界秩序》中说："评判每一

---

[1] 中华人民共和国国务院新闻办公室：《携手构建人类命运共同体：中国的倡议与行动》白皮书，2023年9月26日。

代人时，要看他们是否正视了人类社会最宏大和最重要的问题。"

人类社会演进到今天，从未像现在这样相互联系、相互依存，"人类共有一个家园"，"我们同在一条船上"。全球发展失衡愈演愈烈，自然生态受到持续破坏的趋势没有得到根本扭转。恐怖主义、分离主义和极端主义正不断以新的形式挑战地区政治秩序。[1] 加之各种新出现的非传统性因素及其对国际局势的影响，人类比任何时候更需要加强互信合作。

"尽管当下的一些政治事件表现出孤立主义与去全球化倾向，但我们的世界仍持续变得相互依赖。"世界经济论坛创始人兼执行主席施瓦布说，"我一直相信，在互相依赖的世界中，解决复杂挑战的唯一方式是合作。"

世界处于大发展大变革大调整的时期，在国际力量对比发生历史性变化的大背景下，大国关系的互动变化在很大程度上决定着国际体系走向。构建良好大国关系，是建设新型国际关系的重要组成部分。当今世界需要建立更加健康、包容的大国关系。中国主张："拒绝自私自利的狭隘政策，要提倡公平公正竞争，开展你追我赶、共同提高的田径赛，而不是搞相互攻击、你死我活的角斗赛。"[2] 合作是主流，共赢是主旋律，即使有竞争，也应是良性竞争，是在彼此信任、并肩前行中竞争。

[1] 郭树勇：《新型国际关系：世界秩序重构的中国方案》，《红旗文稿》，2018 年第 4 期。
[2] 习近平：《让多边主义的火炬照亮人类前行之路——在世界经济论坛"达沃斯议程"对话会上的特别致辞》，新华网，2021 年 1 月 25 日。

新型国际关系的典范

"你好，老朋友！"热情的问候伴随着温暖有力的握手。2019年6月5日，灯火辉煌的克里姆林宫乔治大厅里，习近平主席与俄罗斯总统普京相会在数十米长的红色地毯中央，两位元首在几步外就已经热切地向对方伸出右手。中俄郑重签署关于发展新时代全面战略协作伙伴关系的联合声明。这是担任国家主席后习近平第8次到访俄罗斯。

2013年，习近平担任国家主席后首访俄罗斯。两位领导人达成重要共识，"中俄关系是世界上最重要的一组双边关系，更是最好的一组大国关系。一个高水平、强有力的中俄关系，不仅符合中俄双方利益，也是维护国际战略平衡和世界和平稳定的重要保障"。[1]此后数年间，他们共同见证了中俄一系列双边务实文件的签署和落地。

2013年3月以来，习近平主席和普京总统40多次会晤，加上电话交流、互致电函、视频沟通等丰富互动，在两国元首引领下，中俄关系的每一步都坚实而有力，中俄合作捷报频传。

办大事、办喜事，两国元首都会出席。2014年2月8日，索契冬奥会开幕式，习近平主席专程赴俄出席，并对普京总统说："邻居办喜事，我当然要专程来当面向你贺喜。"纪念卫国战争胜利70周年庆典，普京总统把右手边最尊贵的位置留给习近平主席。中国

---

[1] 习近平：《顺应时代前进潮流　促进世界和平发展——在莫斯科国际关系学院的演讲》，《新华每日电讯》2013年3月24日，第1版。

人民抗日战争暨世界反法西斯战争胜利 70 周年纪念活动，习近平主席邀普京总统登上天安门城楼……

接受媒体采访时，习近平主席将普京总统称为"交往最密切的外国同事"，普京总统将习近平主席称为"非常可靠的伙伴"；在阿根廷布宜诺斯艾利斯的国际会议上再聚时，两位元首不约而同地以"我的老朋友"作为开场白。

中俄是搬不走的好邻居、拆不散的真伙伴。

2001 年 7 月 16 日，在"世代友好，永不为敌"的理念指引下，中俄缔结《中俄睦邻友好合作条约》。双方恪守平等信任、相互支持、共同繁荣的方针，推动双边关系持续高位运行，各领域合作发展日新月异。

2021 年 6 月 28 日，习近平主席同普京总统举行视频会晤。两国元首宣布发表联合声明，正式决定《中俄睦邻友好合作条约》延期。习近平主席指出，双方在涉及彼此核心利益问题上相互坚定支持，战略协作富有成效，有力维护了两国共同利益。务实合作成果丰硕，质量和体量同步提升。在国际事务中密切协调配合，共同捍卫真正的多边主义和国际公平正义。这份条约的延期，不仅体现了中俄新时代全面战略协作伙伴关系的强大生命力，也为维护世界安全与稳定注入强大正能量。

2023 年 3 月 20 日，全国两会闭幕一周后，习近平主席应普京总统邀请，对俄罗斯进行国事访问。这是习近平主席再次当选中国国家主席后首次出访，也是他第 9 次以国家主席身份访俄。

访问期间，两国元首共同签署《中俄关于深化新时代全面战略协作伙伴关系的联合声明》和《2030 年前中俄经济合作重点方向发展规划的联合声明》，确定将在八个重点方向开展双边经济合作。

"友谊之旅、合作之旅、和平之旅"——这是习近平主席对这次莫斯科之行的定位。两国元首就乌克兰危机进行坦诚、深入交流。中方劝和促谈的努力，得到俄方积极回应。这次访问展现了中国作为"和平建设者"的国际形象，彰显了中国的大国作用和担当，将为错综复杂的国际形势注入更多稳定性，有助于推进世界多极化和国际关系民主化。

2023 年 10 月 18 日，习近平主席在人民大会堂同来华出席第三届"一带一路"国际合作高峰论坛的普京总统举行会谈。

谈到两人多年来的高频互动和真挚友谊，习近平主席说："2013 年至今的十年里，我们先后 42 次会晤，建立了良好的工作关系和深厚友谊。"

普京总统则提到了习近平主席 3 月的莫斯科之旅："我们就许多重大问题进行了深入沟通，达成的共识正在得到认真落实。"他说，国际形势的演变完全印证了习近平主席作出的百年未有之大变局的战略判断。俄方愿同中方密切在金砖国家等多边机制内的沟通协作，捍卫以国际法为基础的国际体系，推动建立更加公正合理的全球治理体系。

正如习近平主席所说，发展永久睦邻友好、全面战略协作、互利合作共赢的中俄关系不是权宜之策，而是长久之计。双方坚持在不结盟、不对抗、不针对第三方原则基础上巩固和发展双边关系，树立了新型大国关系典范。面对瞬息万变的国际形势，中俄两国永做好邻居、好朋友、好伙伴的意愿坚定不移。

瑞士著名诗人、诺贝尔文学奖获得者施皮特勒说："找到同呼吸、共命运的朋友是人世间最大的幸福。"

世界越是动荡不宁，中俄合作越是坚定前行。同为世界主要大国、联合国安理会常任理事国、新兴市场国家，中俄平等信任、相互支持、彼此尊重、共同繁荣。中俄关系经受了百年变局考验，在各个方面都达到历史最高水平。[1]这是新型国际关系的典范，是战略互信、互利合作、民心相通、公平正义的典范。

相互尊重　管控分歧

在百年变局的历史关头，大国如何彼此相处将在很大程度上决定人类的共同前途与命运。对话还是对抗，合作还是分裂，大国怎么做，世界在关注。

中美是最大发展中国家和最大发达国家、世界前两大经济体和联合国安理会常任理事国，中美关系保持健康稳定发展，不仅符合两国人民根本利益，也是国际社会普遍期待。过去半个多世纪，国际关系中一个最重要的事件就是中美关系恢复和发展。虽然其间也经历了不少曲折和困难，但总体不断向前，而且取得了丰硕成果，造福了两国人民，也促进了世界和平、稳定、繁荣。

习近平主席始终从战略高度和长远角度看待和运筹中美关系，

---

[1]《王毅就 2020 年国际形势和外交工作接受新华社和中央广播电视总台联合采访》，《新华每日电讯》2021 年 1 月 2 日，第 2 版。

坚定捍卫中国的国家利益和民族尊严，积极推动中美关系健康稳定发展。习近平主席同美国领导人多次沟通和会谈，就中美关系和重大国际地区问题深入交换意见，为中美关系把舵定向，提供战略引领。

2013—2016年，习近平主席同时任美国总统奥巴马九次会晤、八次通话、多次通信，特别是举行"庄园会晤""瀛台夜话""白宫秋叙""西湖长谈"，就发展中美关系达成重要共识。两国元首一致同意，中美要共同致力于构建新型大国关系，秉持不冲突不对抗、相互尊重、合作共赢的精神，推动中美关系持续健康稳定发展。

2017年1月，美国特朗普政府上台后，中美关系面临一些新的复杂和不确定因素。习近平主席同特朗普多次会晤和通话、通信，就事关中美关系的战略性、长期性、全局性问题表明中方立场，进行坦诚沟通。双方同意，在互惠互利基础上拓展合作，在相互尊重基础上管控分歧，共同推进以协调、合作、稳定为基调的中美关系。

2021年2月11日农历除夕，习近平主席应约同美国总统拜登通电话。习近平主席指出，中美合则两利、斗则俱伤，合作是双方唯一正确选择。习近平主席强调，当前，中美关系正处于重要关口。推动中美关系健康稳定发展，是两国人民和国际社会的共同期盼。两国应该共同努力、相向而行，秉持不冲突不对抗、相互尊重、合作共赢的精神，聚焦合作，管控分歧，推动中美关系健康稳定发展，给两国人民带来更多实实在在的利益，为抗击新冠疫情、促进世界经济复苏和维护地区和平稳定作出应有贡献。

2021年是基辛格秘密访华50周年。1971年，中美两国领导人以非凡的智慧和勇气打破相互隔绝的坚冰，用"小球推动大球"的外交佳话，搭建起跨越太平洋的沟通之桥，助力中美关系破冰。第二年，时任美国总统尼克松成功访华。中美建交40多年来，两国关系历经风雨，取得了历史性发展，为两国人民带来了巨大利益，也为世界和平、稳定、繁荣作出了重要贡献。

正如1972年尼克松访华时所说："使我们走到一起的，是我们有超过这些分歧的共同利益。"[1] 基辛格在2011年出版的《论中国》一书中这样评价："当美中两国第一次恢复关系时，当时领导人的最大贡献是愿意超越眼前的问题而放眼未来。"[2]

在维护世界和平稳定、促进全球发展方面，中美拥有广泛共同利益，也肩负特殊重要责任。中美合作不仅承载两国人民的福祉，也关乎世界人民的利益。正如习近平主席指出的，中美合作可以办成许多有利于两国和世界的大事，中美对抗对两国和世界肯定是一场灾难。[3]

近年来，美国当政者对中国的认知出现了严重偏差，把中国视为所谓"最大威胁"，对中国快速发展心存焦虑，采取了完全错误的对华政策，全面打压遏制中国，企图挑起新"冷战"。中美关系经历了建交以来最严峻的局面，陷入前所未有的困境。

中美经贸关系对两国意义重大，对全球经济稳定和发展有着重要影响。习近平主席在同美方领导人会谈、会见、通电话时多次就

---

[1] 曹筱凡、乔继红：《经贸往来之势挡不得——正确把握中美关系航向系列评论之三》，《新华每日电讯》2021年2月6日，第2版。

[2] 高文成、韩梁：《中美关系大局毁不得——正确把握中美关系航向系列评论之一》，《新华每日电讯》2021年2月4日，第7版。

[3] 《习近平同美国总统拜登通电话》，《新华每日电讯》2021年2月12日，第1版。

中美经贸问题阐明中方立场，推动双方在平等和相互尊重基础上，以建设性方式妥善处理经贸摩擦。

基辛格在《世界秩序》一书中曾写道："中美这两个有着不同文化和不同前提的伟大国家都在经历着根本性的国内变化。这些变化最终会导致两国间的竞争，还是会产生一种新形式的伙伴关系，将对21世纪世界秩序的未来产生重大影响。"

中美在一些问题上会有不同看法，关键是要相互尊重、平等相待，以建设性方式妥善管控和处理。中方一贯主张，中美要加强接触，深入沟通，准确了解彼此的政策意图，避免误解误判。要分清哪些是分歧，要很好管控；哪些有合作意义，共同推动走上合作轨道。台湾、涉港、涉疆等问题是中国内政，事关中国主权和领土完整，美方应该尊重中方的核心利益，慎重行事。

2023年11月14日至17日，应美国总统拜登邀请，习近平主席赴美国旧金山举行中美元首会晤，同时应邀出席亚太经合组织（APEC）第三十次领导人非正式会议。

旧金山会晤在中美关系呈现止跌企稳积极势头的关键时刻举行，不仅牵动着中美两国人民的心，也牵动着亚太地区和整个世界的目光。

旧金山之行是习近平主席时隔6年访美，也是两国元首巴厘岛会晤以来再次面对面会晤。拜登总统精心挑选斐洛里庄园作为会晤地点。除正式会谈外，拜登总统还为习近平主席举行午宴，邀请习近平主席在庄园里散步。会晤持续了4个小时。在坦诚和相互尊重的气氛里，两国元首就事关中美关系的战略性、全局性、方向性问题以及事关世界和平和发展的重大问题坦诚深入地交换了意见。

"我和总统先生上次会面是在巴厘岛，已经过去一年了。一年来发生了不少事情。"习近平主席的开场白意味深长："作为世界上最重要的双边关系，中美关系要放在世界百年变局加速演进这个大背景下来思考和谋划，为两国人民带来福祉，为人类进步展现担当。"

习近平主席深刻指出，中美两个大国不打交道是不行的，想改变对方是不切实际的，冲突对抗的后果是谁都不能承受的。中美是选择加强团结合作，还是挑动阵营对抗，将决定人类前途和地球未来。美方必须认真思考中美两国到底是伙伴还是对手这个根本性问题，作出正确历史选择。

习近平主席指出，这次旧金山会晤，双方应设立新的愿景：一是共同树立正确认知，希望两国做伙伴，相互尊重、和平共处；二是共同有效管控分歧，了解彼此的原则底线，不折腾、不挑事、不越界，多沟通、多对话、多商量，冷静处理分歧和意外；三是共同推进互利合作，充分用好在外交、经济、金融、商务、农业等领域恢复或建立的机制，开展禁毒、司法执法、人工智能、科技等领域合作；四是共同承担大国责任，加强在国际和地区问题上的协调合作，向全球提供更多公共产品，协调对接彼此提出的倡议；五是共同促进人文交流，鼓励和支持两国人民多来往、多沟通。这"五个共同"为中美关系浇筑了五根支柱，开辟了面向未来的"旧金山愿景"。

习近平主席还重点就台湾问题和科技经贸问题阐明中方严正立场，强调美方应当将不支持"台独"的表态体现在具体行动上，停止武装台湾，支持中国和平统一；掷地有声地指出，打压中国科技就是剥夺中国人民的发展权利，中方不会答应，希望美方严肃对待中方关切，取消单边制裁，为中方企业提供公正非歧视的环境。

拜登总统重申了在巴厘岛会晤时向习近平主席作出的五点承诺，即：美国不寻求新冷战，不寻求改变中国体制，不寻求通过强化同盟关系反对中国，不支持"台湾独立"，无意同中国发生冲突。拜登总统表示，美中冲突并非不可避免，一个稳定和发展的中国符合美国和世界的利益，美国乐见中国发展富裕，不寻求打压遏制中国发展，不寻求同中国脱钩。

"历史长河大浪淘沙，最终沉淀下来的总是最有价值的东西。"为中美关系指引方向，为动荡变革的世界注入确定性、提升稳定性，中美元首旧金山会晤将因其里程碑意义写在人类的史册上。

"世界的未来需要中美合作。作为世界上最大的发展中国家和发达国家，中美要好好打交道。面对变乱交织的世界，中美更需要有宽广的胸怀，展现大国格局、拿出大国担当、发挥大国作用。"习近平主席引领中美关系这艘巨轮穿越暗礁险滩从巴厘岛抵达旧金山，展现了大国领袖的政治担当和战略魄力。

一个是全球最大发展中经济体，一个是全球主要经济体，习近平主席给中欧这样的定位：全球两大力量、两大市场、两大文明。中欧合作远大于竞争，共识远大于分歧。[1]

50 多年前，在中国恢复联合国合法席位的议题上，欧洲国家基

---

[1] 《王毅就 2020 年国际形势和外交工作接受新华社和中央广播电视总台联合采访》，《新华每日电讯》2021 年 1 月 2 日，第 2 版。

本上都投出了赞成票，第一个和新中国建交的西方国家也来自欧洲。2003 年，中国和欧盟建立起全面战略伙伴关系。

习近平主席指出，中欧都处于发展的关键时期，都面临着前所未有的机遇和挑战，双方要一道在亚欧大陆架起一座友谊和合作之桥，共同努力建造和平、增长、改革、文明四座桥梁，把中欧两大力量、两大市场、两大改革进程、两大文明连接起来，建设更具全球影响力的中欧全面战略伙伴关系。

2023 年 4 月，法国总统马克龙应习近平主席邀请访华。欧盟委员会主席冯德莱恩与马克龙总统同期访华。广州松园见证了中法关系史上的重要一幕。习近平主席与马克龙总统漫步岭南园林，临水而坐，观景品茗，纵论古今。从在北京密集开展国事活动，到在广州举行不打领带、别开生面的非正式会晤，中法两国元首围绕中法、中欧关系及诸多国际和地区问题深入沟通。中法、中欧在双方关系和国际议题上的共识不断增多。

习近平主席对马克龙总统说，很高兴我们在中法、中欧关系以及很多国际和地区问题上有很多相同或相似看法，这体现了中法关系的高水平和战略性。[1]

马克龙表示，真正的友谊是相互理解、相互尊重。法方赞赏中方始终支持法国和欧洲坚持独立自主和团结统一，愿和中方相互尊重彼此主权和领土完整等核心利益，加强技术工业合作，相互开放

---

[1] 杨依军、朱超、袁帅、曹嘉玥：《携手共行天下大道——2023 年春季中国元首外交纪事》，《新华每日电讯》2023 年 4 月 26 日，第 1 版。

市场，加强人工智能等科技合作，助力各自实现发展振兴。

此访期间，中法两国发表了联合声明，两国元首共同见证签署农业食品、科技、航空、民用核能、可持续发展、文化等领域多项双边合作文件，再次展现出中法在深化互利合作方面的充沛活力和广阔空间。两国还就深化各领域合作达成一系列共识。

此轮中法、中法欧、中欧互动，"独立自主""合作"都是高频词。中法两国元首强调奉行独立自主外交，冯德莱恩也表示，"同中国'脱钩'不符合欧方利益""欧盟独立自主地决定对华政策"。

2023年11月3日，习近平主席同德国总理朔尔茨举行视频会晤。习近平主席强调，当前国际形势正在发生很大变化，地缘冲突加剧，经济复苏乏力，冷战思维回潮。中国和德国都是负责任的大国，不仅要发展好双边关系、做合作共赢的表率，更要捍卫国际秩序和多边主义，携手应对全球性挑战。

朔尔茨表示，一年来，新一轮德中政府磋商成功举行，各层级对话交流快速恢复，经贸关系更加紧密，合作项目持续推进，深化德中关系展现出更多可能和广阔前景。德方愿延续两国良好关系，继续深化各领域合作，希望德国企业在中国取得更大成功。德方愿推动欧中关系积极发展。

2023年12月7日，习近平主席在钓鱼台国宾馆会见来华举行第二十四次中国—欧盟领导人会晤的欧洲理事会主席米歇尔和欧盟委员会主席冯德莱恩。

2023年是中国同欧盟建立全面战略伙伴关系20周年。习近平主席指出："在当前动荡加剧的国际形势下，中欧关系具有战略意义和世界影响，关乎世界和平、稳定、繁荣。"米歇尔主席和冯德莱恩主席表示，欧中合作是互惠平等的，管理好、发展好欧中关系，直接关乎双方人民利益，也关乎世界的繁荣与安全。

当前世界正在经历深刻的历史之变，国际形势动荡加剧。中欧作为推动多极化的两大力量、支持全球化的两大市场、倡导多样性的两大文明，有责任共同为世界提供更多稳定性，为发展提供更多推动力，为全球治理提供更多引领和支持。

无论国际风云如何变幻，中国始终支持欧洲一体化进程，始终支持一个团结、稳定、开放、繁荣的欧盟在国际事务中发挥更大作用，始终致力于全面均衡、相互促进地发展同欧盟机构、成员国及欧洲其他国家关系。

习近平主席指出，当前，中欧关系面临新的发展契机，也面临着各种挑战。关键是要从战略高度牢牢把握中欧关系发展大方向和主基调，相互尊重，排除干扰。[1]

世界经济论坛创始人兼执行主席施瓦布曾经说："我们首先应建立新的合作模式。而这样的合作，必须排除狭隘的利益观，必须建立在人类共同命运的基础之上。"

"当世界一些政治人物大谈'本国优先'的时候，中国领导人却说出截然不同的话。""在中国看来，有利于全人类，就有利于中国；反过来，对中国好的事，对全人类也有好处。"曾担任总理

---

[1]《习近平同德国总理默克尔通电话》，《人民日报》2021年4月8日，第1版。

顾问的印度观察家研究基金会主席库尔卡尼这样说。[1]

亲望亲好，邻望邻好

"中国的繁荣不是独善其身，要和整个国际社会共同发展，特别是周边地区、特别是铁杆朋友。"[2]习近平主席2017年11月访问老挝，与老友相聚时这样说。

2013年，习近平主席首次提出亲诚惠容周边外交理念。这一理念强调：坚持睦邻友好，守望相助；讲平等、重感情；常见面，多走动；多做得人心、暖人心的事，使周边国家对中国更友善、更亲近、更认同、更支持，增强亲和力、感召力、影响力。诚心诚意对待周边国家，争取更多朋友和伙伴。本着互惠互利的原则同周边国家开展合作，编织更加紧密的共同利益网络，把双方利益融合提升到更高水平，让周边国家得益于中国发展，使中国也从周边国家共同发展中获得裨益和助力。倡导包容的思想，强调亚太之大容得下大家共同发展，以更加开放的胸襟和更加积极的态度促进地区合作。[3]

近年来，中国与周边国家不断加强高层往来，大力推动领土主权问题的和平解决，积极参与各种形式的安全合作，为推动周边命运共同体建设打下政治基础、安全基础、制度基础。

中共十九大闭幕后，中共中央总书记、国家主席习近平首次出

[1] 韩墨、辛俭强：《让共赢共享旗帜高高飘扬——习近平主席2017年在瑞士发表两场历史性演讲的时代启迪》，《新华每日电讯》2018年1月30日，第1版。
[2] 杜尚泽、丁子：《听，大国外交新时代的铿锵足音》，《人民日报》2017年11月16日，第3版。
[3] 《习近平新时代中国特色社会主义思想学习问答》，学习出版社、人民出版社，2021年第1版。

访就前往"同饮一江水"的越南和老挝，实现中越、中老两党两国最高领导人年内互访，向国际社会传递出中国推动构建周边命运共同体、支持社会主义事业发展的明确信号。

2023年12月12日至13日，应越方领导人邀请，中共中央总书记、国家主席习近平对越南进行国事访问。两国决定在深化中越全面战略合作伙伴关系基础上，携手构建具有战略意义的中越命运共同体。中越关系由此迈上了新台阶，进入了新阶段，明确了新目标，注入了新动力。

习近平主席的越南之行是中国亲诚惠容周边外交理念的又一次生动诠释。中越构建具有战略意义的命运共同体，标志着中国同中南半岛国家在双边和澜湄合作多边层面实现了命运共同体建设全覆盖，是周边命运共同体建设取得的重要实质性进展，也是推动构建人类命运共同体迈出的又一重要步伐。

2020年1月17日，在中缅建交70周年之际，习近平主席访问缅甸。近25个小时的访问，12场正式活动，双方共同开启了中缅关系新时代。中缅文化以"缘"为脉，地缘相近、人缘相亲、文缘相通，千年"胞波"情谊历经风雨，历久弥坚。

"共同发展、合作共赢是构建新型国际关系、构建人类命运共同体的关键要素。"印度观察家研究基金会主席库尔卡尼说。中国将自身发展寓于深度的国际合作之中，不断强调建立与他国及国际社会的信任机制。

2023年3月，以"不确定的世界：团结合作迎挑战，开放包容促发展"为主题的博鳌亚洲论坛2023年年会成功举办，再次凝聚发展共识，向全球传递强劲的信心和希望。

"人类只有一个地球，各国共处一个世界""应该牢固树立命运共同体意识""通过迈向亚洲命运共同体，推动建设人类命运共同体"……2013 年以来，在博鳌的演讲中，习近平主席多次深刻阐释命运共同体理念。从共建"一带一路"倡议，到全球发展倡议、全球安全倡议，再到全球文明倡议，习近平主席提出系列倡议，不断丰富和拓展构建人类命运共同体的思想内涵和实践路径，为推动世界持久和平、共同繁荣贡献力量。[1]

在 2023 年年会开幕式上，中国国务院总理李强发表题为《以人类命运共同体理念为引领　为世界和平与发展注入更多确定性》的主旨演讲，指出在不确定的世界中，中国的确定性是维护世界和平与发展的中流砥柱。从未来看，中国发展的目标和前景是确定的。

李强说，不论世界发生什么样的变化，中国都将始终坚持改革开放、创新驱动。一个长期稳定、一心发展的中国，一个脚踏实地、勇毅前行的中国，一个自信开放、乐于共享的中国，一定是世界繁荣稳定的巨大力量。[2]

1954 年，中国、印度、缅甸共同倡导了互相尊重主权和领土完整、互不侵犯、互不干涉内政、平等互利、和平共处五项原则，中印、中缅分别为此发表联合声明。和平共处五项原则体现了各国

---

[1] 魏玉坤、黄玥、高敬、吴茂辉、彭韵佳：《共享合作机遇　共迎美好前景——博鳌亚洲论坛 2023 年年会汇聚携手前行正能量》，《新华每日电讯》2023 年 4 月 1 日，第 3 版。
[2] 邹伟、周慧敏：《李强出席博鳌亚洲论坛二〇二三年年会开幕式并发表主旨演讲》，《新华每日电讯》2023 年 3 月 31 日，第 2 版。

图为 2019 年 9 月 24 日拍摄的合龙后的中缅国际通道大（理）临（沧）铁路澜沧江双线大桥。当日， 由中铁十二局集团公司承建的中缅国际通道大（理）临（沧）铁路澜沧江双线大桥顺利合龙。该桥位于云南省大理州南涧县，全长 431.6 米。（新华社发 武羽 摄）

权利、义务、责任相统一的《国际法》精神。"这是国际关系史上的重大创举，为推动建立公正合理的新型国际关系作出了历史性贡献。"[1] 1960 年，依据和平共处五项原则，中缅签署条约，妥善解决了边界问题。

对于喧嚣一时的南海问题，中国与东盟国家力排域外势力干扰，相向而行，友好协商管控海上分歧，积极开展合作，接连达成重要

---

[1] 《习近平在和平共处五项原则发表 60 周年纪念大会上的讲话（全文）》，新华网，2014 年 6 月 28 日。

阶段性成果。"南海行为准则"案文磋商成为南海迈向和平、友谊、合作之海的新起点。

2021年是中国同东盟建立对话关系30周年。1991年以来，双方合作从无到有、从小到大，创造了多个"第一"，成为亚太合作中最为成功和最具活力的典范，为11国20亿人民带来切实福祉。[1]战略伙伴关系内涵不断丰富，政治安全、经济贸易、社会人文三大领域合作硕果累累。东盟国家普遍认为，中国与东盟各国相处时照顾彼此舒适度，与"强权模式"截然不同，有助于寻求利益最大公约数。

2023年5月19日，习近平主席在陕西西安主持首届中国—中亚峰会。在此期间，六国元首全面回顾中国同中亚五国友好交往历史，总结各领域合作经验，展望未来合作方向，一致同意着眼未来，携手构建更加紧密的中国—中亚命运共同体。

建交30多年来首次以实体形式举办的中国—中亚峰会，在绵延2000多年的中国—中亚友好交往史上写就浓墨重彩的篇章。深厚的历史渊源，悠久的文明传承，共同的伟大梦想，将中国同中亚五国紧紧团结在一起。

"西安古称长安，是中华文明和中华民族的重要发祥地之一，也是古丝绸之路的东方起点。"习近平主席在峰会上的主旨讲话中说，"2100多年前，中国汉代使者张骞自长安出发，出使西域，打开了中国同中亚友好交往的大门。千百年来，中国同中亚各族人民一道

---

[1] 《合力推进周边团结抗疫、发展合作新篇章——王毅国务委员兼外长接受媒体采访》，新华网，2021年1月17日。

推动了丝绸之路的兴起和繁荣，为世界文明交流交融、丰富发展作出了历史性贡献。"[1]

2013 年，习近平主席担任国家主席后首次出访中亚，提出共建"丝绸之路经济带"倡议。在首届中国—中亚峰会上，习近平主席说："10 年来，中国同中亚国家携手推动丝绸之路全面复兴，倾力打造面向未来的深度合作，将双方关系带入一个崭新时代。"[2]

在元首外交的战略引领下，在各方共同努力下，中国同中亚五国达成了包括《中国—中亚峰会西安宣言》《中国—中亚峰会成果清单》等在内的 7 份双多边文件，签署了 100 余份各领域合作协议，成果之丰、内容之实、影响之大前所未有。中国—中亚元首会晤机制正式成立，每两年举办一次峰会。会后，习近平主席还同五国元首一起种下六棵石榴树，象征中国同中亚紧密团结合作。

"同声相应，同气相求""民心相亲、理念相近、目标相契"——习近平主席用这样几个词，形容中国同中亚国家之间的志同道合。他说："我们愿同中亚国家加强现代化理念和实践交流，推进发展战略对接，为合作创造更多机遇，协力推动六国现代化进程。"

朋友越走越近，邻居越走越亲。中国按照亲诚惠容周边外交理念和与邻为善、以邻为伴周边外交方针深化同周边国家关系，始终将周边置于外交全局的首要位置，视促进周边和平、稳定、发展为

---

[1] 刘华、杨依军、朱超等：《续写千年友谊　开辟崭新未来——习近平主席在西安主持首届中国—中亚峰会纪实》，《新华每日电讯》2023 年 5 月 21 日，第 1 版。

[2] 刘华、杨依军、朱超等：《续写千年友谊　开辟崭新未来——习近平主席在西安主持首届中国—中亚峰会纪实》，《新华每日电讯》2023 年 5 月 21 日，第 1 版。

己任，深化同周边国家的互利合作和互联互通，共同打造周边命运共同体。中国欢迎周边国家搭乘中国发展"快车""便车"，让中国发展成果更多惠及周边，让大家一起过上好日子。

国际事务中的"天然同盟军"

奔放的鼓乐、明快的舞蹈献给最好的朋友。2018年7月22日，中国专机抵达基加利国际机场，习近平主席首次踏上"千丘之国"卢旺达这片美丽的土地。

"非洲正如奔跑的雄狮。"习近平主席这样形容这块充满希望的大陆。

继2017年3月卢旺达总统卡加梅成功访华后，两国元首在一年多时间里实现互访。习近平主席说，发展同非洲国家团结合作是中国对外政策的重要基础，也是中方长期、坚定的战略选择。卡加梅说，中国对非洲始终平等相待，中非都把自己和对方视为追求繁荣进步的力量，这在当代国际关系中具有革命性意义。

跃动的舞步，激越的节拍。在习近平主席20个小时的访问行程中，人们更真切地感受到中非携手起舞、合作共舞的蓬勃力量。中国是卢旺达第一大贸易伙伴、第一大工程承包方和主要外资来源地。在这里，"中国路"无人不知。传统友好转化为更多惠及两国和两国人民的实实在在的成果，共同续写着两国友好合作关系的新篇章。

不驰于空想，不骛于虚声。中国和非洲是休戚与共的命运共同体，是合作共赢的利益共同体。从1955年中非国家领导人在万隆会议上紧紧握手，到2000年共同创建中非合作论坛；从2013

年习近平担任国家主席后首次出访就前往非洲，并在访问过程中提出真实亲诚对非政策理念和正确义利观，到 2015 年中非关系升级为全面战略合作伙伴关系……世界最大的发展中国家与发展中国家最集中的大陆——中国和非洲，成为相互支持的好兄弟、共同发展的好伙伴、同甘共苦的好战友。"中国梦"与"非洲梦"同频共振。

2015 年 12 月 4 日，习近平主席出席中非合作论坛约翰内斯堡峰会。双方同意以政治上平等互信、经济上合作共赢、文明上交流互鉴、安全上守望相助、国际事务中团结协作为五大支柱，将中非关系提升为全面战略合作伙伴关系。中非双方推出了包括工业化、农业现代化、基础设施建设等十大合作计划。2016 年的二十国集团杭州峰会上，主席国中国促成各成员国发起《二十国集团支持非洲和最不发达国家工业化倡议》。

习近平主席 2018 年首次出访又选择了中东和非洲。这既是巩固深化友谊和合作的重大行动，也是推动建设新型国际关系、构建人类命运共同体的重要实践。

2018 年 9 月，北京一些主要街道飘扬着中国和非洲国家国旗。在热烈、和谐、友好的气氛中，中非合作论坛北京峰会拉开帷幕。习近平主席同 54 个论坛非洲成员代表与会，其中包括 40 位总统、10 位总理、1 位副总统以及非盟委员会主席等。一同来华与会的非洲各国正部长级高级官员就有 249 位。出席峰会的非方领导人和代表团数量均创下纪录。

在峰会期间，习近平主席一共主持了近 70 场双多边活动，并分别会见了所有来华的非方领导人，创造了中国领导人主场外交会见外方领导人的纪录。

习近平主席在峰会上提出"构建更加紧密的中非命运共同体"主张，呼吁中非携起手来，共同打造责任共担、合作共赢、幸福共享、文化共兴、安全共筑、和谐共生的中非命运共同体，得到非洲各国的高度赞同和一致响应。

习近平主席强调，中非在长期交往合作中坚持真诚友好、平等相待，坚持义利相兼、以义为先，坚持发展为民、务实高效，坚持开放包容、兼收并蓄，走出了一条特色鲜明的合作共赢之路。这"四个坚持"，揭示了中非团结合作的本质特征。

习近平主席还指出，中国在对非合作中坚持做到"五不"，即：不干预非洲国家探索符合国情的发展道路，不干涉非洲内政，不把自己的意志强加于人，不在对非援助中附加任何政治条件，不在对非投资融资中谋取政治私利。这是中非关系不惧风雨、历久弥坚的根本原因，也是中非合作欣欣向荣、长盛不衰的"独家秘籍"。

2018年的北京峰会，在全面总结中非"十大合作计划"成功经验基础上，加强针对性和有效性，提出了中非共同实施"八大行动"，强调中方将致力于加强中非在产业产能、基础设施、贸易等领域合作，同时拓展双方在绿色发展、能力建设、健康卫生、人文交流、和平安全等领域合作潜能，特别是推动共建"一带一路"倡议与非盟《2063年议程》、联合国2030年可持续发展议程和非洲各国发展战略深入对接，将进一步推动中非合作换挡提速，加快实现非洲各国的可持续发展，更多惠及非洲人民。

习近平主席在峰会开幕式上发表的主旨讲话引发热烈反响。会场响起 29 次热烈掌声，讲话结束后非方领导人纷纷上前与习近平主席握手，表示祝贺。中非合作论坛共同主席国南非总统拉马福萨说，"非中关系已进入黄金时代"，"中国是非洲实现非盟《2063 年议程》的可靠伙伴"。

时任埃及外交部长萨迈赫·舒凯里说，构建更加紧密的中非命运共同体理念在非洲的接受度很高，非洲国家都希望进一步推动非中关系的发展。"我相信，这将是我们前进的方向。"[1]

2020 年 6 月 17 日，中非团结抗疫特别峰会发表联合声明，凝聚了中非在一系列重大问题上的共同立场，向国际社会发出了中非团结合作的时代强音。

2021 年 11 月，中非合作论坛第八届部长级会议在塞内加尔首都达喀尔成功召开。习近平主席以视频形式出席大会开幕式并发表主旨演讲，总结提炼 32 字"中非友好合作精神"，即"真诚友好、平等相待，互利共赢、共同发展，主持公道、捍卫正义，顺应时势、开放包容"。这是中非双方数十年来休戚与共、并肩奋斗的真实写照，是中非友好关系继往开来的力量源泉。提出坚持团结抗疫、深化务实合作、推进绿色发展、捍卫公平正义"四点主张"，宣布中非共同制定《中非合作 2035 年愿景》（简称《愿景》），并实施《愿景》的首个三年规划——"九项工程"。

《愿景》是首个中非中长期合作规划，从长远角度和战略高度

---

[1] 王海林、管克江等：《习近平主席在中非合作论坛北京峰会上的主旨讲话引起热烈反响》，《人民日报》2018 年 9 月 4 日，第 3 版。

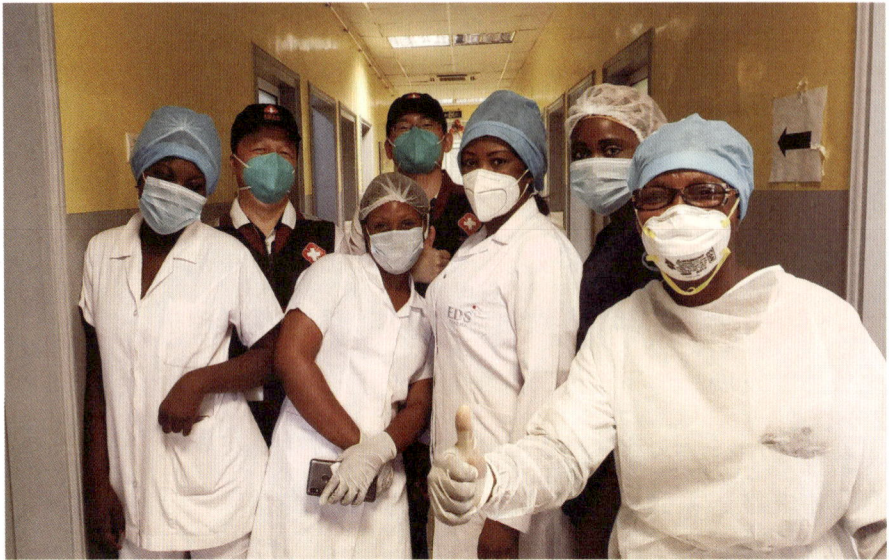

2020 年 5 月 26 日，中国抗疫医疗专家组在刚果（布）首都布拉柴维尔指导新冠肺炎病房建设时，与当地一线医务人员合影。（新华社发）

绘制中非合作蓝图，有助于进一步发挥中非合作论坛引领作用，深化中非发展战略对接，完善中非合作政策体系。"九项工程"根据《愿景》确定的目标任务，以支持非洲培育内生增长能力为重点，以促进中非合作转型升级、提质增效为主线，巩固传统合作，开拓新兴领域，创新合作模式，推动中非共建"一带一路"高质量发展。

2023 年 8 月下旬，习近平主席踏上非洲大陆，来到"彩虹之国"南非。8 月 24 日晚，在约翰内斯堡，习近平主席同拉马福萨总统共同主持中非领导人对话会，来自非洲不同地区的各国领导人出席。

"2013 年我担任中国国家主席后，首次出访就来到非洲，提出真实亲诚对非政策理念。"习近平主席动情地回忆。

10 多年来，中方秉持这一理念，同非洲朋友一道，从中非友好合作精神中汲取力量，在团结合作的道路上坚定前行，在国际风云变幻中坚守道义，在新冠疫情冲击下守望相助，推动中非关系不断走深走实，进入共筑高水平中非命运共同体的新阶段。

再次面对面同非洲领导人集体会面，习近平主席宣布，中方愿发起"支持非洲工业化倡议"，实施"中国助力非洲农业现代化计划"，实施"中非人才培养合作计划"，助力非洲一体化和现代化事业。

各方相约：2024 年在中国举办下一届中非合作论坛会议。

阿拉伯谚语说："被行动证明的语言是最有力的语言。"中国和阿拉伯国家因古丝绸之路相知相交。"中阿两大民族虽相隔遥远，却亲如一家。"[1] 中国和阿拉伯国家同舟共济、守望相助，及时分享信息，开展密切合作，传统友谊和战略伙伴关系不断深化。习近平主席曾引用《管子》的话"未之见而亲焉，可以往矣；久而不忘焉，可以来矣"，以此描述中阿之间天然的亲近感，超越空间和时间的友谊。

在穿越时空的往来中，中阿两个民族彼此真诚相待，在古丝绸之路上出入相友，在争取民族独立的斗争中甘苦与共，在建设国家的征程上守望相助。

当前，中东面临消除和平之殇、破解发展之困的紧迫任务，中国的中东政策顺应中东人民追求和平、期盼发展的强烈愿望，在国际上为阿拉伯国家合理诉求代言，为促进地区和平稳定发挥建设性作用。

---

[1] 习近平：《携手推进新时代中阿战略伙伴关系——在中阿合作论坛第八届部长级会议开幕式上的讲话》，《新华每日电讯》2018 年 7 月 11 日，第 2 版。

发展是解决中东许多治理问题的钥匙。中阿双方优势互补、利益交汇，对接彼此发展战略，让两大民族复兴之梦紧密相连。

近年来，中阿双方不断加强战略协调和行动对接，共建"一带一路"合作成果丰硕，中国持续保持阿拉伯国家第一大贸易伙伴国地位。中阿贸易额从 2012 年的 2224 亿美元，增长到 2022 年的 4314 亿美元，十年间增长了近一倍。2023 年上半年，中阿双边贸易额规模保持稳定，达到 1999 亿美元。[1] 双向投资规模也持续扩大，涵盖油气、建筑、制造、物流、电力等众多领域。埃及苏伊士经贸合作区、阿联酋哈利法港二期集装箱码头等一批重大投资项目，成为新时期中阿经贸合作转型升级的标志性工程。[2]

2018 年 7 月 10 日，习近平主席在中国—阿拉伯国家合作论坛第八届部长级会议开幕式上宣布，经过中阿双方友好协商，一致同意建立全面合作、共同发展、面向未来的中阿战略伙伴关系。这是中阿友好合作新的历史起点。

习近平主席说，中方愿同阿方加强战略和行动对接，携手推进"一带一路"建设，共同做中东和平稳定的维护者、公平正义的捍卫者、共同发展的推动者、互学互鉴的好朋友，努力打造中阿命运共同体，为推动构建人类命运共同体作出贡献。[3]

---

[1] 刘紫凌、李钧德、侯雪静等：《万里尚为邻　韶华满目新——写在第六届中阿博览会开幕之际》，新华网，2023 年 9 月 21 日。

[2] 艾福梅、赵倩等：《互利共赢，中阿挖掘"一带一路"合作新潜能》，经济参考报网站，2021 年 8 月 24 日。

[3] 习近平：《携手推进新时代中阿战略伙伴关系——在中阿合作论坛第八届部长级会议开幕式上的讲话》，《新华每日电讯》2018 年 7 月 11 日，第 2 版。

　　新冠疫情发生后，时任伊朗外长扎里夫是全球首个公开声援中国抗疫的外长，沙特国王萨勒曼是第一个致电习近平主席支持中国抗疫的外国元首。阿联酋全球第一高楼哈利法塔打出"武汉加油"等鼓劲标语。中东地区出现疫情后，中方紧急驰援，及时迅速向地区国家提供了呼吸机、检测试剂、额温枪、口罩、眼罩、防护服等大量抗疫物资，向地区多国派出超百人次医疗专家组，同地区国家举办了 60 多场卫生专家视频会议。面对突如其来的疫情，中国和中东国家携手抗疫，树立了守望相助、共克时艰的典范。

　　2020 年 7 月 6 日，中阿合作论坛第九届部长级会议以视频方式举行。在各方共同努力下，本届会议形成三份成果性文件。《中国和阿拉伯国家团结抗击新冠肺炎疫情联合声明》展现了中阿携手战胜疫情的坚强决心；《安曼宣言》亮明了相互支持、命运与共的坚定意志；《中阿合作论坛 2020 年至 2022 年行动执行计划》则规划了中阿务实合作、共同发展的前进路径。[1]

　　2022 年 12 月 7 日至 10 日，习近平主席应沙特阿拉伯王国国王萨勒曼邀请，赴利雅得出席首届中国—阿拉伯国家峰会、首届中国—海湾阿拉伯国家合作委员会峰会并对沙特进行国事访问。

　　2 天 3 夜时间里，习近平主席出席首届中阿、中海峰会并对沙特进行国事访问，同近 20 位阿拉伯国家领导人举行双边会见。这是新中国成立以来我国对阿拉伯世界规模最大、规格最高的一次外交

---

[1]《王毅谈中阿合作论坛第九届部长级会议三大成果》，中华人民共和国外交部网站，2020 年 7 月 6 日。

行动，是中共二十大后中国特色大国外交又一轮成功实践。

习近平主席提出，中方将同阿方一道推进"八大共同行动"，涵盖支持发展、粮食安全、卫生健康、绿色创新、能源安全、文明对话、青年成才、安全稳定诸多领域，充实完善了中阿务实合作的四梁八柱。中阿双方发表《首届中阿峰会利雅得宣言》，一致同意全力构建面向新时代的中阿命运共同体，加强中阿团结协作，助力各自民族复兴，促进地区和平发展，维护国际公平正义，为构建人类命运共同体贡献力量。

位于河南登封的观星台，距今已有 700 多年历史；太平洋彼岸的墨西哥，奇琴伊察遗址的库库尔坎金字塔，距今已近 1500 年。2022 年 2 月 14 日，中国和墨西哥联合发行《中墨建交五十周年》纪念邮票。这两处在世界天文史、建筑史上均具有极高价值的人类遗产实现跨越山海的对话，中华文明与玛雅文明于方寸间交相辉映。

中拉友谊，既仰望星空，又脚踏实地。2022 年是中国与墨西哥、阿根廷、圭亚那、牙买加拉美四国建交 50 周年。经过岁月积淀的深厚友谊，正如陈年的龙舌兰酒，历久弥香。

中国与拉美和加勒比国家的关系源远流长。16—19 世纪，从中国沿海城市出发，经东南亚中转，最远到达拉丁美洲的贸易路线将"海上丝绸之路"推到了发展的顶峰。新中国成立后，古巴是第一个与中国建交的拉美和加勒比国家，智利是第一个同中国建交的南美洲国家，也是第一个与中国签署自贸协定的拉美国家。中国与拉美和加勒比国家虽远隔万里，但在争取民族独立、促进国家发展进程中始终相互支持，结下深厚友谊。

中共十八大以来，中拉双方注重发展战略对接，积极开展务实合作，形成互信互助互惠的合作新局面。2013 年 5 月 31 日至 6 月 6 日，习近平主席对特立尼达和多巴哥、哥斯达黎加、墨西哥进行国事访问。这三个国家，既有老朋友，也有新伙伴。访问期间，习近平主席同三国领导人深入交换意见，在特立尼达和多巴哥还分别与 8 个加勒比国家领导人举行会谈。这些国家中，既有几万人口的小国，也有 1 亿多人口的大国，习近平主席都以诚相待，体现了中国坚持大小国家一律平等的外交传统。

在特立尼达和多巴哥，习近平主席同乐手一起敲奏钢鼓，共享友谊的喜悦。在哥斯达黎加，习近平主席走进当地农户，同他们围坐在一起，唠家常、聊民生。在墨西哥，习近平主席参观玛雅文明古迹，展现东方文明对悠久的墨西哥文明的尊重。

时隔一年多，习近平主席于 2014 年 7 月再次出访拉美，应邀赴巴西出席金砖国家领导人第六次会晤，对巴西、阿根廷、委内瑞拉、古巴进行国事访问，并出席中国—拉美和加勒比国家领导人会晤。

习近平主席同 11 个拉美和加勒比国家领导人齐聚一堂，共叙友谊，共商合作，共谋发展，一致决定建立平等互利、共同发展的中拉全面合作伙伴关系，共同宣布成立中国—拉共体论坛（简称"中拉论坛"），开启了中拉整体合作进程，在中拉关系发展史上具有里程碑意义。由此，中拉论坛同中国—东盟合作机制、上海合作组织、中非合作论坛、中阿合作论坛、中国—中东欧领导人会晤、中国—太平洋岛国论坛对话会一起，标志着由中国倡导成立、主要面向广大发展中国家的地区多边合作架构实现了全球覆盖。

在这次历史性的会晤中，习近平主席阐述新形势下中国对拉政策主张，提出构建政治上真诚互信、经贸上合作共赢、人文上互学互鉴、国际事务中密切协作、整体合作和双边关系相互促进的中拉关系"五位一体"新格局，提出打造"1+3+6"合作新框架。"1"是一个规划，即《中国与拉美和加勒比国家合作规划（2015—2019）》；"3"是三大引擎，即贸易、投资、金融合作；"6"是六大领域，即能源资源、基础设施建设、农业、制造业、科技创新、信息技术。

中拉全面合作关系的提出和稳步推进，为中拉实现发展战略全面对接擘画了新蓝图，为双方全方位互利合作注入了强劲动力。2015年1月，中拉论坛首届部长级会议在北京隆重召开，习近平主席出席开幕式并发表重要讲话。中拉论坛由构想走进现实，标志着历史上第一次形成了一个涵盖中国及拉美和加勒比所有国家的合作平台，中拉关系由此进入了整体合作与双边关系并行发展、相互促进的新时期。如今，中拉论坛已成为汇聚中拉各界友好力量的主要平台，为深化中拉关系作出了重要贡献。

2016年11月，习近平主席展开了对厄瓜多尔、秘鲁、智利的国事访问并出席在秘鲁利马举行的亚太经合组织第二十四次领导人非正式会议。这是习近平主席在4年内第3次访问拉美和加勒比地区。访问期间，习近平主席在秘鲁国会发表面向整个拉美的重要演讲，强调中拉要高举和平发展合作旗帜，推动发展战略对接，推进合作换挡加速，实现合作成果共享，共同打造好中拉命运共同体这艘大船，引领中拉友好关系驶入新航程。在习近平主席成功结束访拉之际，中国政府发表继 2008 年首份文件之后的第二份对拉政策文件，全面总结中拉关系发展的基本经验，为推进中拉全面合作伙伴关系、打造中拉命运共同体规划了合作蓝图。

"我们要描绘共建'一带一路'新蓝图，打造一条跨越太平洋的合作之路，把中国和拉美两块富饶的土地更加紧密地联通起来，开启中拉关系崭新时代。"2018 年 1 月，习近平主席向中拉论坛第二届部长级会议致贺信，提出以共建"一带一路"引领中拉关系的重要倡议。这届部长级会议通过了《关于"一带一路"倡议的特别声明》，正式确认拉美和加勒比国家为 21 世纪海上丝绸之路的自然延伸和"一带一路"国际合作不可或缺的参与方。同一年的 11 月27 日至 12 月 5 日，习近平主席应邀对西班牙、阿根廷、巴拿马、葡萄牙进行国事访问并出席在阿根廷举行的二十国集团领导人第十三次峰会。这是习近平主席第 4 次到访拉美、第 2 次访问阿根廷，也是中国国家主席首次访问巴拿马。此访期间，习近平主席强调，中国将坚持平等相待、互利共赢原则，同拉美朋友一道，建设新时代平等、互利、创新、开放、惠民的中拉关系。

2021 年 9 月 18 日，习近平主席作为唯一域外受邀嘉宾向拉共体第六届峰会发表视频致辞，充分肯定近年来中拉关系发展成就，明确指出历经国际风云变幻，中拉关系已经进入平等、互利、创新、开放、惠民的新时代，锚定了中拉关系新的历史方位和时代特质。同年 12 月 3 日，习近平主席向中国—拉共体论坛第三届部长会议发表视频致辞，强调中拉同属发展中国家，是平等互利、共同发展的全面合作伙伴，独立自主、发展振兴的共同梦想把中拉紧紧团结在一起。

2020 年以来，面对突如其来的新冠疫情，中拉始终守望相助。习近平主席多次与拉美和加勒比国家领导人通话致信，推动中拉抗疫合作。从分享中国抗疫经验，到向拉美和加勒比地区国家派遣医疗专家组、捐赠大量医疗物资，到多款中国疫苗运抵拉美，再到中国公司在拉美和加勒比投资建造疫苗生产工厂，中拉携手抗疫增强了拉美和加勒比民众战胜疫情的信心，也增强了国际社会团结抗疫的力量。据泛美卫生组织的统计，截至 2021 年 5 月，统计数据完整的 26 个拉美和加勒比国家共接种了 8413.7 万剂新冠疫苗，其中中国疫苗约占 65%。尤其在萨尔瓦多、智利和巴西，中国疫苗占该国已接种疫苗的比例更是高达 84.3%、84% 和 71%。[1] 中拉携手抗疫的故事，生动诠释了"天涯若比邻""患难见真情"，极大地推动了人类卫生健康共同体的建设。

中共十八大以来，正是在元首外交的坚强引领下，中拉各领域合作一步一个脚印，从高层交往到党际交流，从出口多元到外贸升级，从基础设施到绿色能源，从语言教学到智库互动，从经典互译到文明对话，中拉携手并进的共识更加坚定，合作升级的架构更加完备，民心相通的桥梁更加宽广。中拉命运共同体这棵大树，结出累累硕果。

在拉美，无论是海拔 4000 米的安第斯高原，还是水下 3000 米

---

[1] 田睿、吴昊、尹南等：《全球连线｜占比超六成！中国疫苗助力拉美跨越"免疫鸿沟"》，新华网，2021 年 5 月 20 日。

的深海，都能看到中国建设者的身影。贯穿巴西南北的"电力高速公路"美丽山特高压直流输电工程，解决了2200万巴西人电力短缺问题；连接阿根廷内陆和港口的贝尔格拉诺货运铁路，降低了北部产粮区农民的物流成本；中国企业在厄瓜多尔承建多个水电站，助其从电力进口国变为出口国；由中国设计并生产的列车在古巴正式投入运行，成为古巴自1975年以来首次采购的全新铁路客车……据统计，2005—2020年，中国企业参与的在拉美和加勒比地区已投入使用或在建的基础设施项目共138个，为当地创造60多万个就业岗位。[1]

陆洋一体的大联通、开放互利的大市场、创新增长的大机遇、平等互信的大交流。近年来，中拉合作优化升级、创新发展的步伐不断加快。特别是在"一带一路"框架下，中拉互联互通的层级不断提升，不仅包括架桥修路和地理概念上的"硬联通"，还包含政策、贸易、资金、民心上的"软联通"。截至2023年11月，拉美和加勒比地区已有22个国家与中国签署共建"一带一路"合作文件。

中拉贸易结构更加优化。中国成为拉美第二大贸易伙伴国，拉美则是全球对华出口增速最快的地区之一。越来越多的拉美优质农产品进入中国市场，智利车厘子、阿根廷红酒、墨西哥牛油果、厄瓜多尔白虾、哥斯达黎加菠萝等各色拉美物产，越来越多地出现在中国人的购物车里。2022年，中拉贸易额已逼近5000亿美元大关，连续第六年保持高速增长。在世界经济复

---

[1] 李晓骁、毕梦瀛：《中拉经贸合作展现蓬勃生机》，《人民日报》2021年11月22日，第16版。

苏势头不稳的大环境下，2023 年前三季度，中国对拉美进出口增长 5.1%。[1]

中国对拉美投资领域更趋多元。据《2022 年度中国对外直接投资统计公报》，截至 2022 年年底，中国在拉丁美洲的投资存量为 5961.5 亿美元。中国投资更多进入通信、不动产、食品和可再生能源等领域。拉美成为仅次于亚洲的中国海外投资第二大目的地，在拉中国企业超过 2200 家。[2]

中拉金融合作更加多样。总规模 300 亿美元的中拉产能合作投资基金首期 100 亿美元已投入运营，首笔股权投资支持中国长江三峡集团参与巴西两个水电站的经营。中国人民银行与拉美多国签署本币互换协议，在阿根廷和智利已指定人民币业务清算行。中国多家商业银行在拉美设有十多家分支机构。厄瓜多尔、阿根廷、巴西、智利、秘鲁、委内瑞拉、玻利维亚等国获准加入亚投行。

近年来，中拉人文交流、文明互鉴日益深入人心。中拉立法机构、地方、媒体、智库交流频繁，教育、文化、旅游等领域合作蓬勃开展。中国在墨西哥城设立了在拉美地区的首个中国文化中心。2016 年"中拉文化交流年"成功举办，覆盖近 30 个拉美和加勒比国家及中国多个省市。在中国，至少有 140 所院校开设了西语、葡语专业，

---

[1] 闫亮、席玥、宣力祺：《新华时评：中拉合作如何奏出"时代交响"》，新华网，2023 年 11 月 4 日。

[2] 党琦、赵晖：《舵稳当奋楫　风劲好扬帆——写在习近平主席提出中拉命运共同体理念五周年之际》，新华网，2019 年 7 月 18 日。

拉美与加勒比研究机构也超过 60 家。[1]"未来之桥"中拉青年领导人千人培训计划、中拉青年科学家交流计划、中拉科技伙伴计划、中拉新闻交流中心等合作交流项目有序推进；第四届中拉文明对话论坛以线上线下结合方式在北京成功举行；拉美多国艺术团体"云"参加第二十一届"相约北京"国际艺术节；哥斯达黎加立法设立"中国文化日"，巴拿马将中国春节定为全国性节日……点点滴滴，构成中拉人文交流大河中的美丽浪花。

"世界文明需要互联互通，拉美人民和中国人民深化对彼此文化的理解和欣赏，将使拉中友谊之桥更加牢固。"阿根廷公共媒体事务国务秘书埃尔南·隆巴尔迪说。

"潮起宜踏浪，风正可扬帆。"共同的梦想和共同的追求，将中拉双方紧紧联系在一起。跨越浩瀚太平洋，中拉命运共同体之船逐梦前行，中拉全面合作的航道将越走越宽。

老朋友，新朋友

在元首外交战略的引领下，中国全方位、多层次、立体化的外交布局不断深化。新朋友越来越多，老朋友越来越铁，"我们的朋友遍天下"。

从柬埔寨首相洪森到加蓬总统邦戈，从立春之际到谷雨时节……2023 年春天的两个多月间，来自亚、欧、美、非各大洲的外

---

[1] 党琦、赵晖：《舵稳当奋楫　风劲好扬帆——写在习近平主席提出中拉命运共同体理念五周年之际》，新华网，2019 年 7 月 18 日。

方领导人接踵访华。从 3 月底开始，更是每周都有外国领导人或国际组织负责人到访。

2023 年 2 月，时任伊朗总统莱希应习近平主席邀请访华。会谈中，习近平主席表示：中方赞赏伊方愿意积极改善同周边邻国关系，支持地区国家通过对话协商化解矛盾，实现睦邻友好。3 月 10 日，中国、沙特阿拉伯、伊朗三方在北京签署并发表联合声明，宣布沙伊双方同意恢复外交关系，开展各领域合作。4 月 6 日，在中方见证下，沙伊双方在北京签署联合声明，宣布即日起恢复外交关系。中国成功推动沙特和伊朗北京对话取得历史性成果。

在习近平主席亲自关心下，2023 年 3 月 26 日，中国同洪都拉斯签署《中华人民共和国和洪都拉斯共和国关于建立外交关系的联合公报》，决定自公报签署之日起相互承认并建立大使级外交关系。

2024 年 1 月 24 日，中共中央政治局委员、外交部长王毅在北京同瑙鲁外长安格明举行会谈并签署《中华人民共和国和瑙鲁共和国关于恢复外交关系的联合公报》。双方决定，从即日起恢复两国大使级外交关系。自此，瑙鲁成为中国第 183 个建交国，中国的"朋友圈"再次扩大。

2023 年 3 月 31 日，北京天安门前如此场景令人印象深刻——西班牙、马来西亚、新加坡三国国旗分别同五星红旗并排悬挂，迎风招展。人民大会堂东大厅内，三场重要外事活动接连举行。习近平主席先后会见来访的西班牙首相桑切斯、马来西亚总理安瓦尔、时任新加坡总理李显龙。密集的会见为推动双边乃至地区关系注入活力，指明方向。

2023 年 4 月 14 日，人民大会堂东门外广场，迎来阔别已久又新风扑面的室外欢迎仪式。在习近平主席为来华进行国事访问的巴西总统卢拉举行的欢迎仪式上，军乐团特意演奏了名为《新时代》的巴西乐曲。隆重的仪式、精心的安排，让巴西代表团一些成员热泪盈眶。

卢拉总统原定 3 月下旬访华，因身体不适推迟了行程。这次刚刚病愈就率庞大代表团访华。习近平主席对老朋友亲切地表示："看到你已经痊愈，我感到非常高兴。你康复不久即远道而来，体现了对两国关系的高度重视。"[1] 会谈后，中巴两国发表涵盖 49 项内容的联合声明，一致同意共同深化以开放包容、合作共赢为特征的中巴全面战略伙伴关系。

2023 年 4 月 19 日，加蓬总统邦戈访华。在此期间双方发表联合声明，将中加关系提升为全面战略合作伙伴关系，这不仅符合中加两国共同和长远利益，也对推动构建人类命运共同体具有重要示范作用。

德国谚语说："山和山不相遇，人和人要相逢。"频繁密集的元首外交，标注着中国与世界互动的新高度。从政要到民众，从老友到新交，习近平主席与很多国际友人、普通民众都有令人难忘的互动。

在老挝的眼科医院里，习近平主席和时任老挝人民革命党中央总书记、国家主席本扬一起参观，并微笑着对重见光明的病患马来

---

[1] 杨依军、朱超、袁帅、曹嘉玥：《携手共行天下大道——2023 年春季中国元首外交纪事》，《新华每日电讯》2023 年 4 月 26 日，第 1 版。

苏说："祝你的日子美好幸福。"

在出访中东和非洲的行程中，习近平主席讲起一个个中阿、中非人民心心相印、携手前行的动人故事，赞赏互助的"乌姆干达"文化，还引用塞内加尔沃洛夫谚语"每个人都是他人的慰藉"，表达人与人的心灵之约。[1]

在缅甸总统府的宴会厅中，习近平主席走到表演传统乐器"弯琴"的演奏家们面前，微笑着说："你们辛苦了，谢谢你们！"

在孩子们眼中，习近平主席是友善、和蔼的长辈。

在德国总统府的绵绵晨雨中，习近平主席关切地叮嘱前来欢迎的少年们，"今天下雨，别着凉了。"在柏林动物园的熊猫馆里，习近平主席同热情挥动两国国旗的布鲁诺·比格尔小学学生一一握手，亲切交谈；在柏林奥林匹亚体育场的明媚阳光中，习近平主席对中德两国的少年足球队员们说："你们是中德足球事业发展的希望，也是中德两国友好合作事业的接班人。"

"看到同学们能用流畅的中文表达自己的所思所想，我很高兴。希望你们做新时代的马可·波罗，成为中意文化交流的使者。"在给意大利罗马国立住读学校师生的回信中，习近平主席说："愿你们青春正好、不负韶华，都能成就梦想。"五年级女生卢多薇卡说，她把习近平主席的回信读了好几遍。[2]

---

[1] 霍小光、郝薇薇：《书写携手共进、共同发展的华彩乐章——习近平主席访问中东非洲五国纪实》，《新华每日电讯》2018年7月30日，第1版。

[2] 李洁：《我们的梦想里一定有中国——意大利罗马国立住读学校师生热议习近平主席回信》，《新华每日电讯》2019年3月20日，第8版。

二十国集团领导人大阪峰会即将召开之际，在"熊猫杯"全日本青年征文大赛中获奖的日本青年中岛大地收到习近平主席的回信。信中写道："得知你长期学习中文并研究中国文学，通过积极参加征文比赛和访华交流活动，增加了对中国的认识、加深了同中国朋友的感情，我感到很高兴。"中岛开心地说："这是对我多年坚持的最好肯定和认可，让我非常感动。"[1]

习近平主席还亲切复信美国犹他州卡斯卡德小学的 50 名四年级学生，鼓励他们继续努力学习中文，了解中国文化，为增进中美两

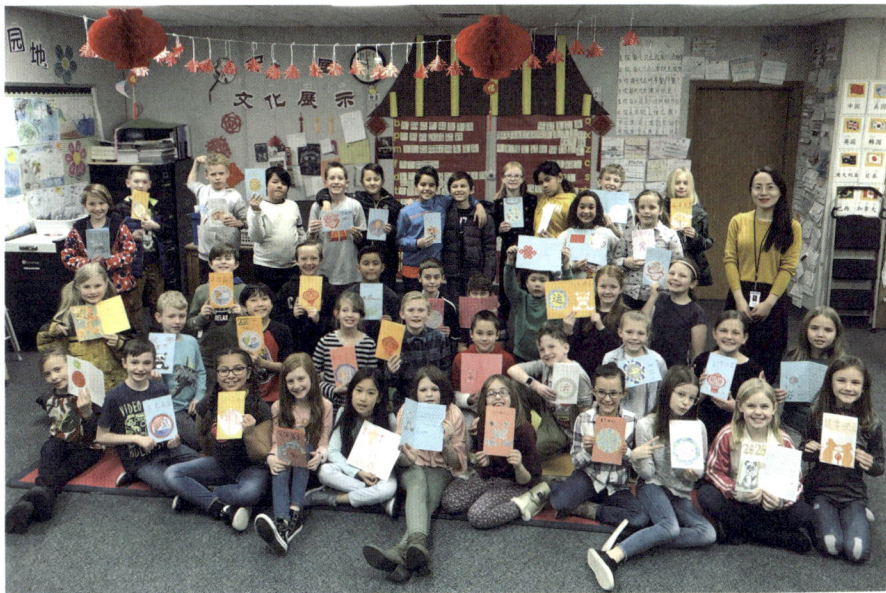

2020 年 1 月 21 日，在美国犹他州奥勒姆，卡斯卡德小学师生展示为习近平主席制作的新年贺卡。（新华社发）

---

[1] 梁赛玉：《习主席的回信激励我为日中友好多作贡献》，《新华每日电讯》2019 年 7 月 1 日，第 2 版。

国人民友谊作出贡献。

"如果习爷爷来访问，我们想请习爷爷一起吃甜甜圈。"这是学生莎拉在看到复信后的"甜蜜反应"。[1]

友好的根基在民间，友好的未来寄望于青年。

在 2019 年和 2020 年的两个春天里，一封封满含真挚鼓励和殷殷期望的回信，温暖着外国青年朋友们的心田，不断拉近着中国与世界的距离。

在外国同事眼中，习近平主席是值得信赖的朋友。

2013 年 4 月，尼尼斯托首次以芬兰总统身份访华，成为习近平担任国家主席后接待的首位欧洲国家元首。访问期间恰逢尼尼斯托总统夫人生日，习近平主席夫妇专门准备了生日蛋糕。记录下这一刻的照片，一直挂在尼尼斯托家中的餐厅里。尼尼斯托和习近平相识颇早。2010 年时任国家副主席的习近平访问芬兰，两人就见过面。"非常温暖。"尼尼斯托总统 2019 年 1 月应邀访华时，再次谈起往事。

习近平主席与多国元首和重要国际组织领导人保持着密切的交往——

在意大利奎里纳莱宫总统书房，同马塔雷拉总统促膝交谈；在摩纳哥王宫家庭厅，与阿尔贝二世亲王畅叙家国情怀；在法国尼斯海燕别墅，同马克龙总统共忆中法友好交往历史；在塔吉克斯坦总统府，接受拉赫蒙总统授予塔国最高勋章"王冠勋章"；在平壤锦

---

[1] 高山等：《"我们想请习爷爷一起吃甜甜圈"——美国卡斯卡德小学师生欣喜收到习近平主席复信》，《新华每日电讯》2020 年 3 月 4 日，第 2 版。

绣山迎宾馆庭院，与金正恩委员长散步交谈……

"每次见到您，我都愿意深谈，而每次都相谈甚欢。我们非常信任和依靠中国朋友。"2019 年 4 月，来华出席第二届"一带一路"国际合作高峰论坛的哈萨克斯坦首任总统纳扎尔巴耶夫这样告诉习近平主席。纳扎尔巴耶夫此次来华期间，习近平主席向他颁授中华人民共和国"友谊勋章"。颁授仪式上，习近平主席特别提到，2013 年他在哈萨克斯坦首次提出共建"丝绸之路经济带"倡议后，第一时间得到哈方的热烈响应。纳扎尔巴耶夫说，习近平主席颁授的"友谊勋章"对他而言是"无上荣誉"，"我同中国领导人之间的深厚友谊和互信将永远留在我心里"。

"一位经验丰富的船长。"谈到对习近平主席的印象，第七十三届联合国大会主席埃斯皮诺萨这样说。

在候任和担任联大主席期间，埃斯皮诺萨先后 3 次到访中国。

她说，在取得巨大发展成就后，中国拥有了一位能为超级巨轮掌舵的领袖，从共建"一带一路"倡议，到构建人类命运共同体，再到大力倡导用多边主义理念处理国际问题，"习近平主席的贡献非常巨大"。

三、"信任方案"的全球共识

广交朋友，诚待天下。从领导人交往到国与国合作，从双边互动到多边舞台……志同道合是伙伴，求同存异也是伙伴。中国倡导的伙伴关系具有平等性、和平性和包容性的鲜明时代特征。[1]

中国以推动构建新型国际关系，为全球治理的信任方案注入新的内涵。

铭记历史，拥抱未来。

1954 年，周恩来总理率团出席日内瓦会议，同国际社会共同讨论政治解决朝鲜问题和印度支那停战问题，历经了战火洗礼的中华人民共和国为世界的和平与发展贡献了智慧。

2017 年，中国领导人又一次来到日内瓦，在联合国讲台高举多边主义旗帜，倡导开创合作共赢的新模式，建设和谐共存的大家庭，构建人类命运共同体。

"国际上的事由大家共同商量着办，世界前途命运由各国共同掌握。"[2] 从倡导"合作应对挑战是国际社会唯一选择""全球治理应该秉持共商共建共享原则""大国更应该有大国的样子"，再到提出"单边主义没有出路""利用疫情搞'去全球化'只会损害本国和各国共同利益"……在联合国，在二十国集团领导人峰会、上海合作组织领导人峰会、金砖国家领导人会晤、亚太经合组织领导人非正式会议等多边场合，习近平主席旗帜鲜明地提出中国主张什么、反对什么、合作什么。

中国国际问题研究院美国研究所副所长苏晓晖说，中国以实际

---

[1] 《习近平新时代中国特色社会主义思想学习问答》，学习出版社、人民出版社，2021 年第 1 版，第 415 页。

[2] 习近平：《让多边主义的火炬照亮人类前行之路——在世界经济论坛"达沃斯议程"对话会上的特别致辞》，新华网，2021 年 1 月 25 日。

行动，展现了开放自信、重信守诺的大国形象。[1]构建新型国际关系是应对人类面临的共同挑战的必由之路，中国倡导构建新型国际关系，体现中国国际塑造力的不断提升。[2]

回望历史、展望未来，坚持"拉手"而不是"松手"，坚持"拆墙"而不是"筑墙"。中国维护世界和平的决心不会改变，中国促进共同发展的决心不会改变，中国打造伙伴关系的决心不会改变，中国支持多边主义的决心不会改变。

"今年将作为一切都改变了的一年被人们铭记。" 2020年12月16日，英国《经济学人》周刊在年终报道中写下这样一句话。

从2020年年初开始暴发的新冠疫情，不仅使全球化遭遇前所未有的阻碍，分裂和离心力量不断增长，全球治理的动力机制也受到挫伤。疫情发生后，一些国家推卸责任，无端指责他国，加之一些政客和媒体推波助澜，严重损害了各国之间的互信，导致在疫情后的一段时间内国际协调难度加大。

2020年5月，习近平主席在第七十三届世界卫生大会上宣布，中国新冠疫苗研发完成并投入使用后，将作为全球公共产品，为实现疫苗在发展中国家的可及性和可担负性作出中国贡献。

联合国秘书长古特雷斯说，新冠疫情引发了近一个世纪以来最严重的经济危机，暴露了国家内部和国家之间的不平等和脆弱性，"我们已经到了关键时刻"。

---

[1] 伍岳、郑明达、成欣等：《为处于十字路口的世界指引方向——习近平主席世界经济论坛"达沃斯议程"对话会特别致辞解读》，《新华每日电讯》2021年1月26日，第1版。
[2] 林利民：《推动构建新型国际关系》，《解放军报》2017年11月22日，第5版。

法国共产党全国执行委员会委员莉迪娅·萨马巴克斯指出："中国向遭受疫情打击的国家提供力所能及的援助，这为促进国际交流、构建新型国际关系打开了一个窗口。"[1]

美国外交学者网的一篇文章评论说，中国通过共建国际合作平台，与各国分享发展机遇，同各国建立平等互惠的信任伙伴关系。[2]

在法国知名汉学家、中欧论坛创始人高大伟看来，"世界将会告诉我们伟大是什么，究竟是试图将本国凌驾于其他国家之上的投机性的民粹主义，还是一个致力于推动世界更加和谐的文明的复兴"。[3]

"推动全球治理体系变革是国际社会大家的事，应坚持共商共建共享原则，使全球治理体系变革的主张转化为各方共识，形成一致行动。"[4]一个发展的中国是这个充满不确定性世界的最大稳定源。

越来越多的声音呼吁以这场全球公共卫生危机为起点，采取联合、明智和协调步骤，对经济、社会、生活方式和治理体系进行变革。

"全球治理不是发达国家一家说了算，发展中国家也应有自己的声音。"中国国际问题研究院美国研究所副所长苏晓晖表示，新

---

[1] 胡泽曦：《推动构建新型国际关系　共创世界更加美好未来》，《人民日报》2020年9月16日，第3版。

[2] 陶文钊：《对中美"信任赤字"的一些看法》，《现代国际关系》，2013年第1期。

[3] 新华社记者：《照耀世界经济航船的灯塔——解读习主席在达沃斯论坛年会上的主旨演讲》，《新华每日电讯》2017年1月19日，第1版。

[4] 贾平凡：《中国以创新概念推动全球治理》，《人民日报》（海外版）2019年11月19日，第10版。

兴市场国家和发展中国家理应在国际事务中享有更大的发言权和影响力。"中国选择与广大发展中国家站在一起，提升发展中国家在国际事务中的制度性话语权。"

在巴基斯坦法蒂玛·真纳女子大学助理教授穆莎拉特·艾蒙看来，未来数十年，全球治理体系将发生转变，中国将在这一过程中发挥重要作用。中国在完善全球治理方面拥有巨大潜力，中国方案在处理各种问题时更具建设性。

"中国秉持共商共建共享的全球治理观，将为人类发展作出新的贡献。"德国智库席勒研究所的主席兼创始人黑尔佳·策普·拉鲁什表示，习近平主席提出了构建人类命运共同体理念，将全人类放在第一位。这一理念摒弃了地缘政治博弈因素，"应得到世界各国支持"。

和平是人民的永恒期望。和平犹如空气和阳光，受益而不觉，失之则难存。没有和平，发展就无从谈起。国家无论大小、强弱、贫富，都应该做和平的维护者和促进者，不能这边搭台、那边拆台，而应该相互补台、好戏连台。

——习近平

第四章

守卫和平薪火

一个繁荣发展的中国，对世界和人类意味着什么？这是西方媒体经常追问的话题，也是当代中国必须回答的问题。对于中国综合国力和国际影响力的快速提升，有些人充满质疑。他们认为中国将走上国强必霸的道路，将过去几百年来部分国家侵略成性、战争成瘾的剧本安在中国身上。近十几年来，各种版本的"中国威胁论"此起彼伏。

世界百年未有之大变局中，中国走向繁荣富强是一桩大事件。这个拥有悠久历史的民族和14亿多人口的国家以崭新姿态屹立于世界东方，是不可阻挡的历史潮流。中国深刻感受到自身与世界关系的历史性变化，也用自己的行动和实践一次次向世界表明，中国始终是维护世界和平与发展的建设性力量，中国人民珍视和平、期盼和平，也坚定不移地守卫和平、缔造和平。走和平发展道路，与世界共同守卫和平薪火，是中国对世界和人类的承诺，也是实实在在的行动。这条道路，不仅是中华民族和平基因的自然表达，更是在全球化时代，中国同各国一道，携手构建人类命运共同体的历史抉择。

一、始终不渝走和平发展道路

中国是一个拥有灿烂文明、辉煌历史的东方大国，只是到近代开始衰落了。多少代中华民族志士仁人尤其是中国共产党人前赴后继，奋斗不息，终于迎来了民族复兴的曙光。今天的中国，已经成为世界第二大经济体、第一大工业国、第一大货物贸易国和第一大外汇储备国，成为拉动全球经济复苏的重要引擎，在重大国际和地区事务中发挥着举足轻重的作用。中国从来没有像今天这样如此接近实现民族复兴的目标。

进入 21 世纪以来，中国共产党深入研究历史经验教训，把握当今时代潮流，明确提出中国将始终不渝坚持走和平发展道路，强调中国决不会走历史上大国依靠侵略和扩张实现崛起的老路，而是坚定致力于探索一条以和平方式实现国家发展和民族复兴的新路。

和平发展道路是一条什么路

走和平发展道路是中国共产党人根据时代发展潮流和中国根本利益作出的战略抉择，也是中国政府面向世界作出的庄严承诺。习近平主席强调，实现我们的奋斗目标，必须有和平国际环境。没有和平，中国和世界都不可能顺利发展；没有发展，中国和世界也不可能有持久和平。[1]

2013 年以来，习近平主席在国内外多个重要场合对中国坚定不移走和平发展道路作了重要论述，进一步丰富和发展了走和平发展道路的战略内涵。中国高举和平、发展、合作、共赢的旗帜，恪守维护世界和平、促进共同发展的外交政策宗旨，坚持国家不分大小、强弱、贫富一律平等，坚持在和平共处五项原则的基础上发展同各国友好合作，努力建设覆盖全球的伙伴关系网络，坚持通过对话协商、以和平手段解决国际争端和热点难点问题，反对动辄使用武力或以

---

[1]《习近平在中共中央政治局第三次集体学习时强调　更好统筹国内国际两个大局　夯实走和平发展道路的基础》，新华网，2013 年 1 月 29 日。

武力相威胁，推动建设相互尊重、公平正义、合作共赢的新型国际关系。

回望历史，习近平主席说："我们的和平发展道路来之不易，是新中国成立以来特别是改革开放以来，我们党经过艰辛探索和不断实践逐步形成的。我们党始终高举和平的旗帜，从来没有动摇过。"[1]

面向世界和未来，习近平主席说："中国走和平发展道路，不是权宜之计，更不是外交辞令，而是从历史、现实、未来的客观判断中得出的结论，是思想自信和实践自觉的有机统一。和平发展道路对中国有利、对世界有利，我们想不出有任何理由不坚持这条被实践证明是走得通的道路。"[2]

那么，究竟该如何描述中国的和平发展道路呢？至少可作以下概括：

——中国的和平发展要充分利用世界和平的外部环境，努力发展和壮大自己，同时又以自己的发展，维护世界和平。

——中国的和平发展的基点主要放在依靠自己的力量上，独立自主、自力更生，依靠广阔的国内市场、充足的劳动力资源和雄厚的资金积累，以及改革带来的机制创新。中国集中力量办好自己的事，本身就是对世界和平的重大贡献。

——中国的和平发展离不开世界，中国坚持对外开放的政策，顺应经济全球化发展潮流，在平等互利的基础上，同世界一切友好

---

[1]《习近平在中共中央政治局第三次集体学习时强调 更好统筹国内国际两个大局 夯实走和平发展道路的基础》，新华网，2013 年 1 月 29 日。

[2] 习近平：《在德国科尔伯基金会的演讲》，新华网，2014 年 3 月 29 日。

国家发展关系，推动建设新型国际关系，寻求与各国互利共赢和共同发展，走一条"对话而不对抗、结伴而不结盟"的新路子。

——倡导共同、综合、合作、可持续的安全观。坚持通过对话协商和平解决国家之间的争端，反对动辄使用武力或以武力相威胁，共同营造公平正义、共建共享的安全格局。

——中国的和平发展不会妨碍任何人，不会威胁任何人，更不会以牺牲别国利益为代价来发展自己。中国现在不称霸，将来即使强大了也永远不会称霸，永远不搞扩张，也决不做损人利己、以邻为壑的事情。

——中国尊重各国人民自主选择发展道路的权利，维护国际公平正义，反对把自己的意志强加于人，反对干涉别国内政，反对以强凌弱。

——和平发展是国际社会大家的事。和平发展是各国共同的责任。中国走和平发展道路，其他国家也都要走和平发展道路，只有各国都走和平发展道路，各国才能共同发展，国与国才能和平相处。

——中国坚持走和平发展道路，但决不能放弃正当权益，决不能牺牲国家核心利益。任何外国不要指望中国会拿自己的核心利益做交易，不要指望中国会吞下损害国家主权、安全、发展利益的苦果。

走和平发展道路，是中国对国际社会关注中国发展走向的回应，更是中国人民对实现自身发展目标的自信和自觉。经历过战争苦难和在艰难中奋起的中国人民深刻认识到，要实现中华民族伟大复兴的中国梦的奋斗目标，必须有和平的国际环境。

中国的和平发展道路，是一条与世界发展互联互惠、合作共赢的道路；是一条既通过争取和平的国际环境来发展自己，又以自身的发展和担当来促进世界和平的道路；是一条统筹国内发展和对外开放、勇于参与国际竞争又坚持广泛合作的道路；是一条科学发展、和平发展、开放发展、合作发展、和谐发展相统一的道路。

在全球化的今天，中国是世界和平的坚决倡导者和有力捍卫者，中国人民将坚定不移维护人类和平与发展的崇高事业，愿同各国人民真诚团结起来，为构建人类命运共同体，建设一个持久和平、普遍安全、共同繁荣、开放包容、清洁美丽的世界而携手努力。

中国为何要走和平发展道路

回顾世界近现代史，西方列强崛起的过程始终伴随着动荡与战争，充斥着暴力与血腥。16—18 世纪，欧洲经常处于战争状态，致使生灵涂炭、民不聊生。这一时期，一些欧洲国家不断提升其军事实力、科技实力、战争动员能力，并开始向海外扩张和展开殖民掠夺，攫取了其他国家的大量财富、劳动力资源和自然资源，积累了工业化所需的"第一桶金"。在欧洲，16 世纪的西班牙和 19 世纪的英国都是全球性殖民帝国，在世界范围内拥有霸权。这两大帝国的兴衰史，也是资本主义的侵略史和掠夺史、被侵略地区人民的血泪史和抗争史。在美洲大陆，美国用战争获取了大片土地和丰富资源，大规模驱逐印第安人，建立所谓印第安人保留地，许多印第安人惨遭杀戮，白人殖民者获取大量资源和财富。19 世纪中后期，以电气化为标志的第二次工业革命，进一步加剧了西方国家对海外原料产地和市场的争夺。由于非洲拥有丰富的矿产资源，新兴殖民国家纷纷加入对非洲的争夺。19 世纪末，欧洲列强基本完成了对非洲的瓜分，丰饶的非洲成为苦难的大陆。到了 20 世纪，西方国家追逐霸权、实力对抗、兵戎相见，使人类惨遭两次世界大战的浩劫，先后有 60 多个国家和地区、20 亿以上的人口被卷入战争，造成数千万人死亡，给整个人类社会造成巨大破坏。

尽管中国一再向世界宣示要始终不渝走和平发展道路，但在一些西方国家，总有这样一类人，他们习惯于从自身发展的历史出发，恶意揣测，认为中国也必将走上这样一条战争和掠夺之路。抱有这种观点的人，更多的是在以自身视角观察有着 5000 多年文明的中国，以冷战思维和零和博弈模式推导中国，不了解中国的历史和现实，不了解中国文化和外交政策的价值取向。中国之所以坚定选择走和平发展道路，至少可从以下几个视角观察：

中国走和平发展道路的自信和自觉，来源于中华文明的深厚渊源。中华民族历来是一个爱好和平的民族，中国自古就有"国虽大，好战必亡"的箴言，"天下大同""和为贵""贵和尚中""交邻国有道"等理念世代相传，和平、和睦、和谐的追求深深根植于中华民族的精神世界之中。中国明代著名航海家郑和率领当时世界上最强大的船队"七下西洋"，远涉亚非 30 多个国家和地区，带去的是茶叶、瓷器、丝绸、工艺，没有侵占别国一寸土地，留下的是和平与友谊。

中国走和平发展道路的自信和自觉，来源于对实现中国发展目标条件的认知。中国是世界最大发展中国家，发展始终是中国的第一要务。中共十九大制定了新时代中国特色社会主义的行动纲领和发展蓝图，提出分两步走在 21 世纪中叶建成富强民主文明和谐美丽的社会主义现代化强国。

进入 21 世纪第三个十年，中国经济总量虽已位居世界第二位，但人均国民生产总值同世界平均水平相比还有不小差距，发展不平衡、不协调、不可持续的现象突出。要让亿万中国人民过上幸福生活，还有很长的路要走。中国要聚精会神搞建设，需要和谐稳定的国内环境与和平安宁的国际环境。中国要抓住机遇，集中精力把自己的事情办好，使国家更加富强，使人民更加富裕，依靠不断发展起来的力量更好地走和平发展道路。

中国走和平发展道路的自信和自觉，来源于对世界发展大势的把握。"孔子登东山而小鲁，登泰山而小天下。"面对世界大发展大变革大调整的新形势，必须登高望远，正确认识和把握世界大势和时代潮流。习近平主席指出："什么是当今世界的潮流？答案只有一个，那就是和平、发展、合作、共赢。中国不认同'国强必霸'的陈旧逻辑。当今世界，殖民主义、霸权主义的老路还能走得通吗？答案是否定的。不仅走不通，而且一定会碰得头破血流。只有和平发展道路可以走得通。"[1]中国走和平发展道路，符合历史潮流，顺应世界大势。

近代以来，中国遭到了外来列强的入侵，山河破碎，生灵涂炭。中国人民遭受了前所未有的苦难，对战争带来的灾难有着刻骨铭心

---

[1] 习近平：《在德国科尔伯基金会的演讲》，新华网，2014 年 3 月 29 日。

的记忆，实现和平是近代以后中国人民最迫切、最深厚的愿望。历经 100 多年艰苦卓绝的奋争，中国人民才迎来新中国的成立，才缔造出一个和平稳定的局面。中国人民对和平有着孜孜不倦的追求，十分珍惜和平安定的生活。有了这一段历史的感悟，中国不会将自己曾经遭受过的悲惨经历强加给别人，不会将自己的发展机会建立在其他民族和国家的苦难之上。

当今世界，传统安全和非传统安全问题相互交织，恐怖主义、气候变化、环境污染、粮食短缺、大规模传染性疾病等，威胁着世界各国的安全。各国在和平共处基础上加强全方位合作比任何时候更为珍贵。要和平不要战争，要发展不要贫穷，要合作不要对抗，是各国人民共同愿望。任何一个国家，无论大小强弱，只有在平等、互利、共赢基础上参与国际合作，才能实现持续发展。各国应以更积极的姿态、更负责任的态度、更加开放的胸怀共同维护世界和平，齐心打造人类命运共同体。

中国和平发展向世界贡献什么

习近平主席说："和平发展道路能不能走得通，很大程度上要看我们能不能把世界的机遇转变为中国的机遇，把中国的机遇转变为世界的机遇，在中国与世界各国良性互动、互利共赢中开拓前进。"[1]中国走和平发展道路，不是追求一枝独秀或一家独大，而是

[1]《习近平在中共中央政治局第三次集体学习时强调　更好统筹国内国际两个大局　夯实走和平发展道路的基础》，新华网，2013 年 1 月 29 日。

致力于同世界各国共同发展，实现全人类的共同利益，共享人类文明进步的成果。

第一，中国的和平发展打破了"国强必霸"的西方政治模式，在人类社会发展史上具有开创性。

一些人士担心，中国的发展壮大将会再次翻开崛起国以战争方式挑战守成国的历史剧本，中国可能会挑战现行国际秩序，引发冲突甚至战争，从而使世界陷入大国政治的悲剧。然而，中国决心走和平发展道路，就是要为世界探索一条新路：不是通过军事扩张、资源掠夺、称王争霸，而是通过和平、合作、渐进的方式，主要依靠自己的力量和改革创新实现可持续发展。与此同时，通过加深与各国的友好交往和各层面合作，在全世界凝聚更多共同发展、携手共赢的正能量，与各国一道，推动构建相互尊重、公平正义、合作共赢的新型国际关系，推动构建人类命运共同体。这条道路，将从根本上超越西方的文明冲突论、均势和平论、霸权稳定论等固有观念，打破西方中心论的历史观和世界观，为新兴国家的崛起和构建面向21世纪的国际关系提供中国方案和中国智慧，是对世界和平与发展事业的独特贡献。中国倡导的构建人类命运共同体理念，有力回击了"中国威胁论""新殖民主义"等错误论调，体现了中国自觉把自身发展与人类发展相统一的大国胸怀和责任担当。

第二，中国的和平发展将有力促进世界的持久和平和长期稳定。

历史经验表明，大国的政策取向往往决定着地区局势乃至世界格局、国际形势的走向。中国作为当今世界重要大国，是联合国安理会常任理事国之一。中国奉行防御性国防政策，从未侵占别国一寸土地，从未主动挑起任何一场战争和冲突。中国选择的是和平发展道路，致力于通过对话谈判解决同其他国家的领土和海洋权益争端。中国始终以实际行动支持联合国、二十国集团、上海合作组织、金砖国家等在国际和地区事务中发挥作用，所提的倡议和建议无不着眼于促和平、谋发展，得到各方的广泛赞誉。中国在国际上始终主持公道、捍卫公理、伸张正义，旗帜鲜明地反对霸权主义和强权政治，始终寻求以政治方式解决地区和国际热点问题并发挥建设性作用，在全球治理实践中不断扩展协商对话的领域与平台。可以说，中国的存在和发展本身就是对世界和平稳定的重大贡献。

第三，中国的和平发展将给世界带来更多机遇、更大合作空间。

"欢迎大家搭乘中国发展的列车，搭快车也好，搭便车也好，我们都欢迎，正所谓'独行快，众行远'。"[1]习近平主席 2014 年 8 月访问蒙古国时这样说道。中国政府多次表示，愿意与世界各国分享自己的发展成果，愿意与世界各国在合作中维护世界的和平与发展的机遇。中国发展的胸怀是向全世界敞开的。中国提出的共建"一带一路"倡议，为共建国家提供了国际产能合作、基础设施建设等发展机会，为促进全球发展、增进互信互鉴注入了强劲动力。

中国在全球贸易和投资中的份额不断增长，不仅仅让中国受益，同时也让世界许多其他国家受益。中国的和平发展，将给世界带来更大的市场机会和带动效应，创造更多的合作空间。

---

[1] 习近平：《守望相助，共创中蒙关系发展新时代——在蒙古国国家大呼拉尔的演讲》，新华网，2014 年 8 月 22 日。

2017 年 11 月 3 日，坦赞铁路 40 周年纪念展在赞比亚首都卢萨卡国际博物馆开幕。图为赞比亚中文国际学校的学生在纪念展活动上演唱中文歌曲。坦赞铁路东起坦桑尼亚港口城市达累斯萨拉姆，西至赞比亚中部的卡皮里姆波希，全长 1860.5 公里，由中国政府提供无息贷款援建。（新华社记者 彭立军 摄）

　　作为世界上最大的发展中国家，中国一直是全球减贫与发展事业的倡导者、推动者和践行者。改革开放以来，按照现行贫困标准计算，中国 7.7 亿农村贫困人口摆脱贫困；按照世界银行国际贫困标准，中国减贫人口占同期全球减贫人口 70% 以上，大大加快了全球减贫进程。[1] 在致力于实现自身发展、消除贫困的同时，中国本着"筑巢引凤""授人以渔"理念积极开展南南合作，向其他发展中国家提供不附加任何政治条件的援助，给予大量物质支持、技术支持、人员支持、智力支持，帮助广大发展中国家特别是最不发达国家消

---

[1] 中华人民共和国国务院新闻办公室：《人类减贫的中国实践》白皮书，2021 年 4 月版。

除贫困。中国开展对外援助 70 多年来，共向 160 多个国家和国际组织提供了援助，派遣 60 多万名援助人员。积极参与联合国 2030 年可持续发展议程磋商，全面做好国内落实工作，率先发布落实议程的国别方案和进展报告，在多个领域实现早期收获。在南南合作框架下，为其他发展中国家落实议程提供帮助。2015 年，中国宣布设立南南合作援助基金。2022 年 6 月，中国政府宣布将南南合作援助基金升级为"全球发展和南南合作基金"，并在已有 30 亿美元基础上再增资 10 亿美元，支持发展中国家落实全球发展倡议和可持续发展议程。

二、同舟共济 破解和平赤字

进入 21 世纪以来，世界多极化趋势更加明显，但个别国家出于一己之私，推行单边主义，谋求所谓绝对安全，企图维持其垄断地位和全球霸权。与此同时，多个地区军事冲突不断，局部战争并未停歇，世界依然面临"和平赤字"。

美国退出《中导条约》，全球核裁军进程受阻；新干涉主义层出不穷，变本加厉；"颜色革命"更让不少国家陷入衰退和动荡；俄乌爆发军事冲突；难民危机、恐怖袭击、人道主义灾难持续冲击世界……

战火何时能熄？人们能否重塑互信？中东、非洲、拉美的动荡区域能否重归稳定？在各种力量交锋激荡下，世界和平之舟驶向何方？

建设持久和平、普遍安全的世界

环顾当今世界，各种不稳定性不确定性日益突出，安全形势复杂多变，面临很多新的情况。

当前，世界各国对和平与发展的诉求与日俱增，现有世界秩序的不公平性和不公正性越来越明显，一些国家因缺乏有效治理、盲目采用不适应自身的政治经济体制而陷入政局动荡和发展倒退，局部军事冲突此起彼伏。

2008 年从美国起源的国际金融危机，给世界经济和政治格局带来深刻冲击，引发国际力量对比和世界格局的重大变化。10 多年过去，世界经济至今仍未走出低速增长的困境，深刻影响了全球产业链、政治生态和安全局势。民粹主义、"逆全球化"思潮，在经济低迷、贫富分化加剧的背景下强劲爆发，"黑天鹅""灰犀牛"事件接踵而来。单边主义、本国优先等政治倾向抬头，有的大国接连退出重要国际协议，拒绝履行国际义务，多边主义和国际协作遭遇逆风。

在此种情况下，全球安全问题的联动性、跨国性、多样性进一步突出。安全问题往往同政治、经济、文化、宗教、民族等问题紧密相连，传统安全威胁和非传统安全威胁也往往相互交织。一个国家的安全短板可能导致外部风险大量涌入，也可能外溢成为区域性甚至全球性的安全风险。传统犯罪在互联网和新媒体的作用下花样增多，互联网犯罪、金融诈骗等新型犯罪大量滋生，跨国有组织犯罪日趋升级，难民危机愈演愈烈，网络攻击、网络窃密已经成为危害各国安全的突出问题。科学技术的迅猛发展不可避免地带来了很多难以预测的安全漏洞，深海、极地、生物、外空、人工智能等新兴领域的安全威胁和未知风险在迅速积聚。

安全问题已成为必须高度关注、事关人类前途命运的重大问题。中国从构建人类命运共同体的高度出发，提出建设持久和平、普遍安全的世界，提出共同、综合、合作、可持续的全球安全观。这一中国方案，超越传统国家安全观，强调自身安全和共同安全相统一，强调创新安全理念，搭建全球和地区安全合作新架构，从而形成全球共享安全的新格局。

共同安全就是要尊重和保障每一个国家的安全。安全是平等的。各国都有平等参与国际和地区安全事务的权利，也都有维护国际和地区安全的责任。任何国家都不应谋求垄断地区安全事务，侵害其他国家正当权益。安全也是普遍的。不允许一个国家安全而其他国家不安全，一部分国家安全而另一部分国家不安全，更不能牺牲别国安全而谋求自身的"绝对安全"。安全又是包容的。国家不论大小、强弱和贫富，也不论历史文化传统、社会制度存在多大差异，都要尊重各国自主选择的社会制度和发展道路，尊重并照顾各方合理安全关切。要维护全球战略稳定，实现共同普遍安全。

综合安全就是要统筹维护传统领域和非传统领域安全。要通盘考虑安全问题的历史经纬和现实状况，多管齐下，综合施策，协调推进地区安全治理。既要着力解决当前突出的安全问题，又要统筹谋划如何应对各类潜在的安全威胁，避免头痛医头、脚痛医脚。

合作安全就是要通过对话合作促进各国和本地区安全。面对安全威胁，单打独斗不行，穷兵黩武更不行。要通过坦诚深入的对话沟通，增进战略互信，减少相互猜疑，求同存异、和睦相处。各国只有加强合作，以合作谋安全、谋稳定，以安全促和平、促发展，以对话协商、互利合作的方式破解难题，才能共同应对安全挑战。

可持续安全就是要坚持发展和安全并重以实现持久安全。发展是安全的基础，安全是发展的条件，以可持续发展促进可持续安全，进而形成良性循环。

在博鳌亚洲论坛 2022 年年会开幕式上，习近平主席面向世界首次提出全球安全倡议，明确回答了"世界需要什么样的安全理念、各国怎样实现共同安全"的时代课题，为弥补人类和平赤字贡献了中国智慧，为应对国际安全挑战提供了中国方案。

2023 年 2 月，中国政府发布《全球安全倡议概念文件》，阐释倡议的核心理念和原则，明确重点合作方向和平台机制，展现中方对维护世界和平的责任担当、对守护全球安全的坚定决心。这份文件列出 20 项重点合作方向，具有鲜明的行动导向，归纳起来就是：坚定支持联合国安全治理核心作用、努力促进大国协调和良性互动、积极推动对话和平解决热点问题、有效应对传统与非传统安全挑战、不断加强全球安全治理体系和能力建设。

全球安全倡议体系完整，内容丰富，是对西方地缘政治安全理论的扬弃超越。坚持共同、综合、合作、可持续的安全观，坚持尊重各国主权、领土完整，坚持遵守联合国宪章宗旨和原则，坚持重视各国合理安全关切，坚持通过对话协商以和平方式解决国家间的分歧和争端，坚持统筹维护传统领域和非传统领域安全。"六个坚持"彼此联系，相互呼应，既有顶层设计的宏观思维，又有解决实际问题的方法路径，是辩证统一的有机整体。

全球安全倡议回应新形势下国际社会共同的安全关切。其精髓要义是，以新安全观为理念指引，以相互尊重为基本遵循，以安全不可分割为重要原则，以构建安全共同体为长远目标，走出一条对话而不对抗、结伴而不结盟、共赢而非零和的新型安全之路。全球安全倡议及时有效回应国际社会维护世界和平、防止冲突战争的迫切需要，为消弭国际冲突根源、实现世界长治久安提供了新方向。

"知者行之始，行者知之成。"中国既是这一倡议的提出者，也是倡议精神的坚定践行者。长期以来，中国始终高举和平、发展、合作、共赢旗帜，坚定地做世界和平的建设者、国际秩序的维护者和热点问题的斡旋者，彰显了立己达人的天下情怀，树立了知行合一的大国典范。全球安全倡议是中方提供的又一国际公共产品，是人类命运共同体理念在安全领域的生动实践，面向全球开放，欢迎各国共同参与。

韩国东亚研究所所长禹守根说，中国提出全球安全倡议恰逢其时、内涵丰富。它与中方提出的人类命运共同体理念一脉相承，强调合作共赢和多边主义，为各国共同守护世界和平与安全提供了中国方案。

英国48家集团俱乐部主席斯蒂芬·佩里表示，中国传统文化中有关"和"的说法是很珍贵的理念。人们应该寻找不同国家和地区文化中颂扬和谐、和平的共通理念，建立一种基于和平的实现各国共同安全的新方式。在当前的关键历史时刻，中国提出全球安全倡议恰逢其时。

新加坡国立大学东亚研究所助理所长陈刚指出，要想从根本上解决全球面临的各种热点安全问题，包括一些非传统安全问题，各国就需要把整个世界的安全利益放在首位。全球安全倡议对于解决全人类所面临的安全困境，以及把整个人类社会连接成一个安全的命运共同体，有着非常重要的意义。

面对层出不穷的全球性问题和挑战，没有任何国家能够独善其身，也没有哪个国家能够包打天下。世界需要的是开放不是壁垒，是合作不是脱钩，是新机遇不是新冷战，是同舟共济不是同室操戈。世界需要的是摒弃单边、零和、结盟、对抗的旧安全观，倡导并践行共同、综合、合作、可持续的新安全观，这才符合时代前进的发展方向。

护卫世界和平的中国之盾

电影《红海行动》开场，一艘中国货轮被海盗劫持，中国海军"蛟龙突击队"特战队员将海盗制伏，解救了人质。这段剧情源自中国海军护航编队一次海上救援的真实经历。

2017年4月，一艘图瓦卢籍OS35号货轮在亚丁湾被海盗劫持。收到求援信号，中国承担第二十五批亚丁湾护航任务的军舰迅速驶向该海域，随后还有其他国家军舰赶来支援。

敌方有多少火力？怎样保护人质？行动方案是什么？一系列棘手问题，让各国军舰都不敢轻举妄动。彻夜研究行动方案和登船路线的是中国军舰的特战队员。他们率先打破僵局，登船、掩护、搜索、排查、破门一气呵成。破门后，队员们与海盗之间的距离不到一米，3名海盗举枪做好对抗准备。

双方对峙了一分钟，3名海盗放弃了抵抗，扔出武器，举手投降。被救船员感激地说："中国海军第一时间登船救了我们，感谢你们！"

"我是中国海军护航编队，如需帮助，请在16频道呼叫我。"这条以中英两种语言播发的通告，在亚丁湾上空回响。在帆樯林立的亚丁湾，中国海军护航编队以其负责的态度和过硬的素质，成为附近海域及当地值得信赖的和平力量。一些国家的商船宁可等上两三天，也要让中国军舰护航；不少外国商船甚至从"国际推荐走廊"驶来，申请加入中国海军伴随护航的队伍以寻求保护。这些外国船舶在抵达安全海域后，通过鸣笛、灯光和感谢信等方式向中国海军护航编队表达谢意，还组织船员列队向中国海军护航舰艇致敬。[1]

"国不以利为利，以义为利也。"2008年中国派遣海军舰艇编队赴亚丁湾、索马里海域实施常态化护航行动以来，40多批护航编队150余艘次舰艇劈波斩浪、接力前行，护送中外船舶7200余艘次，持续保持着被护船舶和编队自身"两个百分之百安全"的纪录，赢得了外国海军同行的尊重，展示了中国海军的风范。[2]

走出国门的护航官兵，是传播和平友谊、展示中国军队形象的使者。中国海军护航编队已建立起与多国海上护航力量信息共享的机制，在互信、平等的基础上，展开组织指挥、通信联络、医疗服务等多方面的交流。从反海盗信息共享、指挥员会面，到

[1] 李龙伊：《护航十年，红旗飘扬亚丁湾》，《人民日报》2019年9月26日，第11版。
[2] 黎云、莫小亮、孙飞：《为你护航——写在中国海军赴亚丁湾、索马里海域护航15周年之际》，新华网，2023年12月26日。

与他国海军联合演练、互派军官驻舰考察，推进了合作向更深层次发展。

中国海军护航编队在完成护航任务的同时，还圆满完成了利比亚及也门撤侨、马尔代夫水荒救援、叙利亚化武海运护航等任务。这些都向世人表明，中国海军能为国际社会提供更多公共安全产品、承担更多责任义务，为维护世界和平稳定作出贡献。

"服务构建人类命运共同体，是新时代中国国防的世界意义。"[1] 在人类命运共同体理念的引领下，中国军队将积极履行国际责任义务，努力提供更多国际公共安全产品，做维护世界和平的坚定力量。

中国在坚持自身和平安全的同时，还积极为维护世界和平稳定贡献中国智慧、中国方案和中国力量。中国坚定维护以联合国为核心的国际体系，是联合国第二大会费和维和摊款出资国，一直及时、足额缴纳会费。30多年来，中国军队先后参加25项联合国维和行动，派出官兵近5万人次。[2]

核力量是维护国家主权和安全的战略基石。中国签署或加入了《不扩散核武器条约》等20多个多边军控、裁军和防扩散条约。中国军队严格核武器及相关设施安全管理，保持适度戒备状态，提高战略威慑能力，确保国家战略安全，维护全球战略稳定。中国始终奉行在任何时候和任何情况下都不首先使用核武器、无条件不对

---

[1] 中华人民共和国国务院新闻办公室：《新时代的中国国防》白皮书，2019年7月版。
[2] 中华人民共和国国务院新闻办公室：《中国军队参加联合国维和行动30年》白皮书，2020年9月版。

2021 年 1 月 16 日，海军第 37 批护航编队长沙舰官兵在甲板上挥手告别。当日，海军第 37 批护航编队从三亚某军港解缆起航，奔赴亚丁湾、索马里海域执行护航任务。（新华社发 陈润楚 摄）

无核武器国家和无核武器区使用或威胁使用核武器的核政策，主张最终全面禁止和彻底销毁核武器，不会与任何国家进行核军备竞赛，始终把自身核力量维持在国家安全需要的最低水平。中国坚持自卫防御核战略，目的是遏制他国对中国使用或威胁使用核武器，确保国家战略安全。

为了人类更好地利用核能、实现更大发展，中国提出坚持理性、协调、并进的核安全观，把核安全进程纳入健康持续发展轨道。一是发展和安全并重，以确保安全为前提发展核能事业。秉持为发展求安全、以安全促发展理念。二是权利和义务并重，以尊重各国权益为基础推进国际核安全进程。切实履行核安全国际法律文书规定的义务，全面执行联合国安理会有关决议，在强调各国履行有关国际义务的同时，尊重各国根据本国国情采取最适合的核安全政策和举措的权利。三是自主和协作并重，以互利共赢为途径寻求普遍核安全。核安全首要责任应该由各国政府承担，各国政府要强化核安全意识，加强机制建设，提升技术水平。要吸引更多国家加入国际核安全进程，加强交流、互鉴、共享。四是治标和治本并重，以消除根源为目标全面推进核安全努力。完善核安全政策举措，坚持核材料供需平衡，深化打击核恐怖主义国际合作，是消除核安全隐患和核扩散风险的直接和有效途径。

太空是国际战略竞争制高点，太空安全是国家建设和社会发展的战略保障。着眼于和平利用太空，中国积极参与国际太空合作，加快发展相应的空间技术，统筹管理天基信息资源，跟踪掌握太空态势，参与太空安全治理，提高安全进出、和平利用太空能力。

网络空间是国家安全和经济社会发展的关键领域。中国提出，推进全球互联网治理体系变革，应该坚持尊重网络主权、维护和平安全、促进开放合作、构建良好秩序这"四项原则"。各国应该尊重各国自主选择网络发展道路、网络管理模式、互联网公共政策和平等参与国际网络空间治理的权利，不搞网络霸权，不干涉他国内政，不从事、纵容或支持危害他国国家安全的网络活动。[1]

---

[1] 习近平：《在第二届世界互联网大会开幕式上的讲话》，《人民日报》2015 年 12 月 17 日，第 2 版。

　　"网络空间是人类共同的活动空间，网络空间前途命运应由世界各国共同掌握。各国应该加强沟通、扩大共识、深化合作，共同构建网络空间命运共同体。"[1]为了更好地构建网络空间命运共同体，中国提出"五点主张"：加快全球网络基础设施建设，促进互联互通；打造网上文化交流共享平台，促进交流互鉴；推动网络经济创新发展，促进共同繁荣；保障网络安全，促进有序发展；构建互联网治理体系，促进公平正义。中国提出《全球数据安全倡议》，愿以此

2018年9月4日，"2018 ISC互联网安全大会"在北京国家会议中心开幕。大会为期3天，全球网络安全领域的近300位专家和近4万名从业者就网络空间冲突与治理、行业网络安全建设、网络安全技术创新、网络安全产业发展等话题进行深入交流。（新华社记者 逯阳 摄）

---

[1] 习近平：《在第二届世界互联网大会开幕式上的讲话》，《人民日报》2015年12月17日，第2版。

为基础，同各方探讨并制定全球数字治理规则。

当前，生物安全在全球安全治理中的地位愈加凸显。各国在享受生物技术发展红利的同时，也面临着重大突发传染病、生物技术误用和滥用、生物技术武器化、生物恐怖主义等严峻挑战。国际社会应围绕生物技术发展、国际合作与援助等问题深入思考和讨论，加强《禁止生物武器公约》的权威性和有效性，推动该公约审议进程取得积极成果。[1]

中国积极致力于加强全球生物安全治理，不断推进国家治理体系和治理能力现代化，《中华人民共和国生物安全法》已于2021年4月15日正式生效施行，进一步在生物安全领域以良法保障善治。同时，中国致力于加强《禁止生物武器公约》机制，提出在公约框架下制定"生物科学家行为准则范本"、建立"生物防扩散出口管制与国际合作机制"两项务实倡议。

一系列铁的事实说明，尽管中国不断取得新的发展，综合国力不断强大，但中国没有给世界带来任何威胁；相反，由于中国的发展，世界变得更加和平、更加安全。

解决国际热点问题的中国之道

自古以来，和平就是人类最持久的夙愿。和平像阳光一样温暖、像雨露一样滋润。有了阳光雨露，万物才能茁壮成长。有了和平稳定，

---

[1] 聂晓阳、陈俊侠：《中国裁军大使：中国积极致力于加强全球生物安全治理》，新华网，2019年12月4日。

中国参加的主要多边军控、裁军和防扩散条约[1]

领域	名称	时间
核领域	《中亚无核武器区条约》议定书	2014 年 5 月签署，2015 年 4 月全国人大常委会批准
	《中华人民共和国和国际原子能机构关于在中国实施保障的协定的附加议定书》	1998 年 12 月签署，2002 年 3 月生效
	《全面禁止核试验条约》	1996 年 9 月签署
	《非洲无核武器区条约》第一、第二议定书	1996 年 4 月签署，1997 年 10 月交存批准书
	《核安全公约》	1994 年 9 月签署，1996 年 4 月交存批准书
	《不扩散核武器条约》	1992 年 3 月加入
	《禁止在海床洋底及其底土安置核武器和其他大规模杀伤性武器条约》	1991 年 2 月加入
	《核材料实物保护公约》	1989 年 2 月加入
	《中华人民共和国和国际原子能机构关于在中国实施保障的协定》	1988 年 9 月签署，1989 年 9 月生效
	《南太平洋无核区条约》第二、第三附加议定书	1987 年 2 月签署，1988 年 10 月交存批准书
	《拉丁美洲和加勒比禁止核武器条约》第二附加议定书	1973 年 8 月签署，1974 年 6 月交存批准书
化学领域	《关于禁止发展、生产、储存和使用化学武器及销毁此种武器的公约》	1993 年 1 月签署，1997 年 4 月交存批准书
生物领域	《禁止细菌（生物）及毒素武器的发展、生产及储存以及销毁这类武器的公约》	1984 年 11 月加入
	《禁止在战争中使用窒息性、毒性或其他气体和细菌作战方法的议定书》	1952 年 7 月发表声明承认议定书

[1] 中华人民共和国国务院新闻办公室：《新时代的中国国防》白皮书，2019 年 7 月版。

领域	名称	时间
常规 领域	《禁止或限制使用某些可被认为具有过分伤害力或滥杀滥伤作用的常规武器公约》所附的《战争遗留爆炸物议定书》（第五号议定书）	2010 年 6 月交存批准书
	《联合国打击跨国有组织犯罪公约》所附的《关于打击非法制造和贩运枪支及其零部件和弹药的补充议定书》	2002 年 12 月签署
	《禁止或限制使用某些可被认为具有过分伤害力或滥杀滥伤作用的常规武器公约》所附的《关于激光致盲武器的议定书》（第四号议定书）	1998 年 11 月交存批准书
	《禁止或限制使用某些可被认为具有过分伤害力或滥杀滥伤作用的常规武器公约》所附的《禁止或限制使用地雷、诱杀装置和其他装置的修正议定书》（修订的第二号议定书）	1998 年 11 月交存批准书
	《禁止或限制使用某些可被认为具有过分伤害力或滥杀滥伤作用的常规武器公约》及其所附第一、第二、第三号议定书	1981 年 9 月签署，1982 年 4 月交存批准书，2003 年 6 月批准公约第一条修正案，同年 8 月交存批准书
其他	《禁止为军事或任何其他敌对目的使用改变环境的技术的公约》	2005 年 6 月加入
	《关于登记射入外层空间物体的公约》	1988 年 12 月加入
	《营救宇宙航行员、送回宇宙航行员和归还发射到外层空间的物体的协定》	1988 年 12 月加入
	《外空物体所造成损害之国际责任公约》	1988 年 12 月加入
	《关于各国探索和利用包括月球和其他天体在内外层空间活动的原则条约》	1983 年 12 月加入
	《南极条约》	1983 年 6 月加入

人类才能更好地实现自己的梦想。

2015 年 7 月 14 日，伊核问题六国（美国、英国、法国、俄罗斯、中国、德国）和伊朗，终于就伊核问题达成全面协议，是现代国际关系史上值得纪念的日子。虽然这份协议因 2018 年 5 月美国的退出而横生变数，美伊关系再次陷入新的紧张，但回顾伊朗核协议的诞生过程，仍可清晰看出中国为解决这一国际热点难点问题所发挥的作用、所付出的努力。

自 2003 年伊核问题爆发后，中国就开始了外交斡旋。长期以来，美伊关系处于敌对状态。伊朗研发核技术的决心与美欧阻遏伊朗拥核的立场形成严重对立。而中国一直努力劝和促谈，推动美伊两国通过对话协商妥善解决分歧。

在伊核谈判中，中国始终秉持以下几个原则：一是坚持和平解决方向，坚定支持通过对话解决伊核问题，反对诉诸武力的选项，不赞成单边制裁的举动；二是秉持公正客观立场，既支持维护国际核不扩散体系的严肃性和权威性，也主张尊重伊朗合理的安全及经济利益，不应该剥夺伊朗和平利用核能的权利；三是发挥积极斡旋作用。伊核问题复杂敏感，谈判进程一波三折。而每当遇到困难和关键节点，中国都力图兼顾各方立场，提出可行方案，贡献中国智慧。

鉴于各方分歧较大、部分利益攸关方历史积怨和疑虑较深，中方建议在伊核谈判的具体谈判方式上采取分步对等原则，在合理的时间框架内首先达成一揽子协议，然后分步加以实施，同时坚持灵活务实、相向而行的态度，聚焦未决的难点问题，找到各方都能接受的解决方案。

到了 2015 年年初，伊核谈判进入关键的冲刺阶段。中国积极开展外交斡旋，做了大量工作，努力完成这场马拉松谈判的"最后一公里"。

继习近平主席与时任美国总统奥巴马于 2015 年 2 月就伊核问题通话后，时任国务委员杨洁篪也与时任美国总统国家安全事务助理赖斯就此问题深入交换看法。王毅访问了伊朗，此后又与各方保持密集的多边、双边会晤。

2015 年 6 月 30 日是伊核谈判的最后攻坚阶段。由于核心问题上的分歧，双方都坚持各自立场，攻坚阶段的谈判异常艰难，被迫多次"加时"。

为结束这场艰难谈判，促成各方达成共识，王毅三度赴维也纳，在美伊之间做了大量工作。最终，通过长达两个多星期、三次"加时"和各方高强度的密集磋商，伊核谈判中的分歧与难点被逐个化解。伊朗核问题全面协议的达成维护了国际核不扩散体系，减少了中东地区的战争风险，为解决其他国际和地区热点问题提供了有益借鉴，也是对《联合国宪章》和平解决争端宗旨的最好诠释。中方为推进伊核谈判所发挥的重要作用得到各方高度赞赏。

作为国际社会负责任的一员，中国积极践行中国特色热点问题解决之道，为解决国际地区热点问题提出中国方案，发挥中国作用，作出中国贡献。在国际和地区热点问题上，中国倡导并践行"解决热点问题三原则"，即：坚持不干涉别国内政，反对强加于人；坚持客观公道，反对谋取私利；坚持政治解决，反对使用武力。根据事情本身的是非曲直作出公正判断，劝和促谈，维稳防乱，为维护国际和地区和平安宁发挥建设性作用。

中东地区冲突不断，被称为世界的"火药桶"。除了以积极姿态促进解决伊朗核问题，中国还积极斡旋，推动沙特与伊朗这两个中东大国和解。在叙利亚、利比亚、南苏丹、也门等热点问题上劝和促谈，多次提出中国方案。2022 年，习近平主席在出席首届中国—阿拉伯国家峰会期间全面阐释中方在巴勒斯坦问题上的立场。近年来，中方还提出关于实现中东安全稳定五点倡议、解决叙利亚问题四点主张、落实巴以"两国方案"三点思路等倡议主张，支持地区国家团结协作解决地区安全问题，支持中东人民独立自主探索自身发展道路。中国举办中东安全论坛，倡导构建共同、综合、合作、可持续的地区安全架构，提出坚持政治解决、捍卫公平正义、发挥联合国作用、形成各方合力的"四点倡议"，得到各国积极响应。中国还积极践行"发展促和平"理念，通过共建"一带一路"助推中东国家加速工业化进程，提高地区自主发展能力。

巴勒斯坦问题是中东问题的核心。2023 年 10 月 7 日，巴勒斯坦武装组织突袭以色列，新一轮巴以冲突随之爆发。截至目前，本轮冲突已造成加沙地带大量平民伤亡和人道主义灾难，引发国际社会广泛担忧。

围绕本轮巴以冲突，中国努力推动停火止战。习近平主席出席金砖国家领导人巴以问题特别视频峰会，向联合国"声援巴勒斯坦人民国际日"纪念大会致贺电，阐述中方在巴以问题上的立场；中国外交部发布《中国关于解决巴以冲突的立场文件》；王毅同 20 多个国家和国际组织政要和负责人深入沟通；中国政府中东问题特使访问中东五国并出席开罗和平峰会，开展穿梭外交；中方还向加沙地带提供紧急人道主义援助。

作为联合国安理会 2023 年 11 月轮值主席，中方主持召开安理会巴以问题高级别会议，并与其他相关方共同努力，推动安理会 2023 年 11 月通过冲突爆发以来首份决议，展现国际社会促和共识。

"巴以局势发展到今天，根本原因是巴勒斯坦人民的建国权、生存权、回归权长期遭到漠视。我多次强调，解决巴以冲突循环往复的根本出路是落实'两国方案'，恢复巴勒斯坦民族合法权利，建立独立的巴勒斯坦国。不公正解决巴勒斯坦问题，中东就没有持久的和平稳定。中方呼吁尽快召开更具权威性的国际和会，凝聚国际促和共识，推动巴勒斯坦问题早日得到全面、公正、持久解决。"习近平主席说。[1]

沙特国际问题专家艾哈迈德·易卜拉欣说："中国在巴以问题上站在和平一边，站在公道一边，站在国际法一边。"

"阿富汗局势已经发生重大变化，外国军队撤出后，阿富汗历史翻开了新的一页。同时，阿富汗仍面临诸多艰巨任务，需要国际社会特别是地区国家支持和帮助。"在上海合作组织成员国元首理事会第二十一次会议上，习近平主席说道。[2]

2021 年 8 月 30 日 23 时 59 分，最后一架美军 C-17 运输机从喀布尔国际机场起飞，标志着美军在阿富汗近 20 年的军事行动结束。

---

[1] 习近平：《推动停火止战 实现持久和平安全——在金砖国家领导人巴以问题特别视频峰会上的讲话》，新华网，2023 年 11 月 21 日。

[2]《习近平在上海合作组织成员国元首理事会第二十一次会议上的讲话（全文）》，新华网，2021 年 9 月 17 日。

到了 9 月 6 日，阿富汗塔利班宣布攻下全国最后一个省潘杰希尔，7 日宣布组建临时政府，并公布了临时政府主要成员，从而结束了阿富汗长达三周多的无政府状态。

阿富汗局势攸关地区安全稳定。中国是阿富汗最大邻国。长期以来，中方在充分尊重阿富汗国家主权及国内各派意愿的基础上，同阿富汗塔利班等保持着联系和沟通，一直为推动政治解决阿富汗问题发挥建设性作用。

在阿富汗局势发生剧变的几个月间，王毅主持了第三次阿富汗邻国外长会、首次"阿富汗邻国＋阿富汗"外长对话、"中国＋中亚五国"外长第二次会晤、第四次中阿巴三方外长对话，出席了"上海合作组织—阿富汗联络组"外长会、首次和第二次阿富汗邻国外长会、中俄巴伊四国阿富汗问题非正式会议等会议，并同俄罗斯、巴基斯坦、美国、欧盟、伊朗、土耳其等重要涉阿方开展了密切的沟通互动。中方鼓励阿塔奉行温和稳健的内外政策，与各方一道组建开放包容的政治架构，奉行和平友好的对外政策，特别是同邻国和睦相处，实现阿重建和发展。

2021 年 7 月 28 日，王毅在天津会见了阿富汗塔利班政治委员会负责人巴拉达尔一行，提出希望阿塔以国家和民族利益为重，高举和谈旗帜，确立和平目标，树立正面形象，奉行包容政策。中方主张，阿各派别、各民族应团结一致，真正把"阿人主导、阿人所有"原则落到实处，推动阿和平和解进程尽早取得实质成果，自主建立符合阿富汗自身国情、广泛包容的政治架构。中国外交部阿富汗事务特使岳晓勇还访问了卡塔尔、俄罗斯、土耳其、乌兹别克斯坦、塔吉克斯坦、伊朗等国，紧张穿梭斡旋。

9月8日，在出席首次阿富汗邻国外长会时，王毅宣布，根据阿富汗人民需要，中方决定紧急提供价值2亿元人民币的粮食、越冬物资、疫苗和药品。待安全等条件具备后，中方愿帮助阿富汗建设有助于改善民生的项目，并在力所能及的范围内，支持阿富汗和平重建和经济发展。这充分体现了中方一贯奉行的面向全体阿富汗人民的对阿友好政策，也体现了守望相助、雪中送炭的中华传统文化。[1]

2021年9月17日下午，习近平主席在北京以视频方式出席上海合作组织和集体安全条约组织成员国领导人阿富汗问题联合峰会。

习近平主席就阿富汗问题提出3点意见建议，系统阐释了中国在这一重要国际问题上的立场和主张：

第一，推动阿富汗局势尽快平稳过渡。支持阿富汗国内各方通过对话协商早日达成包容性政治安排。要继续关注阿富汗境内恐怖组织动向，敦促阿富汗有关方面开展坚决打击，采用标本兼治方法予以彻底根除，防止踞守阿富汗的恐怖势力为祸四方。

第二，同阿富汗开展接触对话。从理性务实角度出发，同阿富汗各方展开互动，引导推动阿富汗新的政权架构更加开放包容，奉行温和稳健的内外政策，同世界各国特别是周边邻国友好相处。

第三，帮助阿富汗人民渡过难关。要及时向阿富汗提供人道主

---

[1] 《外交部：中方愿在力所能及范围内支持阿富汗和平重建和经济发展》，新华网，2021年9月13日。

义和抗疫支持，帮助阿富汗人民纾忧解困。中方已宣布尽快发运一批紧急援助物资，并将持续提供更多力所能及的帮助。作为阿富汗困难局面的始作俑者，某些国家更应该吸取既往教训，对阿富汗未来发展承担应尽责任。[1]

作为国际社会重要一员，中国积极斡旋周边地区的热点问题。围绕朝鲜半岛局势，中国坚持朝鲜半岛无核化目标，坚持通过对话谈判解决半岛核问题，提出"双轨并行"思路和"双暂停"倡议，大力支持半岛南北双方改善关系，为缓解半岛紧张局势、推动重启接触对话、维护地区和平安宁作出重要贡献。中国坚持客观公正立场，秉持负责任的态度，履行了应尽的国际义务，发挥了自身的独特作用。

在缅北及若开邦问题上，中国积极劝和促谈，推动缅北停火止战，支持缅甸国内和平和解进程，鼓励缅孟双方加强对话协商，合情合理解决目前存在的问题。

2022 年 2 月 24 日，俄罗斯总统普京宣布对乌克兰开展特别军事行动。同日，乌克兰总统泽连斯基宣布乌与俄断交，乌全境进入战时状态。在乌克兰问题上，中方始终站在和平一边，从事情本身的是非曲直出发，独立自主作出判断，并一直在以自己的方式劝和促谈、推动局势降温。中方一直支持和鼓励一切有利于和平解决乌克兰危机的外交努力，主张各方保持克制、避免局势继

---

[1] 《习近平出席上海合作组织和集体安全条约组织成员国领导人阿富汗问题联合峰会》，新华网，2021 年 9 月 17 日。

续恶化和出现大规模人道主义危机。中方在多个场合积极推动乌克兰危机的和平解决并向乌方提供了多批紧急人道主义援助。中国领导人先后同多国领导人通话或视频会晤，呼吁"为和平创造空间，为政治解决留有余地"，"克服困难谈下去，谈出结果、谈出和平"。

2023年4月，习近平主席在同乌克兰总统泽连斯基通电话时指出，希望各方从乌克兰危机中深刻反思，通过对话，共同寻求欧洲长治久安之道。[1]中方将坚持劝和促谈，为尽快止战停火、恢复和平作出自己的努力。从呼吁"为和平创造空间，为政治解决留有余地"，到提出对乌克兰问题五点立场和缓解人道主义危机六点倡议，再到提出化解乌克兰危机的"四个应该""四个共同"和"三点思考"，中方还在此基础上发布了《关于政治解决乌克兰危机的中国立场》文件。中国为化解危机、寻求和平作出的不懈努力有目共睹，得到国际社会广泛认同。

乌克兰外长库列巴在同王毅通电话时表示，中国是伟大的国家，倡导并践行和平共处五项原则，是维护和平的关键积极力量。乌方重视中方的国际影响和威望，愿同中方保持沟通，希望中方继续为停火止战发挥重要作用。俄罗斯外长拉夫罗夫在接受媒体采访时表示，我们感谢中国以及其他金砖国家伙伴在乌克兰问题上的平衡立场。"中方一直在开展重要的外交努力。"西班牙中国问题专家胡利奥·里奥斯说，中国在乌克兰问题上的做法是基于自己的理念：

---

[1]《习近平同乌克兰总统泽连斯基通电话》，新华网，2023年4月26日。

捍卫主权和领土完整，反对战争和制裁，将对话和谈判作为根本解决方案。

2023 年 3 月 10 日，中国的全国两会正在召开，一个重磅好消息传来——沙特和伊朗北京对话取得重大成果，达成北京协议，明确了改善关系的路线图和时间表。4 月 6 日，沙伊两国外长在北京成功会晤，宣布恢复外交关系。

长期断交的两个中东大国在中国斡旋下握手言和，西班牙《先锋报》网站称其为"中国外交的惊世之举"。这也成为中国积极践行全球安全倡议的生动案例。

此后，中东地区掀起一轮"和解潮"：沙特和阿曼推动也门问题政治解决；卡塔尔与巴林决定恢复外交关系；叙利亚外长时隔十余年后首访埃及、沙特；沙特等 9 个阿拉伯国家开会讨论叙利亚回归阿拉伯国家联盟……铸剑为犁，安危与共。中国为化解冲突而呼喊，为促进和平而奔走，为推动实现世界长治久安不断贡献中国智慧、中国力量。[1]

中国为世界和平与正义积极斡旋，赢得各国普遍赞誉。在中国的努力下，一系列国际和地区热点问题降温，紧张局势得到了缓和。马来西亚前驻华大使马吉德说，"中国在外交上一直实施着富有包容性的政策"，对地区局势改善作出了积极贡献。

---

[1] 刘赞、张远：《让平安的钟声响彻人间——中国践行全球安全倡议守护世界和平安宁》，新华网，2023 年 4 月 21 日。

三、中国"蓝盔"在行动

在中华人民共和国成立 70 周年的阅兵活动中，戴着蓝色 UN 头盔、身穿迷彩服的维和方队首次出现。1990 年以来，参与维和任务的中国军人用行动向世界展现了当代中国的负责任大国形象。在黎巴嫩，他们创造了维和扫雷史上排除最重炸弹的新纪录；在利比里亚，他们冒着被病毒感染的风险，提前 30 多天完成中国援助的埃博拉诊疗中心修建任务；在马里，他们邀请当地儿童走进维和营区，一起唱歌跳舞。维和是一面镜子，映射出一个鲜活的事实：中国是和平的力量，中国越发展，世界越安全。

"中国对维和事业的贡献，值得大书特书"[1]

1992 年 4 月，中国人民解放军赴柬埔寨维和工程兵大队先遣队抵达柬埔寨。对于中国军队的到来，时任联合国柬埔寨临时权力机构维和部队司令桑德森中将说："从这一刻起，为了柬埔寨的和平与重建，联合国维和部队又多了一支不可估量的主力军。"

修复金边波成东国际机场、抢通 6 号公路……中国军人用惊人的施工效率、高超的工程质量征服了外国同行。联合国在柬埔寨的维和行动，是联合国维和历史上的成功典范，中国维和部队的出色表现给他国维和部队和当地民众留下深刻印象。

30 多年来，中国参与维和行动不断向纵深发展。柬埔寨、刚果

---

[1] 胡冠、王玉等：《特稿：守护和平的力量——中国军队海外维和故事》，新华网，2017 年 7 月 31 日。

（金）、利比里亚、黎巴嫩、苏丹……中国参与维和行动区域由中东地区一个任务区拓展到亚、非、欧、拉四大洲多个任务区；类型由单一的工兵分队拓展到步兵、工兵、运输、医疗、警卫等多种任务性质的分队，以及单警和警察防暴队；担任职位则由军事观察员拓展到参谋军官、部队司令等多个中高级岗位。

中国维和人员奋勇前行，不断取得骄人的维和成绩。参加联合国维和行动以来，中国维和人员累计新建和修复 1.7 万多公里道路和 300 多座桥梁；排除地雷及各类未爆炸物 1.4 万多枚；运送各类物资器材超过 120 万吨，运输总里程 1300 多万公里；接诊病人 24.6 万余人次。参谋军官和军事观察员圆满完成司令部工作以及巡逻、观察、监督、联络、谈判、调查等任务，为促进和平解决争端、维护地区安全稳定、加快有关国家经济和社会发展作出了突出贡献。

"中国维和军人的素质给我留下深刻印象——高素质的军人、高水准的装备，堪称一流。中国对维和事业的贡献，值得大书特书。"联合国负责维和事务的副秘书长拉克鲁瓦说。

2019 年 9 月 29 日，北京人民大会堂，申天国、杨秋花夫妇手捧"人民英雄"国家荣誉称号奖章，代表牺牲在维和战场的儿子申亮亮接受国家礼遇。

申亮亮生前是第 78 集团军某工程防化旅机动保障营上士，2005年从河南省温县入伍。

2016 年 5 月 18 日，申亮亮赴马里执行第四批维和任务。马里当地时间 5 月 31 日 20 时 50 分许，他与战友司崇昶共同担负维和营区 2 号门岗执勤警戒任务时，一辆不明车辆高速冲向营门。

2016 年 6 月 7 日，在位于马里首都巴马科的总部，联合国马里多层面综合稳定特派团为牺牲的中国维和战士申亮亮举行追悼会。（新华社发　杨祖荣 摄）

申亮亮当即向作战值班室报告，拉响警报通知营区做好防护，同时果断指挥司崇昶向目标开枪射击，并在爆炸瞬间将司崇昶推离岗楼。他本有时间和机会隐蔽，但他置个人安危于度外，始终坚守哨位履行职责，为阻止汽车炸弹冲入营区而壮烈牺牲，年仅 29 岁。

2016 年 6 月，申亮亮被马里共和国授予战士十字勋章；2017 年 5 月，被联合国授予达格·哈马舍尔德勋章。

"亮亮是部队的英雄，更是我们村的英雄，我们应该记住英雄的名字。"温县西南王村小学校长张文科说。

2016 年秋，西南王村新修 3 条水泥路，其中一条从申亮亮家门前通过。村里征求村民意见给这 3 条路命名，张文科建议以申亮亮

中国军队参加的主要联合国维和行动 [1]

（截至 2018 年 12 月）

起始时间	任务区	部队类别	完成任务情况
2014 年 1 月	马里（联合国马里多层面综合稳定特派团 MI-NUSMA）	警卫分队 170 人，工兵分队 155 人，医疗分队 70 人	赴马里维和工兵分队修建道路 2900 米，平整场地 40 万平方米，架设板房 667 间；警卫分队完成武装巡逻及警戒护卫任务 2710 次；医疗分队接诊病人 8120 人次
2012 年 1 月	南苏丹（联合国南苏丹特派团 UNMISS）	步兵营 700 人，工兵分队 268 人，医疗分队 63 人	赴南苏丹维和工兵分队修筑、维护道路 5365 千米，维修桥梁 7 座，搭建板房 72 间；医疗分队接诊病人 2.1 万人次；步兵营完成长短巡任务 63 次，武装护卫 216 次，难民营搜查 42 次，任务行程 102 万千米
2007 年 11 月	苏南（联合国／非盟达尔富尔特派团 UNAMID）	工兵分队 225 人，直升机分队 140 人	赴苏丹达尔富尔维和工兵分队累计修建道路 89 千米、板房 400 余套，钻井 14 口；直升机分队累计出动直升机近 800 架次，飞行 1150 小时，运送各类人员 5500 人、物资 230 余吨
2006 年 4 月	黎巴嫩（联合国驻黎巴嫩临时部队 UNIFIL）	多功能工兵分队 180 人，建筑工兵分队 200 人，医疗分队 30 人	赴黎巴嫩维和部队累计清排地雷和未爆炸物 10342 枚；完成大量营房、设备等维修任务；接诊、收治病人 7.89 万余人次
2003 年 4 月	刚果（金）〔联合国刚果（金）稳定特派团 MONUSCO〕	工兵分队 175 人，医疗分队 43 人	赴刚果（金）维和工兵分队修筑道路 4650 千米、桥梁 214 座；医疗分队接诊病人 3.5 万余人次

注：除派遣成建制维和部（分）队外，目前中国军队共向以上 5 个维和任务区、联合国停战监督组织（UNTSO）、联合国西撒哈拉公民投票特派团（MINURSO）以及联合国总部派遣军事观察员、参谋军官和合同制军官 80 余人。

---

[1] 中华人民共和国国务院新闻办公室：《新时代的中国国防》白皮书，2019 年 7 月版。

的名字命名，结果一呼百应。

如今在申亮亮生前所在旅，申亮亮的"身影"在营院里更是随处可见：所在连队每天晚点名，第一个呼点申亮亮，全连官兵答"到"；新兵入营的第一堂课是"崇尚英雄"，老兵退伍的最后一课是"告慰英雄"……

2016年7月20日，中国军事观察员陶辰立在联合国停战监督组织的任期已满，但他申请了技术延期14天。因为他知道，再过几天，就是杜照宇烈士牺牲10周年的日子。陶辰立希望，能在回国之前，再看一眼这位倒在黎巴嫩南部边境的中国维和军人。[1]

2006年7月26日，杜照宇所在的希亚姆哨所遭遇空袭，包括杜照宇在内的4名联合国军事观察员牺牲。从那一年起，每年清明，中国维和军人都要来到这个位于黎巴嫩南部的边陲小镇，把一杯来自祖国的清酒洒在碑前。

每年清明节，在有中国维和部队的任务区，都会举行这样的祭奠活动。陈知国、余仕利、付清礼、杨树朋、李磊……烈士们的名字将被祖国和人民永远怀念，他们的光荣事迹将永载共和国史册。

中国参加维和行动30多年来，有16名官兵献出宝贵生命。他们有的牺牲于炮火硝烟中，有的则因为感染烈性传染病或遭遇车祸等与世长辞。

为了维护人类和平与正义，5万多人次的中国维和人员前赴后

---

[1] 黎云、孙鲁明：《中国蓝盔：有一种牺牲在万里之外——深切缅怀在国际维和行动中牺牲的中国军人》，《解放军报》2021年4月5日，第2版。

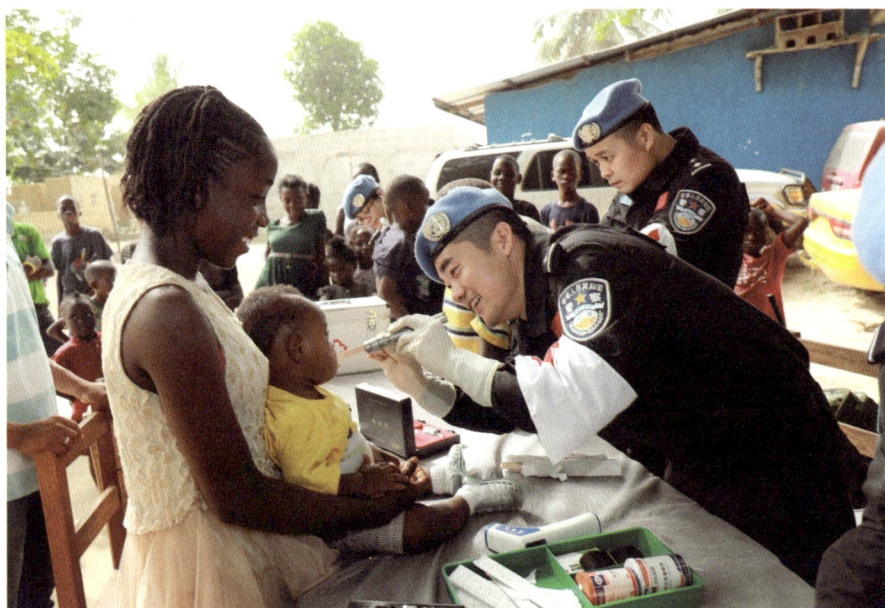

2017 年 12 月 28 日，在利比里亚蒙罗维亚，中国第五支驻利比里亚维和警察防暴队医护人员为本森威尔社区孤儿院的儿童和员工进行义诊。（新华社发　赵小新 摄）

继，先后奔赴柬埔寨、利比里亚、刚果（金）、黎巴嫩、苏丹、南苏丹、马里等维和任务区，出兵人数居联合国五个常任理事国之首。

塞浦路斯北部，一条为防止当地希腊族和土耳其族之间发生冲突的联合国缓冲区横贯全岛。中国维和警察与来自其他一些国家的警察一起，守护着这里的和平与稳定。

中国 2015 年开始向联合国驻塞浦路斯维和部队（联塞部队）派遣维和警察，至今共有 37 名中国警察参与联合国在塞浦路斯的维和行动，承担着监督停火、维护缓冲区和进行人道主义救援等职责。

缓冲区是非法偷渡越境的多发地带，维和警察经常帮助当地政府截查偷渡客，有效缓解了非法移民偷渡问题。2020 年 11 月，中国维和警队队长周施强和同事在塞浦路斯东海岸巡逻时，发现几个人影从小道快速越过停火线，于是驱车上前盘查。在当地警方协助下，他们成功截获 8 名偷渡人员。

塞浦路斯内战期间埋设的地雷是缓冲区的安全隐患。2021 年元旦，中国维和警察兰超和王立强收到联合国维和部队通报，缓冲区一条要道内发现未爆炸的步兵手雷。在和军方人员商议后，兰超对危险区做好标记，封锁现场。随后，王立强和同事护送排爆人员进入现场处置，消除了隐患。

2022 年 5 月，中国维和警察申远和金陶陶被授予联合国维和勋章。金陶陶认为，在塞浦路斯执行维和使命要有良好的专业素养和语言能力，能够独立处理遇到的复杂问题。联塞部队维和警察负责人莎图·科伊武在授勋现场说，无论是对联合国维和行动的资金支持，还是人员投入，中国都至关重要。"中国的维和警察和其他维和人员，无论在哪个任务区执行任务，都无愧于联合国旗帜。"[1]

据了解，从 2000 年中国首支维和民事警队 15 名民警赴东帝汶任务区执行任务，截至目前，中方已向波黑、阿富汗、利比里亚、海地等四大洲 11 个任务区累计派出维和警察 2600 余人次。2015 年以来，中方还通过中国维和警察培训中心帮助出警国培训了上千名维和警察。

联合国秘书长古特雷斯曾说，中国维和警察选拔培训坚持最高标准，他们在执行维和任务期间严格遵守联合国工作规范和纪律要

---

[1] 郭明芳：《通讯：中国维和警察在塞浦路斯守护和平与稳定》，新华网，2022 年 8 月 19 日。

求，表现出过硬的专业素质和职业操守，得到各方高度评价。联合国赞赏中方支持维和警察能力建设，期待中方在维和领域发挥更大作用。

中国维和警察以正义、专业、文明、自信的形象走向联合国维和前线，为联合国维和警察事业发展、为维护国际和平与安全作出贡献。中方愿继续支持、推动、参与联合国维和行动，同世界上所有爱好和平的国家一道，为维护国际和平与安全、构建普遍安全的世界作出努力与贡献。

海外维和，铸剑为犁

1990 年 4 月，中国媒体刊登了一则消息：我国派往联合国停战监督组织的 5 名军事观察员将起程赴任。短短一句话新闻，宣告中国军队海外维和事业拉开序幕。

走过 30 多年海外维和历程的中国军队正用勇气、智慧和能力在联合国维和任务区守护和平，传播铸剑为犁、携手发展理念，成为蓝盔部队中最靓丽的风景。

近年来，中国积极加入联合国维和能力待命机制，维和待命部队建设取得显著成效。2016 年 12 月，中国成立全球首支常备维和警队。2017 年 9 月，完成 8000 人规模维和待命部队在联合国的注册，包括步兵、工兵、运输、医疗、警卫、快反、直升机、运输机、无人机、水面舰艇等 10 类专业力量 28 支分队。2018 年 10 月，13 支维和待命分队通过联合国组织的考查评估，晋升为二级待命部队。2019—

2020 年，先后有 6 支维和待命分队由二级晋升为三级待命部队。[1]

中国积极履行大国责任义务，扎实推进维和能力建设，用实际行动兑现维护世界和平的郑重承诺。如今，中国已经成为联合国安理会常任理事国中第一大维和出兵国，也是联合国维和行动第二大出资国，被联合国誉为"维和行动的关键因素和关键力量"。因为纪律严明、素质过硬、吃苦耐劳，始终保持"零违纪、零遣返"纪录。[2]

在完成维和任务之余，维和官兵积极帮助当地民众改善生产生活条件，用实际行动赢得联合国官员和任务区民众由衷的信任与赞许。

"我们的英雄军队有信心、有能力谱写强军事业新篇章，为实现'两个一百年'奋斗目标、为实现中华民族伟大复兴的中国梦、为维护世界和平作出新的更大的贡献！"[3] 习近平主席在庆祝中国人民解放军建军 90 周年阅兵时发表的重要讲话，宣示了中国维护世界和平的坚强决心和强大信心。

展望未来，中国军队将始终高举合作共赢的旗帜，继续积极履行大国军队国际责任，全面推进新时代国际军事合作，在力所能及的范围内向国际社会提供更多公共安全产品，为构建人类命运共同体和建设持久和平、普遍安全的美好世界贡献力量。

---

[1] 中华人民共和国国务院新闻办公室：《中国军队参加联合国维和行动 30 年》白皮书，2020 年 9 月版。
[2] 黎云：《在共和国的史册上——聚焦重大历史事件中的人民军队》，新华网，2019 年 9 月 19 日。
[3] 习近平：《在庆祝中国人民解放军建军 90 周年阅兵时的讲话》，新华网，2017 年 7 月 30 日。

四、守卫和平家园

当今世界，全球化和多极化仍在向前发展，但同时应该看到，多边主义和单边主义之争更加尖锐，保护主义和民粹主义逆流涌动，恐怖主义、极端主义、分裂主义、重大传染性疾病等非传统安全威胁更加突出。从亚洲到中东，从欧洲到拉美，冲突此起彼伏，动荡频频发生，传统与非传统安全威胁交织蔓延，全球安全治理面临严峻挑战。

如何应对这些共同挑战？中国开出一系列标本兼治、综合施策的"中国药方"，并以实际行动凝聚各方力量，与各国深化安全合作，向国际社会提供必要支持，坚定守卫人类共同家园。

"百足之虫，死而不僵"

恐怖主义是人类社会的公敌，是国际社会共同打击的对象。恐怖势力通过暴力、破坏、恐吓等手段，肆意践踏人权、戕害无辜生命、危害公共安全、制造社会恐慌，严重威胁世界和平与安宁。极端主义思想的渗透与蔓延极易催生暴力恐怖行为，对社会安定构成直接威胁。中国政府反对一切形式的恐怖主义、极端主义，对任何宣扬恐怖主义、极端主义，组织策划实施恐怖活动，侵犯公民人权的行为，依法严厉打击。

近年来，国际恐怖和极端势力威胁不减，并且表现出一些新变化和新形态。尽管在国际社会努力下，国际反恐取得一定成果，但由于长期受大国博弈、地缘形势、利益掺杂等多重因素影响，国际社会亟须凝聚共识，形成合力，为国际反恐注入新动能。

极端组织"伊斯兰国"虽然土崩瓦解，但极端思想和暴恐模式已成气候，传染力强，其分支在全球多地滋生，受蛊惑和影响的极端分子遍布各国，呈现出新的特征。英国国际战略研究所高级顾问约翰·雷恩发表文章说，尽管当前极端组织"伊斯兰国"遭到严重打击，但受其影响的跨国界恐袭活动却更加隐蔽、分散，也更难以防范。

在叙利亚和伊拉克的国际暴恐残余尚未肃清，恐怖势力出现从地上转向地下、从城镇转向乡村的发展趋势。据统计，目前在叙利亚活跃的国际恐怖分子仍有约 2 万名，虽较极端组织鼎盛时期的 4 万多人有所下降，但整体上仍对国际和地区安全构成严重威胁，而且其中不乏数量巨大的外国恐怖分子。在叙利亚和伊拉克边境地区，极端势力开始重建指挥和作战体系，调整暴恐策略伺机重组复兴，并通过不对称袭击扩大影响和招募人员。[1]

次区域乱源共振，也给国际暴恐势力提供生存和发展空间。尼日利亚"博科圣地"效忠极端组织，威胁波及马里、尼日尔等西非各国，甚至还袭击联合国维和力量。"索马里青年党"与极端组织和"基地"组织都有关联，大搞爆炸袭击和绑架人质，冲击邻国肯尼亚和乌干达，成为东非严重恐患。"基地"组织北非分支和"伊斯兰国"分支在利比亚和突尼斯等国扩张，非洲萨赫勒地带已成为恐怖分子跨境流动的重要通道，严重威胁地区稳定和其他国家在当地的人员及机构

---

[1] 傅小强：《国际反恐亟须注入新动能》，《光明日报》2019 年 12 月 31 日，第 16 版。

安全。[1]

近年来，互联网的兴起让恐怖主义找到了渗透和传播的新空间，一些恐怖组织利用网络招募成员、筹措资金、协调行动，同时网络的便利性也让普通人更易获得宣扬暴力和恐怖主义思想的材料。对此，中国现代国际关系研究院专家张学刚说，随着技术发展，一些人可以通过网络实现"自我极端化"，这让"独狼式"恐袭事件日益增多，给各国防范工作带来更大困难。

国际暴恐活动的跨国性、随机性和破坏力显著增强，没有一国可以独善其身。2015年11月13日晚，法国巴黎的枪声震惊全世界。当晚，巴黎发生一系列恐怖袭击事件，造成至少129人遇难、352人受伤。此次恐怖袭击的地点就在餐馆、剧院、体育场等平民聚集的公共场所。2019年4月21日，斯里兰卡遭遇至少8起连环爆炸，地点涉及全国范围内的多座教堂和高档酒店，致使超过250人死亡、500多人受伤。从欧洲到非洲，再到亚洲，恐怖主义势力仍在各地蔓延。

在全球化、信息化和新兴技术快速发展的背景下，暴恐分子网上与网下勾结、境内与境外通联，暴恐技术扩散和极端思想网络传播结合，威胁程度和广度更大，甚至可能与大规模杀伤性武器结合，亟须国际社会凝聚反恐共识和形成反恐共举。

---

[1] 傅小强：《国际反恐亟须注入新动能》，《光明日报》2019年12月31日，第16版。

向恐怖主义宣战

恐怖主义、极端主义已成为当今世界一大公害，严重威胁世界和平与发展，严重危害世界人民生命财产安全。严厉打击恐怖主义，深入开展去极端化工作，是国际社会的共同责任，也是保障人权的必然选择。[1]

面对恐怖主义、极端主义的严峻挑战，中国始终主张各国秉持人类命运共同体理念，摒弃"双重标准"，增进政治互信，凝聚战略共识，促进交流合作，共同维护世界和平与安宁。菲律宾和平、暴力和恐怖主义研究所主任罗梅尔·班劳伊表示，事实已证明，恐怖主义如果蔓延，任何国家都无法幸免，也没有国家能凭一己之力消除恐怖主义，各国必须进一步强化反恐合作。

面对恐怖主义各种形式的威胁，中国不断为国际社会建言献策，提出建立反恐统一战线等一系列主张，为世界贡献了中国方案。

一是应遵循联合国宪章宗旨和原则，发挥联合国及安理会在反恐领域的中心协调作用，坚持统一标准。应尊重会员国在反恐中的首要责任和当事国主权及领土完整，全面落实安理会和联大相关决议及《联合国全球反恐战略》。弘扬多边主义，加强国际合作，齐心协力应对恐怖主义威胁。

二是应综合施策，标本兼治，消除滋生恐怖主义的根源。国际社会应坚持通过政治手段解决热点问题，以和平方式解决争端，协

---

[1] 中华人民共和国国务院新闻办公室：《新疆的反恐、去极端化斗争与人权保障》白皮书，2019年3月版。

助会员国减贫脱贫、实现可持续发展，鼓励不同文明和宗教之间平等对话。应向发展中国家提供援助，加强会员国尤其是非洲国家反恐及去极端化能力建设。

三是应结合恐怖主义新趋势和新特点，有针对性地加强国际司法合作。应重点解决外国恐怖作战分子、恐怖组织融资渠道多元化、滥用互联网和通信技术及恐怖组织与有组织犯罪合流等突出问题。应高度重视疫情对反恐的影响，及时采取措施防止恐怖分子利用疫情带来的漏洞煽动和实施恐怖活动。

四是会员国反恐机构之间应加强立法、司法与执法合作，共享情报资源，交流务实做法。国际社会应坚决制止利用社交媒介传播极端思想，依法加强互联网监管，阻断恐怖组织利用网络扩散和融资。

五是应向发展中国家提供援助，加强会员国反恐能力建设。充分发挥联合国反恐机制在能力建设、评估恐怖威胁和加强制裁措施等方面的作用。各反恐机制应继续与会员国加强沟通，严格遵照有关决议和议事规则开展工作。[1]

中国反恐"进行时"

作为国际社会负责任一员，中国政府积极支持联合国在国际反恐合作中发挥主导和协调作用，坚持遵循《联合国宪章》和其他国际法原则准则，支持联合国安理会通过的一系列反恐决议，大力推

---

[1]《中国代表呼吁国际社会深化反恐合作》，中国政府网，2020 年 8 月 25 日。

动《联合国全球反恐战略》全面实施。

中国已加入《制止恐怖主义爆炸的国际公约》《制止向恐怖主义提供资助的国际公约》等绝大多数国际反恐公约。在上合组织框架下，中国与有关国家签署了《打击恐怖主义、分裂主义和极端主义上海公约》《上海合作组织反极端主义公约》等文件。通过联合反恐演习、联合边防行动、打击"三股势力"网络违法活动、大型国际活动安保、司法合作等双边、多边反恐机制，中国与各有关国家在反恐情报交流、打击恐怖融资、跨国有组织犯罪和网络恐怖主义等领域开展卓有成效的合作，帮助阿富汗、伊拉克等国提高反恐能力建设，并通过和平重建、推动对话和提供人道主义援助等多种方式铲除滋生恐怖主义的土壤，在维护国际和地区安全稳定方面发挥了重要作用。[1]

近年来，新疆成为中国打击恐怖主义的主战场。在中央政府的关心支持下，新疆地区与周边国家建立了边境地区和执法部门反恐领域对口合作机制，在情报信息交流、边境联合管控、涉恐人员查缉、反恐怖融资、打击网络恐怖主义、打击跨国犯罪、司法协助、跨国油气管道安保等方面，进行了务实交流与合作。同时，积极借鉴国际反恐和去极端化经验，结合本地区实际，有效开展了反恐怖主义斗争和去极端化工作，取得了阶段性成果，为国际反恐斗争作出了贡献。

---

[1] 中华人民共和国国务院新闻办公室：《新疆的反恐、去极端化斗争与人权保障》白皮书，2019 年 3 月版。

中国积极开展国际和地区反恐合作。加强上合组织框架内的国际反恐合作，组织开展反恐联合演习，打击非法贩运武器、弹药和爆炸物品，合作查明和切断人员渗透渠道，推动国际反恐情报交流共享。主办以反恐为主题的"长城"反恐国际论坛，积极参与金砖国家反恐工作组、亚太经合组织反恐工作组、全球反恐论坛等多边反恐机制。同有关国家举行双边反恐磋商。推动创建阿富汗、中国、巴基斯坦、塔吉克斯坦四国军队反恐合作协调机制，举行两届军队高级领导人会议，开展反恐交流合作，积极维护地区安全。

灾难"逆行者"

2014 年，世界谈"埃"色变。疾病是一场没有硝烟的战争，夺去了无数鲜活的生命。

肆虐的埃博拉疫情，成为检验一个大国道义与责任的"试金石"。在埃博拉疫情面前，当整个西非疫区国际航线停飞、外国人员匆忙撤离之际，中国派出包机送去急需物资，使馆工作人员、医疗人员、维和人员以及工程技术人员选择坚守，与当地人民共同战斗在抗疫一线。

时任利比里亚外长恩加富安说，埃博拉疫情尽管让非洲深受打击，但它也让人看清"谁是真正的朋友"，就是"在你卧病在床时来到你身边帮助你，鼓励你战胜病魔、振作起来奋发前进的人。中国正是这样的朋友"。

疫情暴发后，中国政府向有关非洲国家提供了总金额 7.5 亿元人民币的紧急人道主义援助，是累计提供援助医疗物资最多的国家之一。此外，中国还派出超过 1000 名医护工作者，并在非洲 9 个国家培训了 1.3 万名当地医护人员。

中国在应对疫情过程中表现出的大国担当，赢得了西非有关国家政府和国际社会的广泛赞赏。

联合国埃博拉应急特派团新闻发言人法图玛塔·勒热纳－卡巴说，中国为西非国家抗击埃博拉作出了"了不起"的贡献。

曾四次到访西非疫情重灾区考察的世界卫生组织发言人塔里克·亚沙雷维奇说，在控制和扭转埃博拉疫情上，及时伸出援手的中国担当了重要角色。"无论是对中国政府的援助速度，还是对中国在财力、医疗与后勤方面作出的强力承诺，世界卫生组织都表示感谢。"

2015 年 12 月，在疫情刚刚过去的塞拉利昂，时任总统欧内斯特·科罗马在弗里敦的总统府举行表彰仪式，向在塞拉利昂抗击埃博拉疫情中作出"无价贡献"的个人及机构颁发特别奖章。中国援塞抗击埃博拉疫情全体医务人员被授予集体金奖。时任塞拉利昂卫生部长福法纳回忆时提到，中国是世界上第一个响应塞政府要求迅速送来援助物资的国家，此后来自中国的人力和物力方面的援助源源不断。"语言不足以表达我们对中国的感谢。"福法纳说。

埃博拉疫情敲响警钟，非洲建立和完善公共卫生体系已刻不容缓。近年来，中国积极支持非洲疾控中心等公共卫生防控体系建设，派出专家为非洲疾控中心提供管理经验和技术支持，援建非洲疾控中心总部项目提前于 2020 年 12 月开工建设。非盟社会事务委员阿

2015年4月4日，在塞拉利昂首都弗里敦市郊的中塞友好医院埃博拉诊疗中心，中国医疗队队员与两名被治愈的埃博拉出血热患者（中）合影留念。这是中国第四批援塞医疗队首批治愈出院的患者。（新华社发　祖荣强 摄）

米拉说，非洲疾控中心总部将成为"非洲大陆疾病控制和预防的最佳设施"。

中国倾力万里驰援，用行动诠释着真实亲诚对非政策理念及中非命运共同体的内涵。从2015年中非合作论坛约翰内斯堡峰会的"十大合作计划"将中非公共卫生合作计划涵盖其中，到2018年中非合作论坛北京峰会的"八大行动"提出实施健康卫生行动，中国对非医疗卫生援助顺应非洲发展需求，为共筑更加紧密的中非命运共同体增添力量。

2015 年 4 月 25 日，尼泊尔发生 8.1 级地震，造成数万人死伤。地震发生后的第二天，有着丰富地震救援经验、与尼泊尔接壤的中国一马当先，派 60 余名搜救队员、医疗队员、地震专家组成的中国国际救援队迅即抵达尼泊尔首都加德满都，投入了紧张的"与生命赛跑"行动中。

救援队抵达 6 小时后，就成功营救出第一名幸存者，随后又在一栋已经倒塌的居民楼连续奋战 34 小时，救出一名受困达 62 小时的男子。

时任尼泊尔总统亚达夫对中国政府和人民对尼泊尔震区的无私援助表示感谢，并称赞说，中国救援队的工作是最棒的。

尼泊尔政治分析人士阿迪卡里说，针对尼泊尔的国际大救援，充分体现出国际社会构建人类命运共同体的责任和实践，尼泊尔人民一定不会忘记中国以及所有友好国家提供的无私援助。

同一个世界，同一种命运。中国身体力行，从对国际事务的积极参与，到提出共建"一带一路"倡议，中国孜孜以求，必将进一步推动全世界的共同繁荣与发展，探索出一条有利于世界和平发展的光明之路。

中国的发展离不开世界，世界的和平发展、繁荣稳定离不开中国。世界好，中国才能好；中国好，世界才更好。为了和平，我们要牢固树立人类命运共同体意识。相互尊重、平等相处、和平发展、共同繁荣，才是人间正道！

和平发展的中国，始终把自身发展置于人类发展的坐标系中，始终把自身命运与世界各国人民命运紧密相连，始终把中国人民利益同各国人民共同利益结合起来，始终做世界和平的建设者、全球发展的贡献者、国际秩序的维护者，为构建人类命运共同体、建设更加美好的世界贡献智慧和力量。

我们要认清世界发展大势，坚定信心，起而行之，拧成一股绳，铆足一股劲，推动全球发展，共创普惠平衡、协调包容、合作共赢、共同繁荣的发展格局。

——习近平

第五章

发展问题的"中国策"

"发展是实现人民幸福的关键。面对疫情带来的严重冲击，我们要共同推动全球发展迈向平衡协调包容新阶段。"[1] 2021 年 9 月 21 日，习近平主席在参加第七十六届联合国大会一般性辩论上发表讲话中首次提出了全球发展倡议，呼吁国际社会共同推动全球发展迈向平衡协调包容新阶段。

坚持发展优先，坚持以人民为中心，坚持普惠包容，坚持创新驱动，坚持人与自然和谐共生，坚持行动导向。在国内外专家眼里，中国为全球发展未来擘画的新思路，体现了中国的新发展理念，以全球视野、全人类责任思考和规划自身的发展。

"中国提出的全球发展倡议与提升民生福祉紧密相关，有助于实现联合国 2030 年可持续发展议程，也为各国制定可持续发展政策提供了思路和启示。"联合国贸易和发展会议秘书长蕾韦卡·格林斯潘这样评价。[2]

创新、协调、绿色、开放、共享，可持续发展、高质量发展……近年来，国际观察家注意到中国发展理念与时俱进的变化。在 20 世纪乃至 21 世纪的世界发展全景图上，中国发展无疑是极其波澜壮阔的画卷，是内外互动互构的历史进程。

回顾中国发展，从来没有一帆风顺。

世界关注中国的发展。变化首先从物质上感知。

1949 年，中国国内生产总值（GDP）的全球占比为 4.5%，人均

---

[1]《习近平在第七十六届联合国大会一般性辩论上的讲话（全文）》，新华网，2021 年 9 月 22 日。

[2] 张朋辉：《"全球发展倡议的提出恰逢其时"——访联合国贸易和发展会议秘书长蕾韦卡·格林斯潘》，《人民日报》2022 年 4 月 4 日，第 3 版。

预期寿命仅 35 岁，文盲率超过 80%……从几个简单数字，可以看出新中国成立时的物质基础。

70 多年后的今天，中国的经济规模跃升至全球第二，GDP 全球占比约 18%。中国逐步成为制造业第一大国、货物贸易第一大国、服务贸易第二大国、商品消费第二大国、外资流入第二大国。中国还有世界最长的高铁线路、最多的新增路桥、最庞大的受过高等教育群体。中国的人均预期寿命达到 78.2 岁……

1978 年至 2022 年，中国 GDP 平均年增速高达 9.1%，一直是全球经济增长的引擎。[1] 2008 年国际金融危机以来，中国对世界经济增长的贡献率连续多年达到约 30%，成为强劲动力源。

14 亿多人口的大市场，世界上规模最大的中等收入群体，全球最多国家的第一大贸易伙伴国，潜在的最大进口市场……中国发展为世界各国带来巨大红利。2019 年 11 月，时任中国商务部副部长王炳南在第二届中国国际进口博览会期间指出，预计未来 15 年，中国进口商品和服务将分别超过 30 万亿美元和 10 万亿美元。[2]

"中华民族历史上经历过很多磨难，但从来没有被压垮过，而是愈挫愈勇，不断在磨难中成长、从磨难中奋起。"[3]

过去几十年来，中国改变了自己，也改变了世界，中国发展为

---

[1] 张守营：《中国经济增长的空间还有多大》，中华人民共和国国家发展和改革委员会网站，2023 年 8 月 14 日。

[2] 《买买买"爽"了，全球供应商笑了！进博会证明中国平台的全球魅力》，中华人民共和国商务部网站，2019 年 11 月 22 日。

[3] 习近平：《在统筹推进新冠肺炎疫情防控和经济社会发展工作部署会议上的讲话》，《新华每日电讯》2020 年 2 月 23 日，第 2 版。

全球带来巨大机遇。

"从各方面来看，中国的发展对中国本身乃至全世界，都带来巨大好处。"新加坡总理李显龙这样评价。[1]

超大规模、增长快车、促进公平、数字红利……透过发展的多棱镜，世界可以感受到发展问题的"中国策"。

一、管窥"超大规模"发展

40 万亿美元！

2018 年 11 月 5 日，在上海举行的首届中国国际进口博览会上，法新社、共同社等多家海外媒体敏锐地关注到这个不同寻常的数字。

这是习近平主席当天在进博会开幕式上首次宣布的。这是未来 15 年中国的预计进口额。

数字的意义在于比较。有外媒算了一笔账：这个数字相当于 2017 年全球经济总量的近一半，约为最大经济体美国经济总量的两倍。

如此大手笔！在 2018 年的黄浦江畔，中国与世界经济的融通合作，让人遐想无限。

中国发展的"超大规模"，令世界很多国家难以想象。透过中国首创的国际进口博览会，可窥豹一斑。

---

[1]《"中国奇迹"始终是世界机遇》，中央广电总台国际在线，2019 年 9 月 27 日。

海之大，开放市场的国际承诺

"大！"时任欧盟委员会委员安德柳凯蒂斯在首届进博会上这样回答记者关于中国市场特点的提问，"想想看，14亿多人不断增长的购买力！"这位欧盟主管卫生与食品安全的最高官员展开双手，用力向下一顿，一脸兴奋。

来到进博会现场的全球参与者，对于中国市场之"大"，有着毫无疑义的共识。然而，他们对于"大"，却有不一样的观察。

"速度惊人"，时任西门子大中华区首席执行官赫尔曼首先想到这个词。"活力四射"，时任乌克兰农业部副部长特罗菲姆采娃如此形容。"饥饿感"，美国加州商会董事王易虹这样说。

用词不同，背后的判断却可见共性——中国需求大势已具。

首届进博会3600多家企业参展商中，食品及农产品参展企业数目最多。即便是在食品之外的其他展区，同样人头攒动、摩肩接踵。

30万平方米的面积，40万名中外客商，这样的人气与活力令远道而来的各国商家惊叹不已。

"不出10年，中国就将从目前的第15位变为全球第一大咖啡消费国"，谈到中国市场，巴西一家高档咖啡生产商营销经理何塞眼里闪着光，急切地想把产品介绍给前来问询的客商和媒体。他说，以往巴西咖啡运到中国，中间要经过约10个链条，而进博会提供了绝好机会，中间成本有望大大缩减。中国市场"超大！美妙！"——何塞的语气很像发现了金矿。

人工智能、"会飞"的汽车、智慧城市解决方案……展厅里"吸睛"的酷炫科技表明，中国市场里，消费升级与产业升级在同步发生。

年年约，岁岁聚。中国市场这座"金矿"的吸引力正变得越来越大。"784.1亿美元"，在2023年11月举行的第六届进博会上，按年计意向成交再创新高。本届进博会上，全球超过3400家企业参展，其中世界500强和行业龙头企业参展数量289家，超过历届水平。进博会"汇"聚优选好物、科技尖货、探索方案，更吸引跨国企业齐聚"四叶草"，带动上下游供应链产业链聚集。[1]

除了对更好产品的渴望，中国市场对服务的需求也在加速上升。在未来15年40万亿美元的进口额预估中，服务贸易占四分之一。

中国商务部2018年发布的一份报告说，2017年中国服务进口比2001年加入世界贸易组织时增长了11倍，全球占比从2.6%提升到9%，位列全球第二。2012—2017年，中国服务进口对全球服务进口增长的贡献率达25.8%，是推动全球服务进口增长的最大贡献者。中国服务进口将为全球增长提供新的"中国动力"，为世界繁荣带来新的"中国机遇"。

在第六届进博会上，400多项代表性首发新产品、新技术、新服务集中亮相，全面呈现国际尖端前沿产品、技术、服务趋势，进一步满足消费者对美好生活的需要，也为中国乃至世界产业升级带来契机。

2023年，我国服务贸易规模创历史新高。全年服务进出口总额65754.3亿元人民币，同比增长10%，其中服务进口38897.7亿元，

---

[1] 王嘉伟、缪培源、许晓青：《进博观察：汇·惠·慧——永不落幕的进博会》，新华网，2023年11月10日。

增长 24.4%。[1]

中国主动扩大进口，带动其他国家的生产、人口就业和居民增收，为优化全球生产要素配置、扩大全球生产可能性曲线作出了重要贡献。[2]

"中国经济是一片大海，而不是一个小池塘。"[3]习近平主席这个生动的比喻引起广泛国际回响。美联社、英国《金融时报》等各大媒体纷纷引用。

"天下之水，莫大于海，不虚不盈，万川归之。"抗风险力强，市场容量大。中国经济对全球化的世界具有磁石效应，也呼唤着新的联通。

桥之多，连接发展的世界通途

中国是个善于建桥的国家，中国国际进口博览会让人想到"三座桥"，时任国际货币基金组织总裁拉加德在进博会上的讲话备受点赞。

"通往世界之桥""通往繁荣之桥""通往未来之桥"——这位重量级国际组织负责人的巧喻很有深意。40多年改革开放，中国成就了自己，也改变了全球经济。

站在上海外滩，一边是历经百余年风雨的西式建筑，一边是短

---

[1] 《商务部服贸司负责人介绍 2023 年全年服务贸易发展情况》，中华人民共和国商务部网站，2024 年 2 月 1 日。

[2] 马欣然、许晓青、周蕊：《溢出效应扩大 发展动能澎湃——从六届进博会看中国开放的世界机遇》，新华网，2023 年 11 月 4 日。

[3] 习近平：《共建创新包容的开放型世界经济——在首届中国国际进口博览会开幕式上的主旨演讲》，《新华每日电讯》2018 年 11 月 6 日，第 3 版。

短 20 多年崛起的东方财富，历史与现实在这里相遇。繁华的外滩和浦东固然是中国发展的明证，在更广袤的土地上，中国更高质量、更高水平的发展还是进行时。

发展不忘伙伴。作为世界最大的发展中国家，中国在进博会上尤其重视与发展中国家和最不发达国家的对接。共建"一带一路"国家涵盖大量发展中国家，其中有 50 多个国家参展首届进博会。全球 44 个最不发达国家，也有 30 多个获邀前来。每个远道而来的海外客人，都受到真诚欢迎和热情接待。

拖着几箱芝麻前来的南苏丹出口商，带着几箱椰枣的阿尔及利亚客商，都是辗转万里，不辞辛苦。不管来自何方，每个人搭乘中国经济发展快车的热望同样炽烈。

大上海的舞台，同样向发达国家开放。"收获远超预期，成交产品涉及大豆、高粱、玉米、宠物饲料等，美国参展商切身感受到中国市场的巨大潜力。"谈起第六届中国国际进口博览会，上海美国商会会长郑艺兴致勃勃，赞叹不已。该商会与美国政府合作在本届进博会上主办美国食品和农业馆。这是美国政府首次以官方名义参加进博会并设展馆，来自美国州政府、行业协会和企业的 17 家展商集中展示了美国富有特色的食品和农产品。[1]

从商品物流到贸易规则，从产品数量到服务质量，贸易专家发现，中国已经对全球贸易产生巨大积极改变。它带来的效果是就业、脱贫、发展。过去 10 年，中国在非洲投资超过 300 亿美元，并进

---

[1] 黄恒：《综述：回看进博会　美国商家展望新机遇》，新华网，2023 年 11 月 15 日。

口了大量非洲产品。

"中国的减贫成果令人惊叹。"多次在中国考察的时任世界银行行长金墉有感而发。他特别关注中国农民借助电子商务脱贫，认为这样的经验可以启迪世界。

"相通则共进，相闭则各退。"做大增量，而不是划分存量。进博会这样的国际贸易新举措，像一座巨大的"虹桥"，使世界进一步互联互通。

路之阔，共享未来的全球梦想

背靠长江水，面向太平洋。领中国开放风气之先的上海启迪世人：共建创新包容的开放型世界经济，路在脚下。

"历史是最好的老师。这段历史表明，无论相隔多远，只要我们勇敢迈出第一步，坚持相向而行，就能走出一条相遇相知、共同发展之路，走向幸福安宁和谐美好的远方。"2017 年 5 月，在首届"一带一路"国际合作高峰论坛开幕式上，习近平主席首次向世界宣告：中国将从 2018 年起举办中国国际进口博览会。

时任世界贸易组织总干事阿泽维多评价：这是国际贸易发展史上一大创举！在保护主义和单边主义抬头、经济全球化遭遇波折的时候，中国挺身而出，坚决维护多边主义和自由贸易体制，以实际行动回答了全球贸易和世界经济往何处去的疑问。

同样支持自由贸易的国家和企业也以实际行动作出了有力的呼应：赴东方之约，享贸易盛宴！

"进口博览会是一项创举""行胜于言""我们欢迎中国重申

2020 年 11 月 5 日，新西兰纽仕兰乳业全球研发总经理罗伊（左一）在进博会上参加签约仪式。"我们在进博会尝到了甜头，这样的大好机遇当然不能错过。"罗伊表示，下一届进博会，他一定再来。（新华社记者 赵丁喆 摄）

支持多边贸易体制、推动发展自由贸易""我们已经收获了大单"，进博会上的海外官员、商家纷纷说。

上海美国商会 2020 年上半年发布的在华美国企业营商报告显示，尽管受新冠疫情影响，面临经济下行和贸易争端风险，美国公司在中国市场盈利依然可观，多数企业对在华经营仍有信心。

机会属于那些瞄准大势、长期耕耘、与中国共同成长的国家与企业。

日本派来了企业数量最多的参展商团，表示要更好地理解"中国需求"；"做中国人民喜爱的企业"，韩国三星公司在进博会展厅里打出这样的标语；"美美与共"，法国欧莱雅别具匠心地呼应着中国观念。

"我一天在展厅里走了 7.5 公里，见了 12 位地方政府主管官员，签了一个又一个协议。"时任西门子公司大中华区首席执行官赫尔曼难掩兴奋，"中国市场如此之大，升级如此之快，我们加油都来不及。"

大道至简，实干为要。中国已经开启"世界工厂＋全球市场"模式。进博会是中国为国际贸易发展史贡献的一大创举，更是在新时代为世界提供的又一项创新型全球公共产品，对中国、对世界，都是前所未有的伟大实践。

中国将继续推进共建"一带一路"，坚持共商共建共享，同相关国家一道推进重大项目建设，搭建更多贸易促进平台，鼓励更多有实力、信誉好的中国企业到沿线国家开展投资合作，深化生态、科技、文化、民生等各领域交流合作，为全球提供开放合作的国际平台。[1]

结世界良缘，计天下红利。中国搭台，全球唱戏，利益纽带使世界命运相连。互利共赢、共享未来的全球梦将顺应历史大潮，不断前行。

二、欢迎搭乘中国发展快车

"中国重新定义了'发展'。"年逾九旬的以色列希伯来大学

---

[1] 习近平：《共建创新包容的开放型世界经济——在首届中国国际进口博览会开幕式上的主旨演讲》，《新华每日电讯》2018 年 11 月 6 日，第 3 版。

知名学者梅龙·梅齐尼这样说。

在全球经济深度互联的世界，各国对像高速列车一样奔跑的中国发展更加依赖。

据麦肯锡咨询公司 2019 年发布的一份中国研究报告，在全球七大经济体中，从技术、贸易和资本的角度来看，世界对中国经济的综合依存度指数从 2000 年的 0.4 上升为 2017 年的 1.2。同期，中国对世界经济的综合依存度指数从 0.9 降到 0.6。

面对时任美国总统特朗普挑起的中美贸易争端，美国苹果公司首席执行官库克始终没有承诺把苹果手机的制造搬回美国。精明如库克，不会不知"政治正确"，但作为跨国巨企的掌门人，库克的决策归根结底要依据一个朴素的真理——利益。

坐拥全球最大的手机市场和生产基地，中国手机产业链，已经在全球拥有超强比较优势。

中国有全球最高效、最齐全的产业链集群。

这个地球，还没有另外一个地方像中国一样，在最短的时间内，就能获得超大规模的手机配件，这来源于千千万万的产业链企业的协同。在被称为"中国硅谷"的深圳，电子一条街华强北，走一圈甚至一个电话，组装一台手机的配件就全部到位，而在地球上的任何其他地方，这个时间都要以月为单位。看似高大上的苹果手机，很多配件，也来自这些名不见经传的中国工厂。

中国有全球最具性价比的制造系统。

这不仅是简单的人工和土地成本优势，而是最有效率和性价比的产业工人和工厂体系。比中国有成本优势的地方，没有中国的效率；达到中国效率的地方，没有中国的成本优势；即使兼具成本优势与效率的某些国家，也没有中国社会经济环境的综合优势。在制造环节分毫必计、分秒必争的特点驱使下，这些优势不仅是订单获取的强势，而且会形成不断累加的产业竞争力。

苹果手机早已清醒地意识到，中国这个竞争十分充分的市场，拥有蓬勃的活力和大量的创新人才，已经逐步具备引领全球手机行业潮流的实力。

苹果手机要保持自己的领先位置，这些都是至关重要的养分，彻底脱离中国这个环境，苹果手机大概率会弄丢中国这个大市场。

总而言之，中国手机产业的强大，不是拥有一两项独门绝技而已，无论是西方对芯片、摄像头等技术的垄断，还是东南亚、南亚国家的人力成本优势，都无法撼动中国手机制造的地位，因为它是一个具有强大竞争力的生态，而不是局部的优势。

跟手机一样，中国制造的很多产品，嵌入了全球的产业链体系，融入了很多国家的经济血脉，中国的巨额贸易，很大的支撑就来自这里。

世界对中国发展力量的依赖，还体现在中国已经从配角成长为合作伙伴。这是一种人力、技术到资本市场的立体叠加，已经不是单一要素的作用，而是一种综合的力量。

中国的市场规模和中国人的消费力，为世界经济构成巨大支撑。

中国国家统计局数据显示，2018年，中国有96.1万家外资企业，使用资金2.1万亿美元、利润1.7万亿元人民币。这些企业，绝大多数都是发达国家的跨国公司。

"这是我们的最强市场""对此我们充满自豪",2021 年 7 月,在披露 2021 年第二季度的财报时,苹果公司首席执行官库克如此评价中国市场的表现。得益于中国市场近千亿元人民币的营收,以及同比增长 58% 这一全球单一市场最快增速,苹果公司 2021 年第二季度总营收达到 5302 亿元人民币,同比增长 36%,净利润达到 1416 亿元人民币,同比增长 93%。[1]

中国的海外消费,仅 2019 年上半年,境外旅行消费一项,中国人就支付了 1275 亿美元,日本、英国、法国、新加坡、美国等发达国家,都是直接的受益者。[2]

中国为什么行?许多国际观察家都认为,中国的成功实践与卓越的发展理念和智慧紧密相连。

在不少海外人士看来,改革开放是中国发展关键的成功密码之一。

美国前驻华大使芮效俭称,改革开放是"中国的一次巨大跨越"。荷兰前驻华大使闻岱博说,改革开放为中国带来了经济腾飞,创造了世界发展奇迹。

有专家认为,中国发展得益于已"四十不惑"的改革开放,同样也离不开改革开放之前的"三十而立"。

中国在改革开放之前的 30 年里建立了比较完整的工业体系,为

---

[1] 吕栋:《苹果中国区营收 961 亿、增长 58%,库克:这是我们的最强市场》,观察者网,2021 年 7 月 28 日。
[2] 《2019 年上半年中国国际收支报告》,国家外汇管理局网站,2019 年 9 月 27 日。

后面 40 多年中国制造业的大发展奠定了坚实基础。

在世界发展进入迷惘期之际，中国领导人审时度势，提出共建"一带一路"倡议。作为以发展为导向的国际合作倡议，"一带一路"提供了一条促进世界和平发展的全新路径，是中国为世界发展贡献的全新公共产品。

短短几年内，这个倡议从理论到实践，成果不断显现，合作不断扩大。

法国战略学会会长马翼科说，共建"一带一路"倡议为世界发展提供了新的选择。这一倡议不仅为中国，而且为世界上欠发达地区开启了安全和繁荣的新路径。

"中国的发展，不是偶然的，是基于国情的发展，为世界提供了一种新的思路，说明发展不只有西方模式一条路。"国务院参事室时任特约研究员郗杰英说。

"一个国家、一个民族对世界和人类作出的贡献不仅在于创造了多少物质，还在于提出了什么理念。"2019 年 5 月，在中国举行的亚洲文明对话大会上，时任希腊总统帕夫洛普洛斯高度赞赏中国领导人提出的文明观、共建"一带一路"倡议和构建人类命运共同体理念，认为这些体现了古老的中华文明的智慧和中国作为一个负责任大国的历史担当。

秉持为人民谋幸福、为民族谋复兴、为世界谋大同，中国始终把为人类作出新的更大的贡献作为自己的使命。

习近平主席在很多重要讲话中，深刻阐释新时代中国与世界的关系，宣示中国愿继续与世界共同发展的开放胸襟。

"我们坚信，一个更加开放的中国，将同世界形成更加良性的互动，带来更加进步和繁荣的中国和世界。"[1]

"中方愿同各方携手努力，不懈追求和平、稳定、繁荣，共同创造亚洲和世界的美好未来。"[2]

"世界需要中国。"欧洲中央银行行长、国际货币基金组织前总裁拉加德的这句话，代表了国际社会有识之士的远见。

习近平主席 2017 年 1 月在世界经济论坛年会开幕式上说，中国的发展是世界的机遇，中国是经济全球化的受益者，更是贡献者。中国经济快速增长，为全球经济稳定和增长提供了持续强大的推动。中国同一大批国家的联动发展，使全球经济发展更加平衡。中国减贫事业的巨大成就，使全球经济增长更加包容。中国改革开放持续推进，为开放型世界经济发展提供了重要动力。

习近平主席说，中国人民深知实现国家繁荣富强的艰辛，对各国人民取得的发展成就都点赞，都为他们祝福，都希望他们的日子越过越好，不会犯"红眼病"，不会抱怨他人从中国的发展中得到了巨大机遇和丰厚回报。中国人民张开双臂欢迎各国人民搭乘中国发展的"快车""便车"。[3]

中国发展进步离不开世界，世界繁荣稳定也离不开中国。未来

---

[1] 习近平：《齐心开创共建"一带一路"美好未来——在第二届"一带一路"国际合作高峰论坛开幕式上的主旨演讲》，新华网，2019 年 4 月 26 日。

[2] 习近平：《携手开创亚洲安全和发展新局面——在亚信第五次峰会上的讲话》，《新华每日电讯》2019 年 6 月 16 日，第 2 版。

[3] 习近平：《共担时代责任 共促全球发展——在世界经济论坛 2017 年年会开幕式上的主旨演讲》，新华网，2017 年 1 月 18 日。

之中国，必将以更加开放的姿态拥抱世界，以更加务实的行动造福世界，以更有活力的文明成就贡献世界。

三、破解"不平等"的世界发展难题

2016年10月，国际货币基金组织和世界银行年会在华盛顿举行。不少与会者反复提及全球正呈现某种"撕裂"，并将其归因为世界经济中存在的多向度不平等。

逆全球化风潮、民粹主义和各种形式的保护主义——这些都可以从全球不平等问题中找到原因。"经济不平等日益严峻是当今许多国家的共同现象"，时任国际货币基金组织总裁拉加德这样说。不平等带来的"孤立主义和保护主义越来越令人担忧"，时任世界银行行长金墉则如此强调。

多向度不平等威胁世界经济

不平等问题复杂多样，最关键在于经济不平等，由此会造成教育、健康、机会等各方面的社会鸿沟。尽管根植于各国内部，但在经济全球化背景下，不平等问题日益呈现出全球普遍性，并对世界经济产生外溢影响。

世界基尼系数已经达到0.7左右，超过了公认的0.6"危险线"，必须引起我们的高度关注——习近平主席在2016年的二十国集团领导人杭州峰会上发出警示。[1]

2020 年中国 GDP 按平均汇率折算为 14.7 万亿美元，人均 GDP 超过 1 万美元，与发达国家人均 GDP 4 万美元以上相比仍有较大差距。

拉加德曾说："全球最富有的 85 个人，只能塞满一辆伦敦双层巴士，但他们控制的财富却相当于全球一半人口全部的身家。"

实际上，近年来，发达国家的经济不平等越来越突出。持续的收入不平等积累了越来越严重的社会怨气。统计显示，过去 30 年，美国中产阶级的收入没有增加，人口规模占总人口比例在下降，整个社会出现中产阶级"空心化"状况，民粹主义抬头。

而多年来以福利和稳定著称的欧洲发达国家如今面临新的不平等难题，体现在失业加剧、移民难民危机、恐怖袭击增多等方面。扩展到国际领域，许多欧洲人对地区合作的失望正在侵蚀欧洲一体化的自信，英国脱欧已是明证。

在许多发展中国家，不平等问题的一个突出表现是贫困。据联合国贸易和发展会议 2016 年 7 月发布的《发展与全球化：事实与数据》年度报告，目前全球仍有 8 亿多人生活在极端贫困中。在撒哈拉以南非洲以及西亚等区域，80% 的人口以每天不足 1.25 美元的收入维持着生存。他们无法公平享有接受教育的机会，也得不到必要的医疗救治，甚至连饮用水等基本生活需求都无法保障。

---

[1] 习近平：《构建创新、活力、联动、包容的世界经济——在二十国集团领导人杭州峰会上的开幕辞》，新华网，2016 年 9 月 4 日。

不平等外溢亟须全球应对

在世界很多地区，许多人把不平等挑战加剧归咎于全球化，认为过去几十年的全球化只使少数国家和少数人获益。近年在欧美发生的多起反全球化运动中，一些民众称全球化夺走了他们的工作，使其面临更加不平等的竞争环境。一些国家频繁使用贸易保护主义措施，世界经济呈现出某种"撕裂"。

对于复杂的不平等问题，仅仅归因于全球化显然失之偏颇。探究全球经济不平等原因，从各国国内看，很大程度在于各国自身经济结构缺陷与治理能力不足；从国际上看，长期以来，发达国家利用旧有国际经济秩序对欠发达国家及发展中国家的资源攫取，挤压后者经济发展空间，全球经济治理亟须完善。

在全球化日益加深的世界，不平等的全球挑战无疑需要全球应对。

办法该从何处寻？

从近年举行的国际多边会议可以看出，求解不平等难题，全球领导人更加重视"包容增长"的药方，宣示更好地进行公共资源配置，从而带动经济增长指向更加平等的目标。

2016 年，在二十国集团领导人杭州峰会上，在中国倡导下，峰会确立了世界经济"强劲、可持续、平衡和包容增长"框架，在这个全球经济治理重要平台上，首次把"包容增长"提升为更高层次的全球共识，着力应对不平等的挑战。

在近年的多个国际重要会议上，与会决策者再次呼吁，面对不平等挑战，"各国政府必须更加努力推动包容增长"。

长久以来，中国坚定推动建设开放型世界经济。中国已经成为140多个国家和地区的主要贸易伙伴，同28个国家和地区签署了21个自贸协定。高质量实施《区域全面经济伙伴关系协定》，积极推进加入《全面与进步跨太平洋伙伴关系协定》和《数字经济伙伴关系协定》，扩大面向全球的高标准自由贸易区网络。推动人民币国际化，提升金融标准和国际化水平，更好实现中国和其他国家利益融合。[1]

2021年4月召开的博鳌亚洲论坛2021年年会开幕式上，习近平主席在视频主旨演讲中说："面向未来，我们将同各方继续高质量共建'一带一路'，践行共商共建共享原则，弘扬开放、绿色、廉洁理念，努力实现高标准、惠民生、可持续目标。"[2]

"既要让自己过得好，也要让别人过得好"

随着物质财富的积累，中国贡献的维度日渐丰富：中国承担起越来越多的全球责任，展现出越来越多的大国担当。

"既要让自己过得好，也要让别人过得好。""中国人民不仅要自己过上好日子，还追求天下大同。"习近平主席多次用通俗易懂的语言，阐明中国政治上秉持公道正义、坚持平等相待；经济上坚持互利共赢、共同发展等主张。作为世界最大的发展中国家和负

---

[1] 中华人民共和国国务院新闻办公室：《携手构建人类命运共同体：中国的倡议与行动》白皮书，2023年9月26日。
[2] 习近平：《同舟共济克时艰，命运与共创未来——在博鳌亚洲论坛2021年年会开幕式上的视频主旨演讲》，《人民日报》2021年4月21日，第2版。

责任大国，中国在坚定不移履行可持续发展承诺、致力于促进世界和平和人类进步等方面，取得世人公认的成就。

"中国致力于走可持续发展道路，在全球生态问题上发挥着日益重要的作用。"最早提出"绿色GDP"概念的学者之一、美国国家人文科学院院士小约翰·柯布说。

在保护主义、单边主义不断冲击全球多边合作的当下，中国作为世界上100多个经济体的第一大贸易伙伴，通过持续深化改革扩大开

2020年11月2日，2020全球能源互联网（亚洲）大会在北京召开。本届大会由全球能源互联网发展合作组织发起召开，主题为"绿色、低碳、可持续发展"，旨在深化全球及亚洲能源电力合作，加快能源变革转型，推动全球能源互联网中国倡议落地实施，为"一带一路"和人类命运共同体建设发挥作用。（新华社记者 邢广利 摄）

放，推动建设开放型世界经济，让国际合作共赢的"蛋糕"越做越大。

"中国进一步扩大开放，有益于世界经济的发展，也让我们吃下了继续深耕中国市场的'定心丸'。"美国通用电气高级副总裁、国际业务总裁兼首席执行官戴安哲说。

发展始终不忘伙伴。20世纪六七十年代，在自身经济条件并不宽裕的情况下，中国已在帮助更需要支持的朋友。几十年后，中国在力所能及的范围内，与世界更多分享发展果实。

作为世界上最大的发展中国家和"全球南方"的一员，中国力所能及地为其他发展中国家提供援助，帮助受援国提高发展能力。积极开展国际交流合作，同世界粮食计划署、联合国开发计划署、儿童基金会、难民署、世界卫生组织、红十字国际委员会等近20个国际组织开展合作，在埃塞俄比亚、巴基斯坦、尼日利亚等近60个国家实施了130多个项目，聚焦"小而美、惠民生"，涵盖减贫、粮食安全、抗疫、气候变化等领域，受益人数超过3000万人。积极推动并全面落实二十国集团缓债倡议，在二十国集团缓债倡议中贡献最大，同19个非洲国家签署缓债协议或达成缓债共识，帮助非洲减缓债务压力。[1]

"当国际社会出现难题或危机时，中国是施以援手的重要一方。"希腊前总理乔治·帕潘德里欧说。

针对全球治理出现的问题和可持续发展面临的挑战，中国积极

---

[1] 中华人民共和国国务院新闻办公室：《携手构建人类命运共同体：中国的倡议与行动》白皮书，2023年9月26日。

推动完善全球治理，增益现有多边治理机制，使之更好地适应国际形势变化。

在当今世界正面临百年未有之大变局、不稳定性不确定性更加突出的形势下，中国坚定维护多边主义，坚定维护以联合国为核心的国际体系，坚定维护以国际法为基础的国际秩序。德国联邦议院国防委员会委员格罗尔德·奥滕认为，从支持以联合国为核心的战后国际体系到强调二十国集团等多边平台作用，中国已成为世界发展的稳定器。

"中国坚定维护多边主义，维护公平正义，维护《联合国宪章》的宗旨和原则，发挥了重要的稳定作用，给世界以确定性、信心和希望。"联合国秘书长古特雷斯认为，历史将证明，中国的发展不仅是不可阻挡的历史潮流，也是对人类进步的重大贡献。[1]

精准脱贫推动社会公平

改革开放40多年来，按照世界银行每人每天1.9美元的国际贫困标准，中国减贫人口占同期全球减贫人口总数70%以上，是全球最早实现联合国千年发展目标中减贫目标的发展中国家，提前10年实现2030年可持续发展议程减贫目标。

中共十八大以来，中国大力实施精准扶贫、精准脱贫，取得显著成就。2021年2月25日，中国向世界庄严宣告，中国脱贫攻坚战取得了全面胜利，现行标准下9899万农村贫困人口全部脱贫。

---

[1] 白洁、王晓洁：《习近平会见联合国秘书长古特雷斯》，新华网，2019年4月26日。

联合国秘书长古特雷斯称中国"是为全球减贫作出最大贡献的国家"。2018 年，联合国大会通过关于消除农村贫困的决议，把中国倡导的"精准扶贫"等理念与实践写入其中，中国为全球范围内消除贫困提供了经验。

1971 年，中国恢复在联合国的合法席位，以更加积极的姿态在国际事务中发挥作用。1980 年 4 月和 5 月，中国先后恢复了在国际货币基金组织和世界银行的合法席位。2001 年，中国加入世界贸易组织，更加广泛深入地参与国际经贸交流与合作。中共十八大以来，中国提出推动构建人类命运共同体、共建"一带一路"的倡议，载入联合国多项决议，得到国际社会广泛认同和积极响应。[1]

2021 年 4 月 20 日，习近平主席在博鳌亚洲论坛 2021 年年会开幕式上的视频主旨演讲中说，我们将建设更紧密的开放包容伙伴关系。[2] 世界银行有关报告认为，到 2030 年，共建"一带一路"有望帮助全球 760 万人摆脱极端贫困、3200 万人摆脱中度贫困。中国将本着开放包容精神，同愿意参与的各相关方共同努力，把"一带一路"建成"减贫之路""增长之路"，为人类走向共同繁荣作出积极贡献。

中国行动助力实现包容愿景

遍观今日世界，在应对不平等、推动包容增长方面，真正能以

---

[1] 中华人民共和国国务院新闻办公室：《新时代的中国与世界》白皮书，2019 年 9 月版。
[2] 习近平：《同舟共济克时艰，命运与共创未来——在博鳌亚洲论坛 2021 年年会开幕式上的视频主旨演讲》，《人民日报》2021 年 4 月 21 日，第 2 版。

负责任的"建设者"姿态出现的大国并不多见。毋庸讳言,中国已在这方面发挥了引领作用。应对不平等挑战,由内而外,知行合一,中国既有思路,更有行动。

作为发展中国家,中国始终一心一意谋发展。减贫就是让世界赞叹的一个突出成就。"如果有一个国家能成为消除极端贫困的表率,这会是中国。"世界银行负责贫困和公平全球事务的高级官员安娜·雷文加说。

在实现自身发展的同时,中国积极开展南南合作,先后为120多个发展中国家提供帮助。"既把自己发展好,也帮助其他国家发展好。大家都好,世界才能更美好",习近平主席的重要论述,为建设更平等的美好世界指明了路径。

中国提出共建"一带一路"倡议,发起成立金砖国家新开发银行和丝路基金,倡议建立亚投行,支持发展中国家开展基础设施互联互通建设,积极参与全球治理,主动承担国际责任,推动建设公平公正、包容有序的国际经济和金融体系,为全球包容增长贡献中国方案。

全球视野下,中国提供的这些全新的"全球公共产品"正受到越来越多国际人士的点赞。

法国前总理德维尔潘曾公开表示,中国提出的共建"一带一路"倡议,"将成为国际社会在推进不同地区之间合作时的精彩范例"。

应对全球不平等挑战,做大包容增长的蛋糕,让全球化的利益得到更广泛共享。中国是这样说的,也是这样做的。

四、数字发展新浪潮

2020 年年初，一场突如其来的公共卫生危机席卷中国及世界许多地区。新冠疫情下，中国经济和社会运行呈现出许多新特点和新趋势。"线上消费""云端办公"……2020 年中国经济增长 2.3%，是全球主要经济体中唯一实现正增长的国家。在世界经济陷入深度衰退背景下，这样的成绩来之不易。

敏锐的国际观察家注意到，这反映出近年来中国在迈向高质量发展进程中出现的一个新浪潮。

中共十九大以来，"高质量发展"明确成为中国发展的一个新目标。中共十九大报告明确提出，中国经济已由高速增长阶段转向高质量发展阶段，正处在转变发展方式、优化经济结构、转换增长动力的攻关期，建设现代化经济体系是跨越关口的迫切要求和战略目标。这种战略定位是中共十九大以后国民经济发展的主旋律，需要中国人竭尽全力为之奋斗。

可以预见，未来相当长的时期，经济建设的中心任务就是围绕高质量发展，进行既符合各地实际又具有创新意义的探索，促进经济社会发展质量实现历史性跃升，为建立现代经济体系奠定基础。

新经济、新技术为经济托底

在评估新冠疫情的经济和社会影响时，经济学家大多采用和 2003 年"非典"时期情况作类比的方法，如经济结构、宏观经济指标、企业经营状况、外部经济环境、疫情暴发时点和周期、城市化率等。

从这些类比指标来看，新冠疫情的冲击均显著大于"非典"。

不过，与 2003 年时相比，一个突出特点是，新经济和新技术增强了经济韧性、提升了防疫能力。

首先，"线上消费"。全球最多的移动互联网用户，以及最发达的平台经济减弱冲击、托底经济。法新社一篇报道注意到："中国高度发达的线上部门和超过 8.5 亿移动互联网消费者或缓解经济冲击。"试想，如果没有"非典"之后高速发展的线上经济，批发零售以及餐饮等行业将在新冠疫情中遭受更大打击。

波士顿咨询公司的报告印证了这点：虽然线下渠道受到剧烈冲击，但线上平台，尤其是 O2O（线上到线下）到家平台却催生新机遇。报告以 2020 年春节期间部分饮料品牌销量举例说，商超渠道销售减少 20%、传统小店下降 50%；而一般电商增长 50%、O2O 到家平台则增长超过两倍。

在疫情期间，手机下单、无接触配送的各类电商 24 小时不打烊，逆势获得快速发展。一些公司还依据用工形势发展，推出"共享员工"模式。

与此同时，"无接触餐厅"等新概念的流行，也延长了企业在疫情下的存活期。

其次，"躲入云端"。在线办公爆发式增长提供了复工新渠道。和"非典"时期相比，更完备的网络基础设施、更强大的平台计算能力，令数亿人同时开展线上办公成为可能。腾讯数据显示，2020 年 2 月 10 日，企业微信迎来最强大一波开工、上课需求，后台服务量上涨 10 余倍。新冠疫情则显然加速了中国办公线上化的长期进程。

最后，"码上管理，防疫有数"。人工智能、云计算、大数据等新技术令疫情防控更加高效、精准。和"非典"时期相比，如今无人超市、AI 诊断、扫码溯源等全新疫情防控工具层出不穷。

在 2020 年 2 月 2 日武汉火神山医院投入运营当天，疫区无人超市同步运营，这家仅用 24 小时就完成建造的无人超市当天便接待了200 多位顾客。同时，在医院内送餐、送药机器人也投入使用。

图为 2020 年 10 月 12 日在第三届数字中国建设峰会上拍摄的数字中国建设成果展览会。从在线教育到直播电商，从远程医疗到"无人经济"……2020 年，以一系列新业态新模式为代表的数字经济迅速发展，展现出我国经济的强大活力和韧性，为世界经济复苏注入更多动力。（新华社记者 魏培全 摄）

浙江省疾控中心上线自动化的全基因组检测分析平台，通过企业提供的 AI 算法，疑似病例基因分析时间缩短至半小时。

通过二维码来实施疫情防控的追溯功能被普遍应用，"码"上买菜、"码"上实名乘车、"码"上登记回家等一系列新技术应用令疫情防控变得更加高效便捷。

五、仍是发展中国家

世界百年未有之大变局背景下，国际贸易体系和全球经济治理体系面临规则重塑。"中国是否还是发展中国家"是其中一个重要争议点。

以综合国力主要指标为依据和准绳来看，中国已经是世界最大新兴经济体，但是，目前中国仍是世界最大发展中国家的地位没有改变。

整体仍处于全球产业链、价值链中低端到中高端过渡期

判断一国是发展中国家还是发达国家，不仅要比较经济规模，而且要比较发展阶段、在全球产业链和价值链的位置和利益。

发展中国家与发达国家的重要区别是处在不同经济发展阶段。到 20 世纪初，发达国家相继实现了工业化。21 世纪以来，发达国家都在实施"再工业化"政策，迈向知识经济。中国等多数新兴经济体仍处在工业化过程中，几十个最不发达国家尚未步入工业化阶段。中国已经是世界最大新兴经济体，但仍处在工业化中后期。中国的产业结构高度指标目前刚刚越过 1，而美国、德国、英国、法

国和日本都大于 10。韩国和新加坡等新兴工业化经济体该数值也普遍大于 5。从单位劳动力产出比较，中国整体处于美国 20 世纪 40 年代中期、日本 20 世纪 60 年代中期和韩国 20 世纪 80 年代初期的水平。进一步细分到三次产业劳动生产率来看，中国农业现代化进程还相当漫长，第二产业转型升级压力十分艰巨，第三产业提效空间依然十分广阔。[1]

发达国家国内经济金融化，但处于全球产业链高端。这些国家的跨国公司依靠拥有资金、技术和人才等优势从全球获得超额利润。发展中国家处在全球产业链中低端，或获取微薄加工费或出口廉价制成品，多数最不发达国家已经被边缘化。考察美国企业所持资产可以发现，代表技术实力的专利和体现品牌力的商标权等无形资产约为 4.4 万亿美元，是 10 年前的两倍以上，2017 年已超过工厂和店铺等有形资产。构成美国标准普尔 500 指数的信息科技企业在海外的销售额占 60%。美国是从全球获利最多的国家。[2]

中国是世界第一货物贸易大国，但是，在中国进出口贸易中，西方国家及其跨国公司占一半比重。据美方统计，2017 年，美国对中国贸易逆差为 3752 亿美元。而中国海关总署统计，中国对美国贸易顺差为 2758 亿美元。除统计口径不同，耶鲁大学高级研究员斯蒂芬·罗奇认为，中美经贸不平衡很大程度上同供应链扭曲有关。所谓"供应链扭曲"主要是跨国公司进行跨越国家和地区界限的生产

---

[1] 张辉：《把握战略机遇期　实现高质量发展》，经济参考网，2019 年 4 月 10 日。
[2]《日媒揭美企利润全球独占鳌头"秘诀"》，参考消息网，2019 年 1 月 24 日。

要素和资源优化组合，各国经济越来越相互渗透和相互依存，而发达国家及其跨国公司是最大受益者。

经济是肌体，金融是血脉，两者相辅相成。全球官方外汇储备和世界贸易结算几乎仍由发达国家货币主导和控制。根据国际货币基金组织数据，截至2023年第三季度，全球官方外汇储备资产约11.9万亿美元。其中，美元资产占59.17%，欧元资产占19.58%，人民币资产占2.37%，低于日元、英镑所占比重。国际贸易中以美元和欧元结算依然占据绝对主流。

第二次世界大战结束后确立了以美元为中心的布雷顿森林体系。一方面，美国利用美元的"嚣张的特权"向世界各国征收"铸币税"；另一方面，美元作为主要国际货币客观上需要承担为国际贸易提供清偿能力的职能，美国通过逆差不断输出美元。美国贸易逆差背后有其深刻的利益基础和国际货币制度根源。[1]

中国科技实力与发达国家仍存差距

2018年，中国已成为国际专利申请第二大来源国，跻身世界最具创新力经济体20强。但是，与主要发达国家相比仍有差距。中国科学院时任院长白春礼于2019年3月10日接受新华社记者专访时说："总体上看，在信息通信、高端装备、工业基础材料、航空航天、生物制药等关键领域和关键产业，中国存在明显的短

---

[1] 中华人民共和国国务院新闻办公室：《关于中美经贸摩擦的事实与中方立场》，《新华每日电讯》2018年9月25日，第3版。

板。这些短板是我们加快建设世界科技强国必须迈过的一道坎。"
他表示："关键核心技术能否突破，很大程度上依赖于我们的基
础研究水平，只有多一些从 0 到 1 的原始创新，我们才有更强的
能力去攻克关键核心技术。"

中共十八大以来，中国加强了基础科技研究，但在这方面的投资
仍然较少。2018 年中国基础研究投资 1118 亿元人民币，占中国研发
投资总额的 5.7%，仍明显低于美英等发达国家 15%—20% 的水平。

中国有约 9 亿名劳动力，有 1.7 亿多名受过高等教育或具有专业
技能的人才，每年大中专毕业生 1300 多万名。但中国很多行业依然
缺少顶尖人才和大国工匠。2019 年春，在上海举行的院士沙龙活动中，
中国工程院前院长徐匡迪提出："中国有多少数学家投入到人工智能
的基础算法研究中？"答案是："中国人工智能领域真正搞算法的科
学家凤毛麟角。"人工智能将是全球正在兴起的第四次技术革命和工
业革命的关键支撑。浙江大学应用数学研究所所长孔德兴教授指出：
"如果缺少核心算法，当碰到关键性问题时，还是会被人'卡脖子'。"

人类发展指数显示中国仍是发展中国家

人类发展指数（HDI）包括人均国民收入（GNI）、人均受教
育年限和人均预期寿命，指标从 0 到 1。联合国开发计划署公布的
2019 年人类发展指数显示，中国 HDI 为 0.761，居世界第 85 位。

2020 年中国 GDP 按平均汇率折算，为 14.7 万亿美元，人均
GDP 超过 1 万美元，与发达国家相比仍有较大差距。中国社会科学
院学部委员蔡昉团队按照 2014 年不变价格计算，2050 年中国人均

GNI 可以达到 5.19 万美元，相当于 2017 年加拿大人均 GNI 水平。

德国《经济周刊》网站 2017 年 7 月 8 日发表经济学家克劳斯·梅特费赛尔题为《国家的真实财富》的文章介绍，现在，科学家们对国家财富的三个来源量化加总为：劳动力质量（人力资本）、基础设施和生产设备（实物或生产成本）以及包括矿产、土地和渔场等在内的自然资源（自然资本）。据经济学家估算，美国总资本为 118 万亿美元，日本总资本为 59 万亿美元，中国总资本为 20 万亿美元。

一般认为，衡量发达国家相互关联有三项标准：处在世界经济发展阶段与全球产业链和价值链高端、科技实力和创新能力处在世界领先地位、人均 GDP 或人均 GNI 和人类发展指数处在世界高水平。中国相应指标与发达国家相比仍存在差距。因此，中国虽然已是世界最大新兴经济体，但中国仍是发展中国家的地位没有改变。

从人均 GDP 角度考虑，2022 年，中国人均 GDP 水平为 1.27 万美元，尚未达到发达国家 2 万美元的普遍水平，而 2017 年美、德、英、法、日等发达国家人均 GDP 均超过 3 万美元；从人类发展指数（HDI）角度考虑，按照目前每年 0.004 的增加值，预计 2030 年中国 HDI 水平有望达到 0.8 的水平线，而美、英、法等发达国家 2017 年 HDI 水平已经超过 0.9。结合科教文卫等综合发展水平考虑，中国距离成为发达的现代化国家还有相当长的路要走。

然而即便如此，在面对新冠疫情冲击、世界经济陷入深度衰退的年景中，中国经济的表现令世界感叹。

中国的发展成就是辛辛苦苦干出来的。对于中国这样一个有着 14 亿多人口的大国，好日子等不来、要不来，唯有奋斗，别无他路。

中国的发展，靠的是几代人驰而不息、接续奋斗，付出别人难以想象的辛劳和汗水；靠的是"自己的担子自己扛"的担当精神，无论顺境还是逆境，不输出问题，不转嫁矛盾，不通过强买强卖、掠夺别国发展自己；靠的是"摸着石头过河"的探索精神，不走帝国主义、殖民主义的老路，不照搬西方国家的发展模式，而是结合中国实际、总结经验教训、借鉴人类文明，敢闯敢试，走出一条自己的路。

发展是国家责任。在中国，形成了这样一种社会共识。这种共识有助于凝聚全体人民的力量，形成自上而下、自下而上的合力。

发展只有进行时，没有完成时。全面建成小康社会后的中国，发展，依然是这个全球最大发展中国家的主题。

"中国把自己的事情办好了，对世界而言就是贡献。"习近平主席说。[1]

中共二十大报告强调："从现在起，中国共产党的中心任务就是团结带领全国各族人民全面建成社会主义现代化强国、实现第二个百年奋斗目标，以中国式现代化全面推进中华民族伟大复兴。"这份报告深刻阐述中国式现代化的科学内涵、中国特色和本质要求，指出中国式现代化是人口规模巨大的现代化，是全体人民共同富裕的现代化，是物质文明和精神文明相协调的现代化，是人与自然和谐共生的现代化，是走和平发展道路的现代化。

"这是人类发展史上真正的奇迹。"柬埔寨亚洲愿景研究院研究员通孟戴维对中国过去十年来在中国式现代化道路上取得的

---

[1] 白洁：《习近平会见"元老会"代表团》，新华网，2019 年 4 月 1 日。

发展成就表示赞叹。他认为，中国完成脱贫攻坚、全面建成小康社会，"中国的成功正在激发许多发展中国家勇敢探索发展和繁荣的本国方案"。

在肯尼亚国际问题学者卡文斯·阿德希尔看来，中国式现代化是面向庞大人口的、以人民为中心的现代化。他说，作为世界上人口最多的国家，中国式现代化道路的成功探索是对人类进步事业的巨大贡献。中国为包括非洲国家在内的发展中国家作出榜样，就是要坚持走符合自身国情的现代化发展之路，要以全体人民共同富裕为目标实现现代化。

"中国式现代化创造了人类文明新形态，拓展了发展中国家走向现代化的途径。"俄罗斯共产党中央委员会主席根纳季·久加诺夫指出，中国的快速发展已成为人类文明发展进程中一项重大成就，中国式现代化的成功经验将为更多国家和人民开辟通往美好未来的道路。

"中共二十大报告发出明确信号，中国共产党领导下的中国将坚定维护国际关系基本准则和国际公平正义，推动落实全球发展倡议和全球安全倡议，推动构建人类命运共同体。"新西兰中国问题专家戴夫·布罗米奇说，中国将继续弘扬多边主义，携手国际社会应对全球性挑战，"一个社会稳定和经济强劲的中国将是全世界共同的福祉"。[1]

---

[1] 吴长伟、章建华等：《"这是人类发展史上真正的奇迹"——国际社会热议中国式现代化的世界意义》，新华网，2022年10月19日。

中国开放的大门不会关闭，只会越开越大。

——习近平

第六章

打开窗户，让空气对流

新中国成立 70 多年来，中国实现了从封闭半封闭向全方位、多层次、宽领域全面开放的伟大转折。

中国实现跨越式发展的秘诀何在？习近平主席对此作出了回答。他说："中国 40 年改革开放给人们提供了许多弥足珍贵的启示，其中最重要的一条就是，一个国家、一个民族要振兴，就必须在历史前进的逻辑中前进、在时代发展的潮流中发展。"[1] 他还说："一个国家强盛才能充满信心开放，而开放促进一个国家强盛。"[2]

当今世界正面临百年未有之大变局：世界经济复苏缓慢、多边主义遭遇严重阻碍、全球化与逆全球化力量的博弈到了关键时刻……是重新走上孤立主义的老路，还是合力走出一条更加光明的新路？大历史的参与者们需要作出正确的选择。

中国答案是：把窗户开得更大，让空气更加流通。

一、推进共建"一带一路"高质量发展

缘起：立己达人，兼济天下

2013 年注定将作为具有里程碑意义的一年而被载入史册。这一年的 9 月和 10 月，习近平主席在出访期间，面向世界先后提出共建"丝绸之路经济带"和"21 世纪海上丝绸之路"的重大倡议，为世

---

[1] 习近平：《开放共创繁荣　创新引领未来——在博鳌亚洲论坛 2018 年年会开幕式上的主旨演讲》，新华网，2018 年 4 月 10 日。

[2] 张晓松、安蓓：《习近平在推进"一带一路"建设工作座谈会上强调　总结经验　坚定信心　扎实推进　让"一带一路"建设造福沿线各国人民》，中国政府网，2016 年 8 月 17 日。

界描绘了一幅互联互通、合作共赢的壮美蓝图，被国际社会公认为新时期全球治理的一份中国方案。

中国方案的背后，是历史与现实的交汇。

2000 多年前，中国汉代的张骞出使西域，开辟了一条贯穿东西、连接欧亚的丝绸之路，从此中国与中亚、西亚、南亚地区的友好往来迅速发展，"使者相望于道，商旅不绝于途"。此番破除文化政治地域禁锢的征途，被史学家们誉为"凿空之旅"。而今，共建"一带一路"倡议——21 世纪的"凿空之旅"，穿越历史、着眼未来、横贯东西、陆海并进，承接了千年前的流风余韵并将之发扬光大，走出了一条比先贤们更加宽广的道路。

共建"一带一路"倡议的问世正值世界经济歧路彷徨、进入"新平庸"时代。由于缺乏新的经济增长点，"逆全球化"思潮涌动，"黑天鹅""灰犀牛"事件频出，贸易保护主义、单边主义、排外主义抬头，不同制度和文明间的碰撞更加频繁，世界的发展面临许多不确定因素的挑战。

世界呼唤"破局之策"，呼唤能够用创造性智慧化解全球治理难题的变革力量。

共建"一带一路"倡议聚焦发展这个根本性问题，以和平合作、开放包容、互学互鉴、互利共赢的丝路精神为指引，以共商、共建、共享为原则，以政策沟通、设施联通、贸易畅通、资金融通、民心相通为重点，以打造利益共同体、命运共同体、责任共同体为目标，是中国基于自身开放与发展经验，为世界破解发展难题所提供的良方。

理念的光芒要用行动来闪耀。中国不仅是"一带一路"的倡议者，更是负责任的参与者、有担当的行动者。

中国政府成立了推进"一带一路"建设工作领导小组，并在中国国家发展改革委设立领导小组办公室。2015年3月，中国发布《推动共建丝绸之路经济带和21世纪海上丝绸之路的愿景与行动》。2017年5月，首届"一带一路"国际合作高峰论坛在北京成功召开。2017年10月，中国共产党第十九次全国代表大会在北京举行。坚持正确义利观、推动构建人类命运共同体、遵循共商共建共享原则、推进"一带一路"建设等内容被写入党章，体现出中国共产党高度重视"一带一路"建设、坚定推进"一带一路"国际合作的决心和信心。2018年8月，推进"一带一路"建设工作5周年座谈会在北京召开，习近平主席在会上提出"一带一路"建设要从谋篇布局的"大写意"转入精谨细腻的"工笔画"，向高质量发展转变，造福沿线国家人民，推动构建人类命运共同体。

2019年4月，第二届"一带一路"国际合作高峰论坛召开，习近平主席在开幕式上发表主旨演讲，强调"秉持共商共建共享原则""坚持开放、绿色、廉洁理念""努力实现高标准、惠民生、可持续目标"，[1] 为高质量共建"一带一路"指明了理念方向和实践路径。同时，习近平主席还宣布中国将采取一系列重大改革开放

---

[1] 习近平：《齐心开创共建"一带一路"美好未来——在第二届"一带一路"国际合作高峰论坛开幕式上的主旨演讲》，《人民日报》2019年4月27日，第3版。

举措，加强制度性、结构性安排，促进更高水平对外开放。[1] 2023年 10 月，习近平主席在第三届"一带一路"国际合作高峰论坛上发表主旨演讲时表示，中方愿同各方深化"一带一路"合作伙伴关系，推动共建"一带一路"进入高质量发展的新阶段，为实现世界各国的现代化作出不懈努力。习近平主席还宣布了中国支持高质量共建"一带一路"的八项行动，包括构建"一带一路"立体互联互通网络、支持建设开放型世界经济、开展务实合作、促进绿色发展、推动科技创新、支持民间交往、建设廉洁之路和完善"一带一路"国际合作机制等。[2] 这些举措，是中国根据自身改革开放需要作出的自主选择，同时也将为共建"一带一路"和各国共同繁荣提供更多、更大的机遇。

"一花独放不是春，百花齐放春满园。"既发展自己又造福世界是中国的真诚愿望。中国先哲孔子曾说："己欲立而立人，己欲达而达人。"中国的开放发展得益于国际社会，也必会不断回馈国际大家庭，为全球治理体系变革和经济全球化作出更多贡献。

成效：道在通，通则顺，顺则达

当地时间 2019 年 11 月 11 日，习近平主席和夫人彭丽媛在希腊总理米佐塔基斯夫妇陪同下，共同参观中远海运比雷埃夫斯港项目。

---

[1] 习近平：《齐心开创共建"一带一路"美好未来——在第二届"一带一路"国际合作高峰论坛开幕式上的主旨演讲》，《人民日报》2019 年 4 月 27 日，第 3 版。

[2] 习近平：《建设开放包容、互联互通、共同发展的世界——在第三届"一带一路"国际合作高峰论坛开幕式上的主旨演讲》，新华网，2023 年 10 月 18 日。

习近平主席和夫人彭丽媛抵达时，中外员工挥舞中希两国国旗，热烈欢迎。两国领导人夫妇一同听取港口运营和发展规划介绍，随后来到楼顶平台，远眺整个港口。码头上一派繁忙有序、欣欣向荣的景象：大型货轮在港口停靠，集装箱成排码放，桥吊高耸林立，满载货物的"中欧陆海快线"班列整装待发。

习近平主席感慨地说："今天我在这里看到，中国倡议的'一带一路'不是口号和传说，而是成功的实践和精彩的现实。"[1]

比雷埃夫斯港项目是中希双方优势互补、强强联合、互利共赢的成功范例，也是共建"一带一路"的标志性项目之一。2010年希腊爆发债务危机，各大行业均受到较大冲击，比雷埃夫斯港也未能幸免。在中国资本和中国管理经验的助力下，比雷埃夫斯港重获新生，取得飞跃性发展成就，港口集装箱吞吐量全球排名从2010年的第93位跃升至2019年的第25位，年货物吞吐量增至500万标箱以上，跃升为欧洲第四大集装箱港口、地中海领先集装箱大港。[2]对希腊的直接经济贡献超过6亿欧元。[3]米佐塔基斯总理说，事实证明，比雷埃夫斯港项目是互惠互利的，它有力地促进了希腊经济复苏和社会发展，符合希腊国家和人民的利益，得到了希腊人民的

---

[1] 霍小光、骆珺、郝薇薇：《习近平和希腊总理共同参观中远海运比雷埃夫斯港项目》，《新华每日电讯》2019年11月13日，第1版。

[2] 中华人民共和国国务院新闻办公室：《共建"一带一路"：构建人类命运共同体的重大实践》白皮书，2023年10月。

[3] 于帅、贾远琨：《"一带一路"故事｜一位"老码头"见证希腊比雷埃夫斯港新生》，新华网，2021年9月7日。

支持。[1]

在"一带一路"沿途，像比雷埃夫斯港这样的故事在不断书写。在克罗地亚，中国企业承建的佩列沙茨大桥于 2022 年 7 月 26 日正式通车。该桥横跨亚得里亚海小斯通湾，连接该国大陆与佩列沙茨半岛。"大桥通车后的一年里，有超过 210 万辆汽车安全驶过，极大促进当地经济发展，改善民众生活。"[2] 在埃塞俄比亚、吉布提，非洲首条全套采用中国标准和中国装备建造的现代电气化铁路亚吉铁路建成通车，非洲铁路史翻开崭新的一页；在肯尼亚，由中国企业承建的连接东非第一大港口蒙巴萨和肯尼亚首都内罗毕的蒙内铁路，是该国独立以来最大的基础设施工程；在乌兹别克斯坦，中国建设者用 900 天开通了火车仅需要 900 秒便可以穿行其间的卡姆奇克主隧道，填补了当地铁路隧道的空白；在塞尔维亚，中国企业收购的当地钢厂，不到一年便扭亏为盈，保住了当地 5000 多人的工作；在马尔代夫，中国援建的中马友谊大桥，帮助马尔代夫人民实现了拥有跨海大桥的百年梦想；中哈物流基地在中国连云港启动运营，哈萨克斯坦乃至中亚第一次正式获得通向太平洋的出海口……

道在通，通则顺，顺则达。中国传统的哲学思想如今被深深嵌入了"一带一路"的理念与实践中。正因为如此，互联互通成了贯穿"一带一路"的血脉。2013 年以来，共建"一带一路"以政策沟通、设

---

[1] 霍小光、骆珺、郝薇薇：《习近平和希腊总理共同参观中远海运比雷埃夫斯港项目》，《新华每日电讯》2019 年 11 月 13 日，第 1 版。

[2] 李学军、石中玉：《中企承建的克罗地亚佩列沙茨大桥举行通车仪式》，新华网，2022 年 7 月 27 日。

2019年9月6日，2019"一带一路"陆海联动（青岛）高峰论坛在山东青岛举行，共有来自国内外港口、铁路、航运、物流等领域的近500人参加。论坛上成立了"一带一路"陆海联动发展联盟，首批会员有40家单位。图为参会企业代表在论坛上举行签约仪式。（新华社记者 李紫恒 摄）

施联通、贸易畅通、资金融通、民心相通为核心内容，一步一个脚印扎实推进，取得了超出预期的成果。美国《纽约时报》刊文说，"一带一路"项目的数量和规模令人吃惊，"远远超出了科幻作家的想象"。[1]

伴随政策沟通不断深化，越来越多的国家和地区把自己的发展与共建"一带一路"倡议相对接，实现了"一加一大于二"的效果。10多年来，中国与150多个国家和30多个国际组织签署了200余

---

[1] 李忠发、孙奕、郑明达、王卓伦：《东风万里绘宏图——以习近平同志为核心的党中央推动共建"一带一路"纪实》，《新华每日电讯》2019年4月26日，第1版。

份合作文件，[1] 共建"一带一路"国家已由亚欧延伸至非洲、拉美、南太等区域。在全球层面，共建"一带一路"倡议同联合国 2030 年可持续发展议程有效对接，形成了促进全球共同发展的政策合力。在区域层面，共建"一带一路"倡议与《东盟互联互通总体规划 2025》、《非盟 2063 年议程》、欧亚经济联盟等区域发展规划和合作倡议有效对接，形成了促进互联互通、支持区域经济一体化进程的合力。

在中国与共建各国的共同努力下，以铁路、公路、航运、航空、管道、光纤光缆、产业园区等为核心的全方位、多层次、复合型基础设施网络正在加快形成，构建起以新亚欧大陆桥等经济走廊为引领，以中欧班列、陆海新通道等大通道和信息高速路为骨架，以铁路、港口、管网等为依托的互联互通网络，为促进共建国家更好地融入全球产业链、供应链、价值链，实现联动发展奠定物质基础。尤其是 2020 年，在疫情阴霾下，中欧班列逆势增长，开行超 1.2 万列，同比上升 50%，通达境外 21 个国家的 92 个城市，发送国际合作防疫物资 931 万件、7.6 万吨，[2] 繁忙的"钢铁驼队"成为助力全球抗疫的重要力量。

伴随贸易畅通不断提升，"一带一路"共建地区贸易与投资自由化便利化水平不断提升，贸易规模持续扩大，贸易方式创新进程加快。2013—2018 年，在全球贸易持续低迷的背景下，中国与共建

---

[1]《已同中国签订共建"一带一路"合作文件的国家一览》，中国一带一路网，2023 年 6 月 26 日。
[2]《国家发改委：稳步推进共建"一带一路"高质量发展》，中国一带一路网，2021 年 2 月 2 日。

国家货物贸易进出口总额超过 6 万亿美元，[1] 成为拉动世界经济增长的重要引擎。2019 年中国与共建国家的货物贸易超过 1.3 万亿美元，占中国对外贸易总额比重提升 2 个百分点，达到 29.4%。[2]2020 年，这一数据在疫情冲击下再次逆势增长，达近 1.4 万亿美元，同比增长 0.7%。2023 年，中国与共建"一带一路"国家货物贸易额达 19.5 万亿元，增长 2.8%，占进出口总额比重达 46.6%，规模和占比均为倡议提出以来的最高水平。[3] 截至 2023 年 8 月底，80 多个国家和国际组织参与中国发起的《"一带一路"贸易畅通合作倡议》。中国与 28 个国家和地区签署 21 个自贸协定。[4] 根据世界银行研究报告，共建"一带一路"将使参与国之间的贸易往来增加 4.1%。[5]

伴随资金融通不断扩大，突破了建设项目的融资"瓶颈"，金融合作网络渐次形成，多元化投融资体系逐步健全。据统计，自共建"一带一路"倡议发起以来，截至 2023 年 6 月底，共有 13 家中资银行在 50 个共建国家设立 145 家一级机构，131 个共建国家的 1770 万家商户开通银联卡业务，74 个共建国家开通银联移动支付服

---

[1] 推进"一带一路"建设工作领导小组办公室：《共建"一带一路"倡议：进展、贡献与展望》报告，2019 年 4 月 22 日。

[2] 《商务部：去年与"一带一路"沿线国家货物贸易额增长 6%》，中国新闻网，2020 年 1 月 21 日。

[3] 邵艺博：《外交部：愿推动共建"一带一路"朝更高质量、更高水平发展》，《新华每日电讯》2024 年 7 月 19 日，第 2 版。

[4] 中华人民共和国国务院新闻办公室：《共建"一带一路"：构建人类命运共同体的重大实践》白皮书，2023 年 10 月。

[5] 推进"一带一路"建设工作领导小组办公室：《共建"一带一路"倡议：进展、贡献与展望》报告，2019 年 4 月 22 日。

务。[1] 截至 2022 年 12 月，银保监会已与 86 个国家和地区的金融监管当局签署了 126 份监管合作谅解备忘录（MOU）或合作协议，包括 53 个"一带一路"共建国。[2]

伴随民心相通不断促进，共建国家文化交流丰富多彩，旅游合作逐步扩大，教育培训成果丰硕，卫生健康合作不断深化，救灾与扶贫持续推进，各国人民在交流与合作中拉近了心与心的距离，为"一带一路"建设夯实了民意基础。根据推进"一带一路"建设工作领导小组办公室 2019 年 4 月公布的数据，中国设立"丝绸之路"中国政府奖学金项目，与 24 个共建国家签署高等教育学历学位互认协议；在 35 个共建国家建立了中医药海外中心，建设了 43 个中医药国际合作基地；[3] 截至 2023 年 6 月底，中国已与 45 个共建国家和地区签署高等教育学历学位互认协议。[4]

贡献：新空间、新平台、新机遇

2017 年 5 月，北京雁栖湖畔，首届"一带一路"国际合作高峰论坛召开，30 个国家的元首和政府首脑以及联合国、世界银行、国际货币基金组织负责人出席论坛，140 多个国家和 80 多个国际组织

---

[1] 中华人民共和国国务院新闻办公室：《共建"一带一路"：构建人类命运共同体的重大实践》白皮书，2023 年 10 月。

[2]《银保监会国际合作与外资机构监管部：深入学习贯彻党的二十大精神 推进银行业保险业高水平对外开放》，中国农村金融杂志社网站，2022 年 12 月 15 日。

[3] 推进"一带一路"建设工作领导小组办公室：《共建"一带一路"倡议：进展、贡献与展望》报告，2019 年 4 月 22 日。

[4] 中华人民共和国国务院新闻办公室：《共建"一带一路"：构建人类命运共同体的重大实践》白皮书，2023 年 10 月。

的 1600 多名代表参会，论坛形成了 5 大类、76 大项、279 项具体成果。[1] 这些成果此后被逐步落实。

两年后，第二届"一带一路"国际合作高峰论坛上，"一带一路"朋友圈进一步扩大，38 个国家元首和政府首脑以及联合国秘书长、国际货币基金组织总裁出席，150 个国家和 92 个国际组织的 6000 余名代表应邀而至，达成 283 项成果。[2]

"这么多人与会，表明这些国家从'一带一路'的建设中受益，体现了国际社会对这一倡议的普遍认可。"参加了两届高峰论坛的时任捷克总统泽曼表示。[3] 巴基斯坦前总理阿齐兹说，"一带一路"好比一根丝带，串起共建国家散落的珍珠，凝聚起构建人类命运共同体的合力。世界上越来越多国家同声相应、相向而行，加入了"一带一路"建设的大合唱，奏出和谐共赢的命运交响乐。[4]

2023 年 10 月，第三届"一带一路"国际合作高峰论坛在北京召开，151 个国家、41 个国际组织的代表踊跃参会，包括有关国家领导人、国际组织负责人、部长级官员及工商界、学术机构、民间组织等各界人士，注册人数超过 1 万人。论坛期间，各方共达成 89 项多边合作成果文件、369 项务实合作项目，充分表明助力各国现代化事业，

---

[1] 推进"一带一路"建设工作领导小组办公室：《共建"一带一路"倡议：进展、贡献与展望》报告，2019 年 4 月 22 日。
[2] 《新起点　新愿景　新征程——王毅谈第二届"一带一路"国际合作高峰论坛成果》，新华网，2019 年 4 月 29 日。
[3] 张旭东、熊争艳等：《"登高赋新诗"——写在第二届"一带一路"国际合作高峰论坛闭幕之际》，中国文明网，2019 年 4 月 28 日。
[4] 《国际人士谈"一带一路"合作：风从东方来（下）》，搜狐网，2019 年 2 月 21 日。

共建"一带一路"不开"空头支票"，而是坚定的"行动派"。[1]

匈牙利总理欧尔班连续出席了三届"一带一路"国际合作高峰论坛。他对习近平主席说，匈牙利之所以从一开始就坚定支持共建"一带一路"倡议，是因为坚信并看到这个倡议能够改变世界、改变世界经济，给更多人带来福利。[2]

共建"一带一路"是中国提供给世界的重要公共产品，为推动全球治理和世界经济发展作出了中国贡献。习近平主席说，从亚欧大陆到非洲、美洲、大洋洲，共建"一带一路"为世界经济增长开辟了新空间，为国际贸易和投资搭建了新平台，为完善全球经济治理拓展了新实践，为增进各国民生福祉作出了新贡献，成为共同的机遇之路、繁荣之路。[3]

"一带一路"打造了国际化共商新平台。"一带一路"国际合作高峰论坛如今是"一带一路"框架下最高规格的国际合作平台，成为各方凝聚共识、规划合作的重要渠道。同时，中国举办了中国国际进口博览会、丝绸之路国际博览会暨中国东西部合作与投资贸易洽谈会、中国—东盟博览会、中国—亚欧博览会、中国—阿拉伯国家博览会、中非经贸博览会、中国—中东欧国家博览会、中国—南亚博览会、中国—东北亚博览会、中国西部国际博览会等大型展

[1] 刘华、杨依军等：《昂扬奋进，奔向下一个金色十年——习近平主席出席第三届"一带一路"国际合作高峰论坛系列活动纪实》，新华网，2023 年 10 月 21 日。

[2] 刘华、杨依军等：《昂扬奋进，奔向下一个金色十年——习近平主席出席第三届"一带一路"国际合作高峰论坛系列活动纪实》，新华网，2023 年 10 月 21 日。

[3] 习近平：《齐心开创共建"一带一路"美好未来——在第二届"一带一路"国际合作高峰论坛开幕式上的主旨演讲》，《人民日报》2019 年 4 月 27 日，第 3 版。

会，都成为中国与各国共商合作的重要平台。另外，中国还与共建国家通过政党、议会、智库、地方、民间、工商界、金融界、媒体、高校等多种渠道，围绕共建"一带一路"开展形式多样的沟通、对话、交流合作，搭建了一系列多边合作平台。巴拿马国际问题研究专家埃迪·塔皮尔罗说，共建"一带一路"倡议为全世界的参与者提供了一个平等对话的机会，提供了一个多领域、多层次交流的平台，让彼此共同商讨如何解决问题、共谋发展。[1]

共建"一带一路"强化了多边机制在共商中的作用。中国充分利用二十国集团、亚太经合组织、上合组织、亚欧会议、亚信会议、中国—东盟（10+1）、澜湄合作、中非合作论坛、中阿合作论坛、中拉论坛、中国—太平洋岛国经济发展合作论坛、世界经济论坛、博鳌亚洲论坛、中国—中东欧国家合作等多边合作机制，在相互尊重、相互信任的基础上，积极同各国开展共建"一带一路"对接与合作。英国学者马丁·雅克认为，共建"一带一路"倡议及其相关项目是中国创建新型国际关系的有力例证，中国正以其独特方式，在多边领域推动着解决全球化及全球治理等问题的国际努力。[2]

共建"一带一路"创造性构建了融资新平台。由中国发起的亚投行自 2016 年开业以来，在国际多边开发体系中发挥越来越重要的作用，得到国际社会广泛信任和认可。截至 2023 年 9 月，亚洲基础设施投资银行已有 109 个成员，全球超过一半的国家成为该行的成

---

[1]《国际人士谈"一带一路"合作：风从东方来（上）》，搜狐网，2019 年 2 月 21 日。

[2] 马建国、王建刚等：《"一带一路"倡议是探索全球治理模式的新平台——海外人士谈"一带一路"倡议提出五周年》，《新华每日电讯》2018 年 10 月 4 日，第 1 版。

员国。截至 2024 年 6 月初，亚投行已批准 270 个投资项目，共投资
526 亿美元[1]，项目涉及交通、能源、公共卫生等领域，为共建国家
基础设施互联互通和经济社会可持续发展提供投融资支持。[2] 在东
亚、东南亚、南亚、中亚、西亚、非洲等 6 个地区 18 个国家，覆盖
了交通、能源、电信、城市发展等多个领域，带动各类公共和私营
资本。亚投行在履行自身宗旨使命的同时，也与其他多边开发银行
一起，成为助力共建"一带一路"的重要多边平台之一。2014 年 11
月，中国政府宣布出资 400 亿美元成立丝路基金。2017 年 5 月，中
国政府宣布向丝路基金增资 1000 亿元人民币。截至 2023 年 6 月底，
丝路基金累计签约投资项目 75 个，承诺投资金额约 220.4 亿美元。[3]

　　共建"一带一路"开辟了国际合作新路径。中国在"一带一路"
框架下积极推动开放包容、务实有效的第三方市场合作，促进中国
企业和各国企业优势互补，实现"1+1+1>3"的共赢。2018 年，第
一届中日第三方市场合作论坛和中法第三方市场合作指导委员会第
二次会议成功举办。中国中车与德国西门子已经在一些重点项目上
达成了三方合作共识。时任阿根廷驻华大使盖铁戈说，共建"一带
一路"给世界带来了一个不同寻常的机会，一个大家都在关心的、
不断增长、不断扩大的市场。[4]

---

[1] 任耀庭等：《专访 | 新兴经济体和发展中国家是全球产业链重要组成部分——访亚投行行长
　　金立群》，新华网，2024 年 6 月 7 日。
[2] 中华人民共和国国务院新闻办公室：《共建"一带一路"：构建人类命运共同体的重大实践》
　　白皮书，2023 年 10 月。
[3] 中华人民共和国国务院新闻办公室：《共建"一带一路"：构建人类命运共同体的重大实践》
　　白皮书，2023 年 10 月。
[4] 《国际人士谈"一带一路"合作：风从东方来（上）》，搜狐网，2019 年 2 月 19 日。

　　"一带一路"为共建国家经济增长挖掘了新动力。中国经济对世界经济增长的贡献率多年保持在 30% 左右。在共建"一带一路"合作框架下，中国支持亚洲、非洲、拉丁美洲等地区发展中国家加大基础设施建设力度。中国企业在共建国家建设的一批境外经贸合作区也取得积极进展，截至 2021 年给东道国缴纳税费 66 亿美元，为当地创造就业岗位 39.2 万个。[1]世界银行研究报告显示，共建"一带一路"倡议下的交通基础设施项目有望使相关国家 760 万人摆脱极端贫困、3200 万人摆脱中度贫困，将使参与国贸易增长 2.8%—9.7%，全球贸易增长 1.7%—6.2%，全球收入增加 0.7%—2.9%。[2]

　　"一带一路"改善了共建国家百姓的生活。中国把向共建国家提供减贫脱困、农业、教育、卫生、环保等领域的民生援助纳入共建"一带一路"范畴，开展了中非减贫惠民合作计划、东亚减贫合作示范等活动。积极实施湄公河应急补水，帮助沿河国家应对干旱灾害，向泰国、缅甸等国提供防洪技术援助。中国与世界卫生组织签署关于"一带一路"卫生领域合作的谅解备忘录，实施中非公共卫生合作计划、中国—东盟公共卫生人才培养百人计划等项目。截至 2023 年 6 月底，中国已与 160 多个国家和国际组织签署卫生合作协议，发起和参与中国—非洲国家、中国—阿拉伯国家、中国—东盟卫生合作等 9 个国际和区域卫生合作机制。中国为共建国家培养数万名卫生专业人才，向 58 个国家派出中国医疗队，赴 30 多个国家开展"光

---

[1]《商务部：去年与"一带一路"沿线国家货物贸易额增长 6%》，中国新闻网，2020 年 1 月 21 日。

[2]《"一带一路"经济学：交通走廊的发展机遇与风险》，世界银行网站，2019 年 6 月 18 日。

2019年10月16日，时任肯尼亚总统肯雅塔乘坐的列车驶入内罗毕—马拉巴标轨铁路（内马铁路）一期工程麦马修火车站。由中国企业承建的内马铁路一期工程当日正式建成通车。（新华社记者 李琰 摄）

明行"，免费治疗白内障患者近万名。[1]新冠疫情暴发后，"一带一路"成为生命之路和健康之路。中国向各国提供了上百亿个口罩和23亿剂疫苗，同20多个国家合作生产疫苗，为共建"一带一路"合作伙伴抗击疫情作出独特贡献。中国在疫情最严峻的时候也得到70多个国家的宝贵支持。[2]

"一带一路"促进科技创新成果向共建国家转移。截至2023年

[1] 中华人民共和国国务院新闻办公室：《共建"一带一路"：构建人类命运共同体的重大实践》白皮书，2023年10月。

[2] 习近平：《建设开放包容、互联互通、共同发展的世界——在第三届"一带一路"国际合作高峰论坛开幕式上的主旨演讲》，新华网，2023年10月18日。

6月底，中国与80多个共建国家签署政府间科技合作协定，"一带一路"国际科学组织联盟（ANSO）成员单位达58家。2013年以来，中国支持逾万名共建国家青年科学家来华开展短期科研工作和交流，累计培训共建国家技术和管理人员1.6万余人次，面向东盟、南亚、阿拉伯国家、非洲、拉美等区域建设了9个跨国技术转移平台，累计帮助50多个非洲国家建成20多个农业技术示范中心，在农业、新能源、卫生健康等领域启动建设50余家"一带一路"联合实验室。[1]

那些关于"一带一路"的谎言与真相

自共建"一带一路"倡议提出以来，西方一些人始终对倡议抱有疑虑，甚至不时发表抹黑、攻击言论，炮制了"债务陷阱论""中国版'马歇尔计划'""地缘扩张论""新殖民主义论""破坏国际规则论""污染环境论""意识形态输出论"等诸多奇谈怪论。

习近平主席曾强调："这一倡议源自中国，更属于世界；根植于历史，更面向未来；重点面向亚欧非大陆，更向所有伙伴开放。"[2]共建"一带一路"跨越不同国家地域、不同发展阶段、不同历史传统、不同文化宗教、不同风俗习惯，是和平发展、经济合作倡议，不是搞地缘政治联盟或军事同盟；是开放包容、共同发展进程，不是要关起门来搞"小圈子"或者"中国俱乐部"；不以意识形态划界，

---

[1] 中华人民共和国国务院新闻办公室：《共建"一带一路"：构建人类命运共同体的重大实践》白皮书，2023年10月。
[2] 习近平：《抓住世界经济转型机遇 谋求亚太更大发展——在亚太经合组织工商领导人峰会上的主旨演讲》，新华网，2017年11月10日。

不搞零和游戏，只要各国有意愿，都欢迎参与。

　　共建"一带一路"倡议不是"中国版'马歇尔计划'"。从历史经纬看，"一带一路"比"马歇尔计划"古老得多，又年轻得多。说古老，是因为它传承了丝绸之路精神，是古代"丝绸之路"的现代版；说年轻，是因为它诞生于 21 世纪的全球化时代，是开放合作的产物。从二者本质看，"马歇尔计划"是冷战时代美苏争霸的产物，带有特殊的时代背景和明显的意识形态、地缘政治色彩，而"一带一路"是建立在平等互利上的经济合作倡议，是共商共建共享的联动发展倡议，是一条合作共赢之路。

　　共建"一带一路"倡议不是"债务陷阱"。在"一带一路"合作框架下，无论是项目选择，还是投融资合作，都是各方共同商量并进行风险评估和投资可行性分析后，慎重作出的决策。包括中国在内的 29 个国家还共同核准了《"一带一路"融资指导原则》，强调在提供项目融资时需要确保债务的可持续性。对出现债务困难的合作伙伴，中国本着友好协商的原则妥善解决，从不催债逼债。到目前为止，没有一个国家因为参与共建"一带一路"而陷入债务危机，相反，很多国家通过参与"一带一路"合作走出了"不发展的陷阱"。通过"一带一路"合作，东部非洲有了第一条高速公路，马尔代夫有了第一座跨海大桥，白俄罗斯第一次有了自己的轿车制造业，哈萨克斯坦第一次有了自己的出海通道。肯尼亚、卢旺达等国领导人都曾公开驳斥所谓"债务陷阱论"。有巴基斯坦学者明确指出，来自中国的投资帮助该国经济站稳了脚跟，恰恰摆脱了西方设下的"债务陷阱"。

尼日利亚中国研究中心主任查尔斯·奥努纳伊朱说，所谓中国制造"债务陷阱"是一种"政治污蔑"，被用来转移注意力，以免除西方理应承担的责任。"我们希望外界关注到非洲债务更多来自西方国家机构和民间金融机构。"[1]

共建"一带一路"倡议不是"新殖民主义"。共建"一带一路"倡议致力于合作共赢、共同发展，让各国人民更好共享发展成果，因而自 2013 年提出以来，受到国际社会越来越广泛的支持。以中非关系为例，中国积极寻求同非洲国家合作共赢、共同发展，不仅"授人以鱼"，提供不附加任何政治条件的援助，更"授人以渔"，积极支持非洲可持续发展。已故纳米比亚总统根哥布生前接受新华社记者专访时说，中国从来没有殖民过任何非洲国家，也从来没有把非洲人民看作"二等"公民。西方一些所谓"新殖民主义"的论调是不实的，双方合作的硕果就是最好例证。[2]

"一带一路"建设不输出意识形态。中国不"输入"外国模式，也不"输出"中国模式，不会要求别国"复制"中国的做法。中国从自身建设发展的实践出发，坚信世界上没有"放之四海而皆准"的发展模式，各国都需要独立自主地根据本国的国情来探索符合自己的发展道路。每个国家都可以也应该走自己的路。习近平主席说，中国愿同世界各国分享发展经验，但不会干涉他国内政，不会输出

[1] 刘天、田栋栋等：《发展中国家不相信美国炮制的"债务陷阱"谎言》，新华网，2023 年 7 月 16 日。
[2] 潘洁、王卓伦：《中非合作互利共赢　抹黑论调不攻自破——专访纳米比亚总统根哥布》，新华网，2018 年 3 月 31 日。

社会制度和发展模式，更不会强加于人。[1]美国前驻华大使芮效俭认为，中国说"为解决人类问题贡献中国智慧和中国方案"，但这并不是说中国非要其他国家必须采用中国模式不可。

共建"一带一路"倡议是对现行国际秩序的有益补充。中国提出"一带一路"等倡议，不是也无意推翻现有秩序另起炉灶，而是坚持做现行国际体系的参与者、建设者、贡献者。中国领导人曾多次强调，中国坚决维护以联合国宪章宗旨和原则为核心的国际秩序和国际体系。面对单边主义、保护主义抬头的国际形势，面对那些明显不适应时代发展的国际规则，面对全球治理中的痛点和盲点，中国愿意在相互尊重、合作共赢的基础上提出改革建议和方案，与国际社会一道，共同推动国际秩序朝着更加公正、合理的方向发展。这是一种负责任、有担当的表现，自然也得到了联合国等国际组织、广大发展中国家的广泛认可。

"一带一路"建设始终坚持公开透明原则。"一带一路"是中国向全球提供的国际公共产品，具有非竞争性、非排他性。2013年以来的建设实践表明，"一带一路"已成为广受欢迎的国际合作平台。从没有哪个国家、地区、区域组织或国际组织有意愿参与"一带一路"却被排除在外。共建"一带一路"倡议是"阳光倡议"。无论是制定规划还是实施项目，都由参与方商量着办，始终坚持公开透明原则。"一带一路"之所以能在国际上聚起这么旺的人气，关键就在于始

---

[1] 习近平：《携手推进"一带一路"建设——在"一带一路"国际合作高峰论坛开幕式上的演讲》，新华网，2017年4月26日。

终坚持共商共建共享，不搞决策"一言堂"；始终坚持开放透明包容，不拉封闭"小圈子"；始终坚持绿色环保可持续，追求发展"高质量"；始终遵守国际法和各国法律，注重"按规矩办事"。

"一带一路"建设高度重视生态环境保护。中国在推进"一带一路"建设过程中，正用自己的实际行动打造一条传播生态文明理念、推动生态文明实践、共享生态文明成果的"绿色丝绸之路"。中国与联合国环境规划署签署了《关于建设绿色"一带一路"的谅解备忘录》，与30多个国家及国际组织签署环保合作协议，与31个国家共同发起"一带一路"绿色发展伙伴关系倡议，与超过40个国家的150多个合作伙伴建立"一带一路"绿色发展国际联盟，与32个国家建立"一带一路"能源合作伙伴关系。建设"绿色丝绸之路"已成为落实联合国2030年可持续发展议程的重要路径。中国实施"一带一路"应对气候变化南南合作计划，与39个共建国家签署47份气候变化南南合作谅解备忘录，与老挝、柬埔寨、塞舌尔合作建设低碳示范区，与30多个发展中国家开展70余个减缓和适应气候变化项目，培训了120多个国家3000多人次的环境管理人员和专家学者。2023年5月，中国进出口银行联合国家开发银行、中国信保等10余家金融机构发布《绿色金融支持"一带一路"能源转型倡议》，呼吁有关各方持续加大对共建国家能源绿色低碳转型领域支持力度。[1] 这些成果诠释了共商共建共享原则，体现了开放、绿色、廉洁。

---

[1] 中华人民共和国国务院新闻办公室：《共建"一带一路"：构建人类命运共同体的重大实践》白皮书，2023年10月。

挑战：历经风雨更显韧劲

2020 年，来势汹汹的新冠疫情给世界经济造成巨大冲击，也给"一带一路"合作与项目施工带来不小挑战。如何在控制疫情的同时推进建设考验着"一带一路"共建国家的智慧与能力。

面对肆虐的疫情，中国与"一带一路"共建方保持定力，一手抓防疫，一手抓建设，推进"一带一路"合作项目稳步向前：2020年 2 月 7 日玻利维亚埃尔埃斯皮诺公路重要节点工程——帕拉佩蒂新桥贯通；2 月 23 日斯里兰卡南部高速公路延长线全线通车；2 月 26 日柬埔寨 58 号公路通车；中欧班列的开行数量和货物发送量稳步回升，2020 年第一季度共开行近 2000 列，累计发送 17.4 万个标准集装箱，同比增长了 15% 和 18%……[1]中国海关统计显示，2020年，中国对"一带一路"共建国家进出口 9.37 万亿元，增长 1%。[2]"一带一路"国际合作与互联互通行稳致远给疫情冲击下的全球经济注入了信心和动力。

在共同战"疫"中，"一带一路"朋友圈相互支持、共担风雨。时任柬埔寨首相洪森、时任蒙古国总统巴特图勒嘎、时任塞尔维亚第一副总理兼外长达契奇……他们在中国疫情危急时期访问中国，表达与中国携手抗疫的决心。俄罗斯总统普京、印度尼西亚总统佐科、哈萨克斯坦总统托卡耶夫、塔吉克斯坦总统拉赫蒙、乌兹别克斯坦总统米尔济约耶夫……他们以高层通话等形式向中国传递早日克服

---

[1] 向帅：《中欧班列逆势增长 为全球抗疫注入中国力量》，中国日报中文网，2020 年 4 月 5 日。
[2] 《海关总署：2020 年我国对"一带一路"沿线国家进出口 9.37 万亿元》，中国一带一路网，2021 年 1 月 14 日。

疫情的祝福，表达深化"一带一路"国际合作的意愿。时任伊朗外长扎里夫用中文发推，并援引中国古语"岂曰无衣，与子同袍"……几乎所有共建国家的民间力量都以各种形式对中国提供了帮助。

面对一些国家和地区新冠疫情感染人数攀升的态势，中国感同身受、牵挂在心。在本国疫情尚未完全缓解之际，仍伸出援助之手，向这些国家派出专家组和医疗队，分享抗疫经验，捐赠口罩、防护服、呼吸机、检测试剂等大量紧缺的防疫物资。习近平主席应邀同时任意大利总理孔特通电话时指出，中方愿同意方一道，为抗击疫情国际合作、打造"健康丝绸之路"作出贡献。[1] 2020 年 5 月 18 日，习近平主席在第七十三届世界卫生大会视频会议开幕式上宣布，中国新冠疫苗研发完成并投入使用后，将作为全球公共产品，为实现疫苗在发展中国家的可及性和可担负性作出中国贡献。[2] 在疫苗研发完成并投入使用后，中国一诺千金，切实践行习近平主席的重要宣示。

践行人类命运共同体精神的中国实践，让很多国家民众为之动容。时任蒙古国副总理恩赫图布辛表示，疫情暴发后，中国政府援助的抗疫物资，为蒙古国战胜疫情增添了信心。中国的宝贵经验为及时救治患者、保护医务人员提供了巨大支持。[3] "感谢中国同国际社会分享抗疫经验。"塞尔维亚总统武契奇冒着严寒亲自在机场等候、

---

[1] 《习近平同意大利总理孔特通电话》，新华网，2020 年 3 月 16 日。

[2] 习近平：《团结合作战胜疫情　共同构建人类卫生健康共同体——在第 73 届世界卫生大会视频会议开幕式上的致辞》，新华网，2020 年 5 月 18 日。

[3] 王莉、周輖等：《国际社会高度评价中国促进抗疫国际合作——患难见真情　共同抗疫情》，《人民日报》2020 年 4 月 7 日，第 3 版。

2021 年 1 月 16 日，在塞尔维亚首都贝尔格莱德，塞尔维亚总统武契奇（前排中）等在机场迎接首批中国新冠疫苗。（新华社发　普雷德拉格·米洛萨夫列维奇 摄）

迎接运送中国疫苗的飞机。他在接受德国《图片报》采访时动情地说："在没人在乎我们命运的时候，是中国运来了呼吸机，是他们拯救了成千上万人的生命。"[1]

患难与共，携手前行。这是中国与世界面对风险挑战的应有态度，也是人类共建"一带一路"的大势所趋。正如联合国前秘书长、博鳌亚洲论坛理事长潘基文所说，在这场疫情阻击战取得胜利之时，历史铭记的不仅有中国特色社会主义制度优势，也有各国携手合作

---

[1]《"没有人在乎我们命运时，是中国运来了呼吸机"》，北京日报客户端，2021 年 2 月 18 日。

应对危机的共同担当。[1] 经历过疫情的考验，"一带一路"的纽带将更加坚韧，"一带一路"的未来更加值得期待。

展望：通向共同繁荣的康庄之路

2023 年 10 月，中国国务院新闻办发布《共建"一带一路"：构建人类命运共同体的重大实践》白皮书，对倡议提出以来的建设进展与成就进行了回顾，同时也对未来进行了展望。白皮书说，共建"一带一路"倡议，创造性地传承弘扬古丝绸之路这一人类历史文明发展成果，并赋予其新的时代精神和人文内涵，为构建人类命运共同体提供了实践平台。10 多年来，在各方的共同努力下，共建"一带一路"从中国倡议走向国际实践，从理念转化为行动，从愿景转变为现实，从谋篇布局的"大写意"到精耕细作的"工笔画"，取得实打实、沉甸甸的成就，成为深受欢迎的国际公共产品和国际合作平台。毋庸置疑，随着时间的推移，共建"一带一路"将进一步彰显强大的生命力和创造力。"全球化"概念首倡者之一、英国社会科学院院士马丁·阿尔布劳说，对于创造人类共同未来的宏大目标而言，任何目标都是无止境的。"这是一项持续的任务，我们希望无限制地将之传递给后代。"展望未来，"一带一路"是一条无止境的道路。

"一带一路"将努力建成"和平之路"，通过建设相互尊重、公平正义、合作共赢的新型国际关系，打造对话不对抗、结伴不结

---

[1]《正是共担风雨时——抗击疫情离不开命运共同体意识》，人民网，2020 年 2 月 4 日。

盟的国家间关系，夯实世界和平的政治基础。中国倡导共同、综合、合作、可持续的安全观，坚持共商共建共享的全球治理观，愿与各国一道，共同构建安全风险预警防控、争端解决和应急处置工作机制，以实际行动应对各类风险挑战、分裂主义和极端主义，促进各国在求同存异的基础上相互尊重、平等相待，为共建"一带一路"营造和平安宁的发展环境。

"一带一路"将努力建成"繁荣之路"，聚焦发展这个根本性问题，坚持共商共建共享，打破发展"瓶颈"，缩小发展差异，通过释放各国发展潜力，增强经济增长活力。中国愿与世界各国共同推动陆、海、天、网"四位一体"的互联互通网络，扩大双多边投资贸易规模，深化产业合作，培育新动能、新业态，建立稳定、可持续、风险可控的金融服务体系，推动实现经济大融合、发展大联动、成果大共享。

"一带一路"将努力建成"开放之路"，坚持普惠共赢，以开放为导向，打造开放型合作平台，解决经济增长和平衡问题，打造开放型世界经济。中方将创建"丝路电商"合作先行区，同更多国家商签自由贸易协定、投资保护协定。全面取消制造业领域外资准入限制措施。主动对照国际高标准经贸规则，深入推进跨境服务贸易和投资高水平开放，扩大数字产品等市场准入，深化国有企业、数字经济、知识产权、政府采购等领域改革。中方将每年举办"全球数字贸易博览会"。

"一带一路"将努力建成"绿色之路"，坚持环境友好，努力将生态文明和绿色发展理念全面融入经贸合作，形成生态环保与经贸合作相辅相成的良好绿色发展格局。中方将持续深化绿色基建、绿色能源、绿色交通等领域合作，加大对"一带一路"绿色发展国际联盟的支持，继续举办"一带一路"绿色创新大会，建设光伏产业对话交流机制和绿色低碳专家网络。落实"一带一路"绿色投资原则，到2030年为伙伴国开展10万人次培训。[1]

"一带一路"将努力建成"创新之路"，大力推进创新驱动发展，抓住新工业革命的发展新机遇，促进科技同产业、科技同金融深度融合，不断将创新驱动发展推向前进。中国愿与世界各国共建国家级联合科研平台，形成多层次、多元化的科技人文交流机制，还愿意加强人工智能、纳米技术、量子计算机等前沿领域的合作，加强知识产权保护，并最终将"一带一路"打造成共建国家创新发展的新平台、实现跨越式发展的驱动力，成为世界经济发展的新动能。中方将继续实施"一带一路"科技创新行动计划，举办首届"一带一路"科技交流大会，未来5年把同各方共建的联合实验室扩大到100家，支持各国青年科学家来华短期工作。[2]

"一带一路"将努力建成"文明之路"，推动文明交流超越文明隔阂、文明互鉴超越文明冲突、文明共存超越文明优越，使各国相互理解、相互尊重、相互信任。中国愿与世界各国深化教育、科技、文化、卫生、体育、媒体、旅游等各领域合作，加强政党、智库、

[1] 习近平：《建设开放包容、互联互通、共同发展的世界——在第三届"一带一路"国际合作高峰论坛开幕式上的主旨演讲》，新华网，2023年10月18日。
[2] 习近平：《建设开放包容、互联互通、共同发展的世界——在第三届"一带一路"国际合作高峰论坛开幕式上的主旨演讲》，新华网，2023年10月18日。

民间组织往来，密切妇女、青年等群体交流，愿意继续向参与共建"一带一路"的发展中国家提供中国力所能及的援助。

"一带一路"将努力建成"廉洁之路"，着力打造廉洁高效的现代营商环境，加强对"一带一路"建设项目的监督管理和风险防控，建立规范透明的公共资源交易流程。2019 年 4 月，中国与有关国家、国际组织以及工商学术界代表共同发起了《廉洁丝绸之路北京倡议》，呼吁各方携手共商、共建、共享廉洁丝绸之路。[1] 中国愿与世界各国一道完善反腐败法治体系和机制建设，不断改善营商环境，持续打击商业贿赂行为。深化与共建国家反腐败法律法规对接，深化反腐败务实合作。

展望未来，共建"一带一路"既面临诸多问题和挑战，更充满前所未有的机遇和发展前景。写下《丝绸之路：一部全新的世界史》一书的英国历史学家彼得·弗兰科潘由衷感慨："丝绸之路曾经塑造了过去的世界，甚至塑造了当今的世界，也将塑造未来的世界。"英国学者马丁·雅克说，共建"一带一路"倡议难能可贵之处在于，它结合了一个宏大的愿景和实现这一愿景的每一步，它是自信而强大的，它必然成功。[2]

---

[1] 中华人民共和国国务院新闻办公室：《共建"一带一路"：构建人类命运共同体的重大实践》白皮书，2023 年 10 月。

[2] 国纪平：《构建人类命运共同体的伟大实践——写在习近平主席提出"一带一路"倡议 5 周年》，新华网，2018 年 10 月 4 日。

二、中国对外开放是世界的机遇

"引进来"与"走出去"加速中国与世界的融合

1978 年，面临何去何从的重大历史关头，中国共产党召开十一届三中全会，作出了改革开放的决定，中国由此拉开了对外开放的大幕。40 多年来，中国始终坚持对外开放基本国策，奉行互利共赢的开放战略，坚持"引进来"与"走出去"并举，实行高水平贸易和投资自由化便利化政策，持续推进更高水平的对外开放。对外开放，不仅深刻改变了中国，也深刻影响了世界。

打开大门的中国充满生机与活力，吸引各国企业前来投资兴业。1978—2018 年，中国累计吸引非金融类外商直接投资 20343 亿美元，累计设立近 100 万家外商投资企业。加入世界贸易组织后，中国参与经济全球化提质增速，2001—2018 年，中国货物贸易进口额从 2436 亿美元增至 21358 亿美元，年均增长 13.6%，高于全球平均水平 6.8 个百分点；服务贸易进口额从 393 亿美元增至 5250 亿美元，年均增长 16.5%，占全球服务贸易进口总额的 9.4%。[1] 2023 年，中国进口总额达 25568 亿美元。[2]

与此同时，中国以前所未有的速度、广度和深度走向世界。对外投资合作的层次和水平不断提升。从 1978 年至 2018 年，中国对外贸易累计达到 521921.1 亿美元。2023 年，中国全行业对外直接投

---

[1] 中华人民共和国国务院新闻办公室：《新时代的中国与世界》白皮书，2019 年 9 月版。
[2] 《2023 年 1 至 12 月进口商品贸易方式企业性质总值表（美元值）》，中华人民共和国海关总署网站，2024 年 1 月 18 日。

资 10418.5 亿元人民币，同比增长 5.7%（折合 1478.5 亿美元，同比增长 0.9%），对外投资合作平稳发展。[1]

当前，中国已成为推动和引领经济全球化的重要力量。从时间线来看，中国经济总量在 2014 年、2016 年、2017 年、2018 年、2020 年、2021 年，相继跨越 60 万亿元、70 万亿元、80 万亿元、90 万亿元、100 万亿元、110 万亿元大关，2022 年突破 120 万亿元。2013 年至 2022 年，中国经济总量占世界经济的比重从 12.3% 上升到 18% 左右[2]，货物贸易总额连续 6 年位居世界第一，服务贸易位居世界第二，对世界经济增长的年平均贡献率超过 30%，同时中国已经成为 140 多个国家和地区的主要贸易伙伴，是推动世界经济增长名副其实的最大引擎。

发展自己，造福世界。对外开放为中国带来了资金、先进技术和管理经验，激发了中国人民的创造热情，让中国成为"世界的中国"。同时，"世界的中国"也让全世界在中国的发展中获取"红利"。

中国品质优良的产品满足了国际市场需求，极大降低了各国民众的生活支出。从服装、家电、玩具到数码产品、机电、高科技产品，中国在过去 40 余年"当仁不让"地成为"世界工厂"，为全球制造业带来了强大助推力。

地处中国东部的小城义乌，被誉为"世界圣诞产品基地"。每年世界圣诞用品有 80% 来自中国，其中义乌占据了 80% 的份额。

---

[1] 中华人民共和国国务院新闻办公室：《新时代的中国与世界》白皮书，2019 年 9 月版。
[2] 魏玉坤：《数读中国这十年 | GDP 十年翻番 我国经济实力实现历史性跃升》，新华网，2023 年 12 月 14 日。

在全球贸易壁垒持续升级的 2019 年，义乌出口仍逆势上扬至 2867.9 亿元，同比增长 13.7%。[1] 2023 年，义乌进出口总值达 5660.5 亿元，同比增长 18.2%；其中出口 5005.7 亿元，增长 16.0%，首次突破 5000 亿元大关。[2] 加拿大采购商菲瑞斯说："圣诞树、圣诞球、圣诞帽……没了义乌，圣诞老人可能'失业'。"[3]

几年前，美国一位名叫萨拉的记者写了一本书——《没有"中国制造"的一年》。在书中，萨拉用自己的经历证明了中国已成为全球经济链条中极其重要的一环。她曾尝试一年不买"中国制造"会怎样，结果从牙刷、刀片、玩具，到服装、鞋袜、电器，想找到"中国制造"的替代品着实困难，最后不得不放弃试验。[4]

中国科学技术创新为其他国家人民生产生活带来更多便利。中国在量子通信、超级计算、航空航天、人工智能、第五代移动通信网络（5G）、移动支付、新能源汽车、高速铁路、金融科技等方面处于世界领先地位。中国高铁已走进亚、欧、非、美等五大洲数十个国家，[5] 促进了当地经济发展、民众就业。

中国通信技术弥合全球"数字鸿沟"，让更多人享受数字红利。在巴基斯坦偏远的戈基纳村，过去患者需要长途跋涉才能获

---

[1]《2019 年义乌市国民经济和社会发展统计公报》，义乌市统计局网站，2020 年 4 月 26 日。

[2] 蒋守洋等：《出口首次突破 5000 亿元！ 2023 年义乌进出口总值达 5660.5 亿元》，中国义乌网，2024 年 1 月 24 日。

[3] 屈凌燕、许舜达、王雨萧：《"没了义乌，圣诞老人可能'失业'"——浙江义乌圣诞产品叩开世界》，新华网，2019 年 11 月 7 日。

[4] 于佳欣、何欣荣、王雨萧：《开放中国——70 年中国面貌变迁述评之九》，新华网，2019 年 9 月 17 日。

[5] 杨俊峰：《中国铁路联通世界》，人民网，2017 年 6 月 5 日。

得医疗服务，往往错过最佳治疗时机，如今通过村里的数字诊所，村民可以远程在线与医生沟通。同时，通过智能教室和远程教育服务，当地学生和青年可以获得高质量的课程培训，扩大眼界和提升数字技能，为本地经济发展奠定基础。类似的改变还发生在柬埔寨、加纳……过去 30 多年，华为在 170 多个国家和地区支持建设了 1500 多张网络，帮助超过 30 亿人口实现连接。[1]

意大利经济发展部前副部长米凯莱·杰拉奇说，中国在促进经济社会可持续发展方面的先进经验值得西方国家学习借鉴。几年来，中国在电子商务和移动支付等领域不断创新，发展迅速。如今，在中国大部分城市和乡镇，消费时都可用手机支付。中国在该领域的很多领军型企业也乐于与全球分享成功经验。[2]

中国全球贸易与投资活动带动了各国经济的发展。截至 2022 年年底，中国企业在"一带一路"共建国家建设的合作区已累计投资 3979 亿元，为当地创造了 42.1 万个就业岗位。[3]伦敦大学亚非学院一项关于中国在非投资情况的调查报告表明，在埃塞俄比亚的中国企业建设的工地和工厂，当地员工雇佣率在 90% 以上，中国企业为非洲创造了大量就业机会。

法国前总理拉法兰回忆说："记得 2004 年我担任法国总理时，法中一同努力促成双边关系提升为全面战略伙伴关系。我们的文化、

---

[1] 吴蔚：《华为：夯实可持续发展数字基础》，《经济参考报》2023 年 11 月 27 日，第 8 版。

[2] [意] 米凯莱·杰拉奇：《我们都看到了中国的发展机遇》，《人民日报》2020 年 1 月 8 日，第 17 版。

[3] 《国新办举行 2022 年商务工作及运行情况新闻发布会图文实录》，中华人民共和国国务院新闻办公室，2023 年 2 月 2 日。

历史和哲学理念相互借鉴发展，经贸合作涵盖了核能、交通、可持续发展、城镇化、健康医疗、农产品加工等各领域。"他表示，中国的改革开放对促进世界经济、文化与社会交流作出了巨大贡献。[1]

开放，让中国因世界而跃升，也必将让世界因中国而精彩。

下一个"中国"还是中国

第 13 次参加广交会、第 6 次赴进博之约、首登链博会……美资企业霍尼韦尔中国总裁余锋用"马不停蹄、收获颇丰"来形容 2023 年的参展之路。他称"追会"动力在于结交新伙伴、找寻新商机，更源自对中国经济发展前景的信心。

"20 年前将亚太总部迁至上海时，我们就已将中国市场视为感知世界经济冷暖的'第一视觉'和'第一触觉'。"余锋说，公司 2023 年在展会上签订的近 10 项合作正在稳步推进，已提前锁定 2024 年进博会、广交会席位。

和霍尼韦尔一样，越来越多的在华外企将追赶活力无限的中国机遇视为"正确的选择"。外企追"会"的热现象，是中国开放决心带动全球经济信心的生动案例。

中国已是名副其实的"机遇之国"。

中国有世界上超大规模的消费市场。中国有 14 亿多人口，人均国内生产总值已超过 1 万美元，并拥有世界上规模最大、最具成长

---

[1] 李永群、葛文博:《"中国改革开放的 40 年，是艰苦奋斗的 40 年"——访法国前总理拉法兰》，《人民日报》2019 年 1 月 11 日，第 17 版。

性的中等收入群体，市场规模巨大、潜力巨大。2019 年麦肯锡全球研究院发布的《中国与世界：理解变化中的经济联系》报告认为，在汽车、酒类、手机等许多品类中，中国都是全球第一大市场，消费额约占全球消费总额的 30%。[1]

中国城乡居民消费升级态势明显。新中国成立 70 多年来，伴随经济的飞跃式发展，中国城乡居民收入快速增长，2018 年全国居民人均可支配收入达 28228 元，比 1949 年实际增长 59.2 倍（扣除物价因素）。[2] 2023 年全国居民人均可支配收入攀升至 39218 元。[3] 消费水平明显提高。2018 年全国居民人均消费支出达 19853 元，比 1956 年实际增长 28.5 倍（扣除物价因素）。[4] 2023 年全国居民人均消费支出攀升至 26796 元。[5] 同年全国居民恩格尔系数为 29.8%，[6] 比 1978 年降低 33.4 个百分点，城乡居民消费用于居住、医疗保健、交通通信、教育文化娱乐服务等项目的支出占比明显提升，实现从非耐用消费品转向耐用消费品和服务消费的升级。2022 年，中国社会消费品零售总额达 44 万亿元，稳居全球第二大消费市场，连续第 14

[1]《中国与世界：理解变化中的经济联系》，麦肯锡公司网站，2019 年 7 月。

[2]《人民生活实现历史性跨越　阔步迈向全面小康——新中国成立 70 周年经济社会发展成就系列报告之十四》，中华人民共和国国家统计局网站，2019 年 8 月 9 日。

[3]《2023 年居民收入和消费支出情况》，中华人民共和国国家统计局网站，2024 年 1 月 17 日。

[4]《人民生活实现历史性跨越　阔步迈向全面小康——新中国成立 70 周年经济社会发展成就系列报告之十四》，中华人民共和国国家统计局网站，2019 年 8 月 9 日。

[5]《2023 年居民收入和消费支出情况》，中华人民共和国国家统计局网站，2024 年 1 月 17 日。

[6]《中华人民共和国 2023 年国民经济和社会发展统计公报》，中华人民共和国国家统计局网站，2024 年 2 月 29 日。

年成为全球第二大进口市场。[1]

智利前驻华大使路易斯·施密特说，20世纪90年代初，他以商人身份首次来到中国，尝试把家乡的葡萄酒和车厘子等水果带给中国消费者，但在当时推动这样的贸易很困难。但短短20多年后，智利一跃成为中国最大的新鲜水果供应国之一，智利葡萄酒也走进千千万万的中国家庭。"中国经济的飞速发展，城市建设的日新月异，人民生活水平的不断提升和消费能力的跨越式增长，令世界惊叹，也让中国成为拉美国家乃至全球的主要消费市场。"[2]

中国不断增强国内消费对经济发展的基础性作用。近年来，中国打出一套促消费"组合拳"，一系列促消费政策举措持续发力显效、多部门统筹开展全国性消费促进活动。2023年8月，中国推出《关于恢复和扩大消费的措施》，从稳定大宗消费、扩大服务消费、促进农村消费、拓展新型消费、完善消费设施、优化消费环境等6个方面提出20条提振消费的具体举措。同时，2023年被确立为中国"消费提振年"，多地密集出台促消费政策，全力促进消费市场发展，提振市场消费信心。这些措施与中国各领域、各品类促消费重点政策一道形成促消费扩内需的一揽子政策体系。"全面促进消费"更是被写进中国"十四五"规划纲要，规划纲要围绕提升传统消费、培育新型消费、发展服务消费、培育城市消费、扩大农村消费等方

[1] 王鹏：《共赴"进博之约"，书写"进博故事"——第六届中国国际进口博览会评述》，中国日报网，2023年11月10日。
[2] 王晓波：《智利驻华大使路易斯·施密特：中国好，世界才会更好》，人民网，2020年12月15日。

面提出多项举措，预示了消费在中国未来五年的经济社会发展中将发挥更大的作用。

在全球经济放缓之际，中国消费市场成为外资零售企业的必争之地。近年来，美国超市连锁巨头开市客、德国零售巨头奥乐齐分别在上海开设中国首店。瑞典宜家家居在郑州首店开业，顾客要排队两个小时才能进去。美国百事公司在四川省德阳市投资 5000 万美元建新厂，目标瞄准当地休闲食品和饮料市场。麦当劳全球宣布增资中国市场，把对麦当劳中国的持股比例由 20% 增加到 48%。肯德基中国门店规模突破 1 万家大关。星巴克中国门店总数已达到 6800 多家，并有信心到 2025 年实现在中国市场开设 9000 家门店的愿景。

中国人民对美好生活的向往和追求，使这个市场规模越来越大、需求越来越多样。彭博社称，中国激烈的零售业竞争，未能阻止新来者不断融入的脚步。"经济转型升级的中国，拥有无可比拟的庞大消费市场和消费群体，这都是国际资本尤其看重的。"[1]

"中国已连续 4 年成为我们最大的国际市场，2022 年对华出口占公司出口总量的 35%。"新西兰知名红肉企业银蕨农场首席客户官戴夫·考特尼说，牛肉消费在中国有很大增长空间，公司期待继续拓展中国市场。麦当劳全球总裁兼首席执行官克里斯·坎普钦斯基说："中国日益增长的消费需求给我们带来巨大机遇"，"中国是麦当劳全球增长最快的市场，其长期发展的潜力将让我们不断

---

[1] 李嘉宝：《中国市场缘何有巨大吸引力？国际舆论给出答案》，《人民日报》（海外版）2019 年 9 月 9 日，第 10 版。

受益"。[1]

中国主动向世界开放市场。2018 年中国举办首届进博会，是世界上首个以进口为主题的国家级展会，是国际贸易史上的一大创举。首届进博会吸引了 172 个国家和地区以及国际组织参会，3600 多家企业参展，累计意向成交 578.3 亿美元。[2] 2019 年第二届进博会规模更大：吸引了 181 个国家和地区的 3800 多家企业参展，累计意向成交 711.3 亿美元，[3] 大大超过首届。2020 年第三届进博会是在中方和全球参展商共同努力下克服重重困难如期召开的，吸引了 124 个国家和地区的企业参展，累计意向成交 726.2 亿美元，比上届增长 2.1%，[4] 成为疫情阴霾下全球市场的突出亮色。2021 年第四届进博会首度发布《世界开放报告 2021》和"世界开放指数"，努力打造世界共同开放的"风向标"。2022 年第五届进博会上，累计意向成交 735.2 亿美元，比上届增长 3.9%。[5] 2023 年第六届进博会展商数量和展览面积均创历史新高。[6]

这样的开放魄力，在世界经济增长疲弱、贸易保护主义"逆风"

---

[1] 俞懋峰、张毅荣：《共话中国经济新机遇 | 中国市场活力提振全球信心》，新华网，2023 年 12 月 14 日。

[2] 于佳欣、周蕊：《578.3 亿美元！首届进博会交易采购成果丰硕》，《新华每日电讯》2018 年 11 月 11 日，第 1 版。

[3] 陈炜伟、周蕊：《711.3 亿美元！第二届进博会成果丰硕》，《新华每日电讯》2019 年 11 月 1 日，第 3 版。

[4] 于佳欣、周蕊：《726.2 亿美元！进博会经贸合作再创新高》，《新华每日电讯》2020 年 11 月 11 日，第 5 版。

[5] 周蕊、严赋憬：《第五届进博会按年计意向成交 735.2 亿美元，比上届增长 3.9%》，新华网，2022 年 11 月 10 日。

[6] 王松宇：《让中国大市场成为世界大机遇——进博会打造全球共享的国际公共产品》，新华网，2023 年 11 月 11 日。

频吹的当下，尤为可贵。国际货币基金组织前总裁拉加德评价说："世界上没有一个国家能够像中国这样，为世界经济增长提供如此的机会，中国扩大开放给世界带来了机会。"

中非经贸博览会企业对接项目数量达历届之最，中国服贸会吸引 2400 余家企业线下参展，广交会线下出口成交 223 亿美元，首届中国国际供应链促进博览会上世界 500 强和全球供应链体系龙头企业齐亮相，第二届全球数字贸易博览会上参展企业国际化率超过 20%……中国 2023 年"展会热"，凸显了中国推动对外开放的力度之大。

斯里兰卡前驻华大使卡鲁纳塞纳·科迪图瓦库说，斯里兰卡的茶叶受到中国进口商的欢迎。进博会完美诠释了中国一向倡导的"合作共赢"理念，表明中国在努力促进对外贸易平衡发展的同时，将发展机会带给更多国家，将使全球受益。[1]

中国大幅降低关税水平。2015 年以来，中国连续多次降低消费品进口关税，重点降低了包括部分工业品关税，人民群众需求旺盛的日用消费品和汽车等关税，并对抗癌药物实施了零关税。其中，中国于 2024 年 1 月 1 日起，对 1010 项商品实施低于最惠国税率的进口暂定税率并对部分产品实施零关税。以阿根廷为例，受减降关税等贸易利好政策推动，中阿双边贸易额近年来面对新冠疫情冲击逆势上扬，2023 年已经达到约 255 亿美元。[2]

---

[1] [斯里兰卡] 卡鲁纳塞纳·科迪图瓦库：《中国改革开放向世界展现光明发展前景》，《人民日报》2019 年 1 月 21 日，第 17 版。
[2] 袁勇：《中国减降关税惠及世界》，《经济日报》2024 年 1 月 11 日，第 4 版。

从当前的国际环境来看，中国减降关税的决定颇为不易。关税总水平是一个国家开放程度的重要体现。中国加入世界贸易组织后，不断降低关税，扩大进口。近年来，个别国家泛化国家安全概念，大搞技术封锁，抬高贸易壁垒，冲击多边贸易体系。面对重重挑战，中国继续减降关税，扩大市场开放水平，关税总水平从 2001 年的 15.3% 降至 2023 年的 7.3%，表明了坚持扩大对外开放的坚定立场。

路透社评价说："中国一直在降低进口关税。通过进一步降低关税，满足国内消费需求，同时提高对外开放水平。"[1]

"下一个中国，还是中国。"2023 年外滩大会上，麦肯锡中国区主席倪以理这样阐述他对中国未来的洞察，他认为中国创造了世界经济发展史上的"中国奇迹"，未来还会创造新的奇迹。[2] 知名投资管理公司贝莱德全球客户业务负责人马克·维德曼说："从长远来看，中国必须成为全球投资组合的一部分。"[3]

未来中国市场的引领作用将更加凸显。中国经济正由高速增长转向高质量发展，新型工业化、信息化、城镇化、农业现代化加快推进，经济结构深度调整，产业优化持续升级，是世界拓展商机的活力大市场。2023 年年末，中国常住人口城镇化率达到 66.16%，[4] 未来人口城镇化水平将稳步提高，带来基础设施、地产、新零售、医疗卫

---

[1] 于佳欣：《开放中国对世界言出必行》，新华网，2020 年 1 月 1 日。
[2] 许苏培、陈君清：《为什么说"下一个中国"奇迹还在中国——中国经济"放眼量"系列评论之三》，新华网，2023 年 9 月 19 日。
[3] 俞懋峰、张毅荣：《共话中国经济新机遇 | 中国市场活力提振全球信心》，新华网，2023 年 12 月 14 日。
[4]《中华人民共和国 2023 年国民经济和社会发展统计公报》，中华人民共和国国家统计局网站，2024 年 2 月 29 日。

生、教育、文化娱乐等多个领域的广泛需求，装备制造业、新能源汽车、智能电视、信息服务业、移动游戏、网络购物、大数据云计算等新产业新业态快速崛起。麦肯锡全球研究院的研究报告认为，到 2040 年，中国和世界其他经济体彼此融合有望创造 22 万亿美元—37 万亿美元经济价值，相当于全球经济总量的 15%—26%，世界其他经济体和中国加强合作，将会创造出巨大的经济价值。[1]

构建全面对外开放新格局

中国南方经济重镇深圳，一派生机勃勃。前海综合保税区内，京东、拼多多、希音等大企业布局正酣，从这里"链"动全球；大铲湾港区，腾讯新总部"企鹅岛"雏形显现；前海深港国际金融城，高端金融机构与人才云集。

从 40 多年前的一个小渔村，到作为中国改革的试验田，发展成为如今的国际知名大都市，深圳的崛起不仅仅是一座城市的成功，更是中国改革开放的缩影。

1978 年 12 月，中共十一届三中全会开启了中国改革开放的伟大征程。此后，从中共十二大到中共十七大，中国领导层一以贯之对推进改革开放和社会主义现代化建设作出全面部署。把对外开放确立为基本国策，从兴办深圳等经济特区、开发开放浦东、推动沿海沿边沿江沿线和内陆中心城市对外开放到加入世界贸易组织，从"引进来"到"走出去"，充分利用国际国内两个市场、两种资源。经过持续推

---

[1]《中国与世界：理解变化中的经济联系》，麦肯锡公司网站，2019 年 7 月。

进改革开放，中国实现了从高度集中的计划经济体制到充满活力的社会主义市场经济体制、从封闭半封闭到全方位开放的历史性转变。

1980年，中国开放深圳、厦门等4个经济特区；此后，陆续开放天津、上海等14个沿海城市，设立海南经济特区，将长江三角洲、珠江三角洲和闽南厦漳泉三角地区划为沿海经济开放区。至此，中国初步形成了由"经济特区—沿海开放城市—沿海经济开放区—内地"构成的多层次、有重点、点面结合的对外开放格局。[1]

进入20世纪90年代，中国以上海市浦东新区为龙头，开放芜湖、九江等5个沿江城市；开放哈尔滨、长春等4个边境以及沿海省会（首府）城市；开放珲春、绥芬河等13个沿边城市；开放太原、合肥等11个内陆省会（首府）城市。2000年以后，随着西部大开发国家战略实施，对外开放在全国范围内铺开。由此，中国的对外开放由南到北、由东到西层层推进，基本形成了"经济特区—沿海开放城市—沿海开放经济带—沿江和内陆开放城市—沿边开放城市"这样一个全方位、多层次、宽领域、有重点、点线面结合的对外开放格局。中国的对外开放城市遍布全国所有省份，标志着全面对外开放新格局的确立。[2]

与此同时，经济开发区的快速推进，是中国新一轮对外经济开放的重要标志。从1992年到2002年，中国国家级经济技术开发区

[1] 本书编写组：《改革开放简史》，人民出版社、中国社会科学出版社，2021年8月第1版，第57—58页。
[2] 本书编写组：《改革开放简史》，人民出版社、中国社会科学出版社，2021年8月第1版，第127页。

增加到 54 个。2002 年，全国经济技术开发区生产总值接近 3500 亿元，是 1992 年的 20 多倍，占全国 GDP 的比重提高到 3.4%。[1] 经济开发区为外商投资中国提供了广阔的空间。截至 2022 年，中国已经设立 230 家国家级经开区。2022 年，这些经开区实现地区生产总值 14 万亿元，同比增长 5.6%，占全国的 12%。同期，经开区实际使用外资 432 亿美元，同比增长 11.5%，占全国的 23%。进出口总额 10.3 万亿元，同比增长 15%，占全国的 25%。[2]

中国大力推动国家级新区的建设，为外商拓展更广阔的投资空间。国家级新区于 20 世纪 90 年代初期开始设立，旨在重点领域改革和高水平开放上发挥示范效应。截至目前，中国已批准设立上海浦东新区、重庆两江新区、浙江舟山群岛新区、河北雄安新区等 19 个国家级新区。国家级新区将成为带动中国地区经济发展和对外开放的重要引擎。其中，作为内陆第一个国家级开发开放新区，重庆两江新区以不到全市 1.5% 的面积，贡献了重庆全市约 15% 的经济总量、工业产值、数字经济增加值，集聚了全市 50% 的世界 500 强企业、60% 的汽车产量。[3]

20 世纪 90 年代后期，中国在"引进来"基础上，适时提出实施"走出去"战略，形成"引进来"与"走出去"相结合的全方位、多层次、宽领域的对外开放新格局，中国对外开放水平迈上了新台阶。

---

[1] 本书编写组：《改革开放简史》，人民出版社、中国社会科学出版社，2021 年 8 月第 1 版，第 128 页。

[2] 谢希瑶：《2022 年国家级经开区实现地区生产总值同比增长 5.6%》，新华网，2023 年 12 月 28 日。

[3] 班娟娟：《国家级新区加快谋划新一轮发展规划》，经济参考报网站，2021 年 7 月 29 日。

到 2001 年年底，中国累计参与境外资源合作项目 195 个，总投资 46 亿美元，累计设立各种境外企业 6610 家。对外投资逐步发展到跨国并购、股权置换、境外上市、创办境外工业园区等多种形式，一批境外研发中心、工业园区逐步建立，一批企业在国际市场上崭露头角。[1]

2001 年 12 月 11 日，中国在历经 15 年的艰苦努力后，正式加入世贸组织。加入世贸组织是中国全方位对外开放与全面参与全球经济的重要举措，是中国改革开放和现代化建设进程中的一个重要里程碑。入世 20 多年来，中国关税总水平由入世之初的 15.3% 大幅降至 2023 年的 7.3% 以下，低于入世承诺的 9.8%。[2] 中国货物贸易总额增长了 11 倍，成为全球第一货物贸易大国、140 多个国家和地区的主要贸易伙伴，几乎所有世界 500 强公司都在华有所投资。

中共十六大以来，中国高度重视区域发展，提出并全面实施了以"西部大开发、振兴东北、中部崛起、东部率先发展"为核心内容的区域发展总体战略，中国区域经济走上协调发展轨道。在中部地区，一批具有竞争力的优势产业和产品不断涌现，城市群、城市带和城市圈加快形成。以长三角、珠三角、环渤海京津冀地区为代表的东部地区，掀起了新一轮发展浪潮。[3]

中共十八大以来，中国实行更加积极主动的开放战略，形成更大范围、更宽领域、更深层次对外开放格局，扩大开放走向更高质量、

---

[1] 本书编写组：《改革开放简史》，人民出版社、中国社会科学出版社，2021 年 8 月第 1 版，第 133—134 页。

[2] 邱海峰：《我国关税总水平将降至 7.3%　开放红利加快释放》，人民网，2023 年 1 月 10 日。

[3] 本书编写组：《改革开放简史》，人民出版社、中国社会科学出版社，2021 年 8 月第 1 版，第 128 页。

更深层次，中国与世界经济更宽领域、更深融合的恢宏乐章正在奏响。

中国坚持、丰富和完善全方位对外开放战略。中共十八大作出了加快转变对外经济发展方式、全面提高开放型经济水平的决定。中共十八届三中全会对构建开放型经济新体制作出了重要部署。中共十九大作出了推动形成全面开放新格局的决定。中共十九届五中全会强调，实行高水平对外开放、开拓合作共赢新局面；坚持实施更大范围、更宽领域、更深层次对外开放，依托中国大市场优势，促进国际合作，实现互利共赢。[1] 中共二十大强调，坚持高水平对外开放，加快构建以国内大循环为主体、国内国际双循环相互促进的新发展格局。

"2015 年创业之际，上海自贸试验区已放开外资认证机构的准入。美安康仅用半个月就拿到了营业执照，公司快速落户浦东金桥，成为上海自贸试验区扩区后的第一家外资认证机构。"美安康执行总裁斯榕说，"这些年来，公司业务蒸蒸日上离不开上海自贸试验区的优质营商环境，与中国持续扩大对外开放密不可分。"

周一在新西兰牧场挤奶、进厂加工，夜晚上飞机；周二到上海清关配送；周三送达中国消费者的餐桌。纽仕兰亚太区首席执行官盛文灏说："这瓶'72 小时通关'的鲜奶，见证了中国贸易便利化。"[2]

自贸试验区是中国深化改革、扩大开放的重要试验田。2013 年

---

[1] 本书编写组：《改革开放简史》，人民出版社、中国社会科学出版社，2021 年 8 月第 1 版，第 128 页。
[2] 马欣然、许晓青：《溢出效应扩大 发展动能澎湃——从六届进博会看中国开放的世界机遇》，新华网，2023 年 11 月 4 日。

9月，中国首个自贸试验区上海自贸试验区挂牌成立。2015年4月，广东、天津和福建3个自贸试验区挂牌成立。2017年4月，辽宁、浙江、河南、湖北、重庆、四川、陕西等7个自贸试验区挂牌。2018年4月，设立海南自贸试验区，探索建设中国特色自由贸易港。2019年8月，又增设山东、江苏、广西、河北、云南、黑龙江等6个自贸试验区。2020年，北京、湖南、安徽自贸试验区设立。2023年，新疆自贸试验区设立。至此，中国在全国范围内设立了22个自贸试验区，形成了覆盖东西南北中，统筹沿海、内陆、沿边的改革开放创新格局。

截至2023年，自贸试验区累计实施了3400多项改革试点任务，形成了较为完善的自贸试验区政策制度框架体系。自贸试验区外资准入负面清单条目不断缩减，从190项压减至27项，外商投资准入的开放水平迈上新台阶。2013年以来，自贸试验区累计总结提炼形成302项制度创新成果向全国复制推广；在地方层面，各地结合发展实际，自主推广2800余项制度创新成果，涵盖贸易和投资自由化便利化、政府管理改革、金融开放创新等多个领域。[1]

当前，自贸试验区已成为外商投资中国的重要平台。10多年来，自贸试验区建成了一批世界领先的产业集群。上海自贸试验区建立以"中国芯""创新药""智能造""蓝天梦""未来车""数据港"等六大产业为核心的现代化产业体系；天津自贸试验区聚力发展融资租赁产业，成为全球第二大飞机租赁聚集地；湖北自贸试验区聚集光电子信息企业超过1.6万家，成为中国光通信领域最大的技术

---

[1] 谢希瑶、王希：《向着更高水平：中国自贸试验区这十年》，《求是》，2023年第24期。

2018 年 10 月 16 日，《中国（海南）自由贸易试验区总体方案》正式发布，在改革开放 40 周年之际，推进海南自贸试验区建设是彰显中国扩大对外开放、积极推动经济全球化决心的重大举措。图为 2018 年 8 月 21 日拍摄的海南博鳌乐城国际医疗旅游先行区。（新华社记者 郭程 摄）

研发和生产基地；江苏自贸试验区集聚各类生物医药企业 4000 多家，年产值超过 4000 亿元。2022 年，21 个自贸试验区以不到千分之四的国土面积，贡献了占全国 18.1% 的外商投资和 17.9% 的进出口总额，2023 年上半年进一步提升到 18.4% 和 18.6%。[1]

[1] 谢希瑶、王希：《向着更高水平：中国自贸试验区这十年》，《求是》，2023 年第 24 期。

中国大力推动区域经济开放，打造外商投资的新高地。近年来，在西部大开发、振兴东北地区等老工业基地、促进中部地区崛起、鼓励东部地区率先发展的区域发展总体战略基础上，中国陆续启动了京津冀协同发展、长江经济带发展、长三角区域一体化发展、粤港澳大湾区建设、成渝地区双城经济圈建设、黄河流域生态保护和高质量发展等国家区域重大战略，增强开放联动效应，激发区域经济对外开放活力。

京津冀、长江经济带、粤港澳大湾区作为中国经济发展的三大增长极，引领作用强劲。统计数据显示，2023 年京津冀地区生产总值 104442 亿元，比上年增长 5.1%；长江经济带地区生产总值 584274 亿元，增长 5.5%。[1] 有分析报告预计，到 2025 年，京津冀、长三角、粤港澳大湾区三大城市群经济体量将占全国 GDP 的 45% 左右。[2]

当前，一些海外媒体把关注点更多放在"以国内大循环为主体"上，担忧中国是否会关起门来封闭运行，甚至还有人认为"中国要停止开放""中国发展将向内转"。这是对中国"双循环"新格局的误解。中国以国内大循环为主体，绝不是关起门来封闭运行，而是通过发挥内需潜力，使国内市场国际市场更好联通。应该说，实行高水平对外开放是构建新发展格局的应有之义。

---

[1] 《中华人民共和国 2023 年国民经济和社会发展统计公报》，中华人民共和国国家统计局网站，2024 年 2 月 29 日。

[2] 倪铭娅：《打造强劲活跃增长极 区域协调发展红利不断释放》，《中国证券报》2021 年 6 月 7 日，第 1 版。

2023 年 11 月 17 日，美国旧金山。习近平主席在亚太经合组织第三十次领导人非正式会议上再次强调："今年是中国改革开放 45 周年，我们将坚持高质量发展，推进高水平对外开放，以中国式现代化为推动实现世界各国的现代化提供新机遇。"[1]

改革开放 40 多年来的实践充分证明，中国的发展离不开世界，世界的繁荣也需要中国。在全面建设社会主义现代化国家新征程上，中国改革开放的信心和意志不会动摇，中国开放的大门只会越开越大。中国将坚持推进高水平对外开放，以中国大市场机遇为世界提供新的发展动力，以高质量发展为全球提供更多更好的中国服务，为各国开放合作提供新机遇，不断增强世界人民的获得感。

持续打造更具吸引力的营商环境

2020 年 1 月 7 日，特斯拉在上海向车主交付首批国产车型 Model 3。从荒芜之地到周产 3000 辆，特斯拉位于上海的首座海外超级工厂仅用时一年，堪称神速。难掩兴奋的公司首席执行官埃隆·马斯克在交付现场起舞，不禁感慨："中国就是未来。"

继特斯拉之后，"莫德纳速度"在中国广为流传。从战略签约至拿地开工，仅用 3 个多月，比特斯拉还少 1 个多月——美国生物医药企业莫德纳 2023 年在中国投资的首个药厂项目，刷新了上海的重大项目落地速度。

---

[1] 习近平：《坚守初心 团结合作 携手共促亚太高质量增长——在亚太经合组织第三十次领导人非正式会议上的讲话》，《新华每日电讯》2023 年 11 月 19 日，第 2 版。

这些外国企业在华梦想成真，是外资企业与中国成长共赢的真实写照。从"特斯拉速度"到"莫德纳速度"，背后是中国不断优化的营商环境和推动高水平改革开放的强烈愿望。投资环境就像空气，空气清新才能吸引更多外资。中国政府始终致力于优化投资环境，持续深化简政放权，大幅放宽外资市场准入，不断完善法律体系，加强知识产权保护，为外资打造公平竞争和法治化、国际化、便利化的营商环境。

中国正加快以法治化手段打造更好的营商环境。近年来，外商投资法及其实施条例、优化营商环境条例等一系列重要法律法规相继出台，共同构成了中国法治化营商环境的重要支撑。作为首部外商投资领域统一的基础性法律，外商投资法规定在参与标准制定修订、政府采购等方面对内外资企业一视同仁，这将为中国推进更高水平对外开放发挥固根本、稳预期、利长远的法治保障作用。

中国美国商会政策委员会负责人莱斯特·霍尔特认为，外商投资法对外商投资实行准入前国民待遇加负面清单管理制度，以确保公平市场竞争。中国还强调加强知识产权保护、禁止强制技术转让等，都回应了外国投资企业的关切。[1]

中国持续放宽外商投资准入。2013年9月，上海自贸区推出中国首份外资准入负面清单，此后该清单历经7次修订。2023年，该

---

[1] 陈炜伟、刘红霞等：《以法治推进更高水平对外开放——写在外商投资法及其实施条例施行之际》，新华网，2020年1月1日。

2019 年 10 月 19 日，首届跨国公司领导人青岛峰会在山东青岛召开。峰会以"跨国公司与中国"为主题，举行闭门会议、平行论坛、合作路演等活动。（新华社记者 李紫恒 摄）

清单的条目已由 190 条缩减至 27 条，制造业条目已实现清零，服务业准入大幅放宽。全国外资准入负面清单已从 190 项降至 31 项，全面取消了制造业领域外资准入限制，取消了金融业外资持股比例。与此同时，中国持续扩大鼓励外商投资范围，2019 年和 2020 年连续两年修订鼓励外商投资产业目录，2023 年实施的新版目录与 2020 年版相比，总条目为 1474 条，增加 239 条，重点增加了制造业、生产性服务业、中西部地区条目。

金融业作为中国对外开放的重点领域，迈出里程碑式的开放步伐。近年来，中国陆续启动沪深港通、沪伦通、内地与香港债券通、互换通，中国债券纳入全球三大债券指数，放开外资金融机构在华持股比例限制，大幅扩大外资金融机构业务范围，吸引外资机构加大在华投入。数据显示，截至 2023 年 9 月末，来自 52 个国家和地区的 202 家银行在华设立了机构；从 2020 年至 2023 年 9 月末，在华外资银行增（注）资总计达 187.3 亿元人民币。截至 2023 年 9 月末，共有 1110 家境外机构进入中国债券市场，持有中国债券 3.3 万亿元人民币。[1]

中国《"十四五"商务发展规划》提出自 2021 年起五年内，中国实际吸收外商直接投资累计要达到 7000 亿美元[2]，要进一步缩减外商投资准入负面清单，持续推进制造业、服务业、农业扩大开放，在更多领域允许外资控股或独资经营。

过去几十年，中国知识产权保护实现了从无到有、从小到大的历史性跨越，成为名副其实的知识产权大国。尤其是近年来，中国将知识产权保护工作提升到了前所未有的高度。《民法典》出台，《专利法》《商标法》《著作权法》《刑法》均完成新一

---

[1] 赵晓辉、李延霞等：《推动金融迈向高质量发展——新时代以来金融领域改革与发展综述》，新华网，2023 年 10 月 29 日。

[2] 《商务部关于印发〈"十四五"商务发展规划〉的通知》，中华人民共和国商务部网站，2021 年 6 月 30 日。

轮修改，针对故意侵权确立惩罚性赔偿制度，法定赔偿数额大幅提高，刑事处罚力度加大，建立了国际上最高标准的侵权惩罚性赔偿制度。与此同时，中国不断完善大数据、人工智能、基因技术等新领域新业态的专利审查政策。

中国知识产权审查效率持续提升。2023 年中国共授权发明专利 92.1 万件、实用新型 209 万件、外观设计 63.8 万件，注册商标 438.3 万件，登记集成电路布图设计 1.13 万件。通过综合运用多种审查模式，将发明专利平均审查周期缩短至 16 个月，商标注册平均审查周期稳定在 4 个月，一般情形商标注册周期稳定在 7 个月。[1]

中国知识产权保护能力和水平不断提升。建立高标准侵权惩罚性赔偿制度，在全国布局建设了 103 个国家级知识产权保护中心和快速维权中心，启动建设国家知识产权保护示范区。[2] 与此同时，在知识产权审判方面，形成了以最高人民法院知识产权审判业务部门为牵引，以北京、上海、广州、海南自贸港等 4 个知识产权法院为示范，以 27 个地方法院知识产权法庭为重点、各级法院知识产权审判业务部门为支撑的专业化审判体系。2018 年至 2022 年，全国法院依法审结各类知识产权一审案件 219 万件，审理了迪奥商标行政案等一大批标志性案件。[3]

中国不断深化知识产权国际合作交流。推动世界知识产权组织

---

[1] 宋晨：《我国知识产权审查质量效率持续提升》，新华网，2024 年 1 月 4 日。

[2] 扈永顺：《加强知识产权运用 支撑创新驱动发展——专访国家知识产权局局长申长雨》，《瞭望》新闻周刊，2023 年 第 52 期。

[3] 齐琪：《2018 年至 2022 年全国法院审结各类知识产权一审案件 219 万件》，新华网，2023 年 12 月 15 日。

在华设立中国办事处和上海仲裁与调解中心，合作建设 101 家技术与创新支持中心。持续深化"一带一路"、中美欧日韩、金砖国家、中国—东盟、中国—中亚、中非等多双边知识产权合作。推动实现 244 个中欧地理标志产品互认互保。完成《区域全面经济伙伴关系协定》（RCEP）知识产权相关内容履约。[1]

中国积极回应解决外资企业知识产权方面的关切和诉求。近年来，中方多次召开外资企业知识产权座谈会，与美中贸易全国委员会、国际商标协会、中国欧盟商会等机构代表，以及杜比实验室、特斯拉公司、雀巢集团、耐克公司、高通公司等企业负责人进行面对面深入交流，听取并回应解决他们在药品专利纠纷早期解决机制、专利恶意无效和商标恶意抢注、网络侵权等方面的关切。

中国依法严格保护外资企业知识产权。中方坚持对内外资企业的知识产权一视同仁、同等保护，严厉打击侵犯外商投资企业知识产权行为，对事实清楚、证据确凿的侵权案件依法加快办理。2023 年，妥善处理涉及美国、德国、法国、意大利、泰国、丹麦等国家相关企业的多起知识产权纠纷，办结多起重大专利侵权纠纷行政裁决案件，得到勃林格殷格翰制药公司等外资企业的高度评价。调查显示，在中国国家级知识产权保护中心和快速维权中心备案的超过 4600 家外资与合资企业中，他们对中国知识产权保护的满意度稳步上升，

---

[1] 扈永顺：《加强知识产权运用 支撑创新驱动发展——专访国家知识产权局局长申长雨》，《瞭望》新闻周刊，2023 年第 52 期。

2022 年达到了 79.11 分。[1]

国外申请人在华开展商业活动和知识产权布局意愿不断增强。数据显示，近 10 年共有 115 个共建"一带一路"国家来华申请专利 25.3 万件，年均增长 5.4%。截至 2022 年年底，国外在华发明专利有效量达 86.1 万件，同比增长 4.5%，充分体现了外资企业对中国知识产权保护的认可。[2] 中国在世界知识产权组织发布的《全球创新指数》报告中排名第 12 位，拥有的全球百强科技集群数量首次跃居世界第一。

2020 年 12 月，涉案金额高达 3.3 亿元的"乐拼"仿冒"乐高"案，在上海市高级人民法院终审落槌。仿制乐高拼装积木玩具产品，再冠以"乐拼"品牌，通过线上、线下等方式销售的人员被判刑并要求支付巨额罚金。乐高集团高级副总裁、中国区总经理黄国强说，中国政府不断加大知识产权保护力度，为企业发展提供了更有力的法律保障，也坚定了外资在中国发展的信心。

美国高通公司全球高级副总裁钱堃说，近年来，中国在知识产权保护领域付出持续、巨大的努力，在建设严格的知识产权保护制度方面取得显著进步。"目前，高通公司已成为在中国获得发明专利最多的国外企业之一，这为我们与中国的产业合作奠定了更为坚实的基础，也成为鼓励我们加大在华投资的重要因素。"

中国向外国投资者提供高效率的生产要素。中国工业门类齐

---

[1] 扈永顺：《加强知识产权运用 支撑创新驱动发展——专访国家知识产权局局长申长雨》，《瞭望》新闻周刊，2023 年第 52 期。

[2] 马卓言：《外交部：中国已成为知识产权大国》，新华网，2024 年 1 月 3 日。

全、基础设施完善，拥有大量高素质劳动者和企业家人才，生产要素聚集协同优势明显。截至 2020 年年末，中国的劳动力资源近 9 亿人，[1] 就业人员 7.5 亿人，具有大学文化程度的人才达到 2.2 亿人，[2] 每年大学毕业生有 800 多万人，[3] 人才红利巨大。

"最重要的问题是，切断美企与中国的关系是否可行？"针对美国政府下令"美企离开中国"的言论，美国《纽约时报》曾刊文如是发问，并回答道：美企与中国紧密交织在一起，割断这种联系将给美国乃至全球经济带来混乱甚至是破坏。"中国是生产各种商品最高效的地方。它建立了由小型工厂构成的庞大网络，为大型工厂提供必要的零部件。它拥有数亿知道如何在流水线上工作的劳动力，有快速的火车、通畅的公路和高效的港口，可以妥善地把货物从工厂运到世界各地。"[4]

美国《福布斯》杂志刊文称，从新兴市场制造业技术、可靠性、货币稳定性、治安和国内市场增长等诸方面讲，中国是第一名。"丰富的劳动力、稳定的货币和政局、世界一流的物流以及更安全的营商环境使中国脱颖而出。"美国《国家利益》双月刊网站刊文指出，中国无可匹敌的"结构性竞争优势"，源于其独特的经济和政治制度、庞大的体量以及具有竞争力的商业生态系统、世界级的人力资

---

[1] 《第七次全国人口普查主要数据情况》，中华人民共和国国家统计局网站，2021 年 5 月 11 日。

[2] 《2020 年度人力资源和社会保障事业发展统计公报》，中华人民共和国人力资源和社会保障部网站，2021 年 6 月 3 日。

[3] 《介绍"十三五"期间国家教育改革发展、教师队伍建设、教育经费投入与使用、信息化建设情况》，中华人民共和国教育部网站，2020 年 12 月 1 日。

[4] 李嘉宝：《中国市场缘何有巨大吸引力？》，《人民日报》（海外版）2019 年 9 月 9 日，第 10 版。

本和基础设施、创新网络等要素相互作用。[1]

以汽车产业为例，伴随中国汽车市场不断升级，越来越多的国际汽车品牌将中国视为全球最重要的研发中心。代表汽车业未来发展方向的新能源、智能化、网联化在中国迅速发展，吸引国际汽车业巨头加大创新和研发力度，中国正成为全球汽车业创新中心。

"如果你不在中国，如果你跟不上中国的速度，我很怀疑你在未来 5 至 10 年能否成为一个领先的汽车制造商。"大众汽车集团（中国）前首席执行官冯思翰说，当前中国是"引领下一代汽车发展趋势的动力之源"。[2]

在全球投资持续低迷之际，中国发挥了全球投资稳定之锚的作用。中国 2023 年出台《关于进一步优化外商投资环境　加大吸引外商投资力度的意见》，从提高利用外资质量、保障外商投资企业国民待遇、持续加强外商投资保护、提高投资运营便利化水平、加大财税支持力度、完善外商投资促进方式等 6 方面提出 24 条政策措施。这一利好政策给外资吃上了一颗"定心丸"。GE 医疗中国总裁兼首席执行官张轶昊评价称："这些政策利好不仅将更好保障各类经营主体平等参与政府采购活动，也将推动医疗健康领域国产供应链、产业链高质量发展。"

近期，一些美国政客和机构炮制所谓"中国投资环境恶化论"，煞有介事地渲染在华投资"风险"，声称中国对国家安全的关注可

---

[1] 樊宇：《捏造中国"打压外资论"是唱衰中国沉渣泛起—起底美国抹黑中国话术系列评论之三》，新华网，2023 年 5 月 27 日。

[2] 《全球跨国企业：与中国脱钩行不通》，新华网，2022 年 8 月 14 日。

能"吓退"外资，"对资本流入中国构成障碍"。这类论调的目的是诱发外商在中国投资兴业的"不安全感"，本质是延续少数西方国家贸易上打压、技术上围堵、舆论上唱衰中国的一贯做法。事实证明，中国营商环境不断优化，外商投资持续增加，任何抹黑误导图谋都抹杀不了中国吸引外资的优势，中国仍是世界上最具吸引力的投资目的地之一。

2023年1月至11月，中国全国新设立外商投资企业48078家，同比增长36.2%，从来源地看，英国、法国、荷兰、瑞士、澳大利亚实际对华投资分别增长93.9%、93.2%、34.1%、23.3%、14.3%（含通过自由港投资数据）。同一时期内，中国实际使用外资金额10403.3亿元，尽管同比下降10%，但仍居历史高位，自2017年以来已连续6年保持世界第二位。[1] 2023年以来，特斯拉、摩根大通、苹果、高通等一大批跨国公司高管密集访华，不断加深、拓展在华投资布局，是对中国营商环境投出的最好"信心票"。

中国优化营商环境的举措，是中国不断顺应经济全球化的新形势，打造市场化、法治化、国际化一流营商环境而作出的自主选择，这给全球企业创造了市场机遇，全球企业的到来也给中国市场增添了新的活力。中国也希望世界各国创造良好投资环境，平等对待中国企业和投资，为他们正常开展投资和合作活动提供公平友善的环境。

---

[1] 谢希瑶、潘洁：《中国吸引外资规模波动怎么看？》，新华网，2023年12月25日。

三、携手共建开放型世界经济

共建开放型世界经济的中国方案

面对单边主义、保护主义等逆流涌动，面对"筑墙设垒""脱钩断链"等喧嚣杂音，中国始终主张普惠包容的经济全球化，推动建设开放型世界经济，致力于在开放中创造机遇，在合作中破解难题，为促进共同发展、推动世界现代化进程注入强大力量。

2013 年 9 月，在二十国集团领导人圣彼得堡峰会上，习近平主席提出，我们要放眼长远，努力塑造各国发展创新、增长联动、利益融合的世界经济，坚定维护和发展开放型世界经济。[1] 此后，习近平主席在金砖国家领导人会晤、世界经济论坛年会、亚太经合组织领导人非正式会议、二十国集团峰会、中国国际进口博览会、博鳌亚洲论坛年会等国际场合，多次倡议推动构建开放型世界经济。

在 2019 年第二届进博会开幕式上，习近平主席发表题为《开放合作　命运与共》的主旨演讲，对共建开放型世界经济的逻辑内涵进行了系统阐释。习近平主席说："世界经济发展面临的难题，没有哪一个国家能独自解决。各国应该坚持人类优先的理念，而不应把一己之利凌驾于人类利益之上。我们要以更加开放的心态和举措，共同把全球市场的蛋糕做大、把全球共享的机制做实、把全球合作的方式做活，共同把经济全球化动力搞得越大越好、阻力搞得越小

---

[1] 习近平：《共同维护和发展开放型世界经济——在二十国集团领导人峰会第一阶段会议上关于世界经济形势的发言》，新华网，2013 年 9 月 6 日。

越好。"为此，他提出三点倡议："共建开放合作的世界经济""共建开放创新的世界经济""共建开放共享的世界经济"。[1]

同共建"一带一路"倡议一样，共建开放型世界经济是中国立足于自身开放发展经验，向世界贡献的中国智慧，也是中国提出的改善全球治理体系的新方案，旨在解决世界面临的经济动能不足，经济治理滞后，发展失衡，贸易保护主义、单边主义抬头等突出问题。共建开放型世界经济有三个核心要义。

开放合作，实现世界经济的联动发展。当今世界，全球价值链、供应链深入发展，你中有我、我中有你，各国经济融合是大势所趋。但同时，世界经济增长持续放缓，国际经贸摩擦愈演愈烈、多边主义和单边主义之争更加尖锐、全球动荡源和风险点明显增多。要想破解当前全球经济发展面临的困境与挑战，各国必须坚持多边贸易体制的核心价值和基本原则，促进贸易和投资自由化便利化，坚持互利合作，拓展合作空间，坚决反对保护主义、单边主义，提升多边和双边开放水平，把全球市场的蛋糕做大、把全球共享的机制做实、把全球合作的方式做活，共建开放合作的世界经济。

开放创新，实现经济的可持续发展。创新发展是引领世界经济持续发展的必然选择，世界经济发展每迈出一步都要向改革要动力、向创新要动力。作为世界最大的新兴经济体，中国一直致力于推动世界经济的创新增长，并取得了重要进展。在当前新一轮科技革命

---

[1] 习近平：《开放合作 命运与共——在第二届中国国际进口博览会开幕式上的主旨演讲》，《人民日报》2019 年 11 月 6 日，第 3 版。

和产业变革即将实现重大突破的历史关口，世界更是需要加强创新合作，推动科技同经济深度融合，加强创新成果共享，努力打破制约知识、技术、人才等创新要素流动的壁垒，支持企业自主开展技术交流合作，让创新源泉充分涌流。

开放共享，实现经济的平衡增长。经济发展不平衡问题突出，南北差距扩大和贫富悬殊严重，贫困及其衍生的饥饿、疾病、社会冲突等难题困扰着许多发展中国家。正如习近平主席所指出的那样，实现世界均衡发展，不可能建立在一批国家越来越富裕、另一批国家长期贫穷落后的基础之上。[1] 平衡增长不是转移增长的零和游戏，而是各国福祉共享的增长，必须加大对最不发达国家支持力度，推动经济全球化朝着更加开放、包容、普惠、均衡的方向发展，让发展成果惠及更多国家和民众。

中国既是构建开放型世界经济的呼吁者、倡导者，也是坚定的实践者、推动者。从二十国集团领导人杭州峰会提出"构建创新、活力、联动、包容的世界经济"的中国方案，到达沃斯论坛展现"共担时代责任　共促全球发展"的大国担当；从博鳌亚洲论坛彰显中国坚持全面深化改革开放的决心和信心，到进博会发出"共建创新包容的开放型世界经济"和"开放合作命运与共"的时代强音；从推动亚太经合组织合作，到完善金砖国家合作机制；从加快构建高标准自贸区网络，到提出世贸组织改革的"三项基本原则"和"五点主

---

[1] 习近平：《弘扬万隆精神　推进合作共赢——在亚非领导人会议上的讲话》，新华网，2015年4月22日。

张"，[1] 中国正以更加积极主动的姿态，参与全球多边贸易体制建设，促进世界贸易投资自由化便利化，为推动世界各国携手共建开放型经济贡献中国力量与中国智慧。

积极推进世贸组织改革

2001 年，中国正式加入世贸组织。自此，中国同世贸组织的关系发生了历史性变化，从国际经贸规则的被动接受者和主动接轨者，逐步成长为重要参与者。事实表明，中国加入世贸组织不仅加快了自身发展，也惠及全球。中国作为多边贸易体制的积极参与者、坚定维护者和重要贡献者，全面参与世贸组织各项工作，积极参与世贸组织改革，不断贡献中国智慧、中国方案。

为积极推进贸易投资自由化便利化，中国多次发挥弥合分歧、凝聚共识的关键作用。世贸组织《贸易便利化协定》谈判期间，中国始终扮演促谈角色，特别是在谈判最后关键阶段，积极促成有关成员达成一致，为推动会议通过该协定发挥了重要作用。历时 3 年半的《信息技术协定》扩围谈判中，中方与各成员密切沟通，寻求共识，为世贸组织自 1996 年以来首次通过重大减免关税协议作出重要贡献。2021 年 12 月，中方推动"服务贸易国内规则联合声明倡议"正式完成谈判，这是世贸组织 2015 年来首次就新的全球规则达成一致，是世贸组织恢复谈判功能的重要里程碑。中国深度参与贸易政策审议，并为发展中国家融入多边贸易体制

---

[1] 夏宾：《中国就世贸组织改革提出三个基本原则》，中国新闻网，2018 年 11 月 23 日。

作出了积极贡献。中国用实际行动坚定维护世贸组织规则的权威性和有效性，主张通过世贸组织争端解决机制妥善解决贸易争端。中国通过主动起诉，遏制了少数世贸组织成员的不公正做法，维护了自身贸易利益和世贸规则权威。同时，中国还积极应对被诉案件，尊重并认真执行世贸组织裁决，作出了符合世贸规则的调整，没有因未执行世贸裁决而遭受报复的情况。

2019 年 5 月 13 日，中国正式向世贸组织提交《中国关于世贸组织改革的建议文件》（以下简称《建议文件》），涉及 4 个领域 12 个方面的建议，这是中国继 2018 年 11 月发布包含"三项原则"和"五点主张"的《中国关于世贸组织改革的立场文件》后，对世贸组织改革提出的更为具体的建议。《建议文件》是中国对推进世贸组织改革所提出的最新中国方案，中国主要从解决危及世贸组织生存的关键性和紧迫性问题，增加世贸组织在全球经济治理中的相关性，提高世贸组织的运行效率，以及增强多边贸易体制的包容性 4 个领域提出了世贸组织改革的行动建议。2018 年以来，美国、欧盟和加拿大等成员已就改革问题先后发表了书面意见，提出了各自的主张和建议。外界普遍认为，中国递交的改革建议准确把握了世贸组织现在面临的危机和挑战，相较于其他经济体的改革建议，更加强调对多边贸易体制的维护，并充分考虑了成员的差异性，因而更加体现包容性。

中国政府多次宣示中国支持多边贸易体制、推动经济全球化发展的坚定立场。在当前世贸组织中的个别主要发达成员不惜违反世贸组织规则，放弃承担大国责任，逆势大搞贸易保护主义和单边主义之际，中国的作为更显弥足珍贵，国际社会对此赞赏有加。

瑞士常驻世贸组织代表团大使狄迪尔·查博维引述《中国与世界贸易组织》白皮书相关内容说，从加入世贸组织到共建"一带一路"，中国开放胸襟、拥抱世界，为促进世界经济贸易发展、增加全球民众福祉作出了重大贡献，成为世界经济的主要稳定器和动力源。"无法想象，若没有中国的积极参与，当今世界的多边合作会怎样？对世贸组织来说尤其如此。"[1]

美国华盛顿智库中美研究中心高级研究员索拉布·古普塔认为，中国不但在世贸组织内部起到了积极促进多边贸易体制的作用，而且对全球经济增长作出重要贡献，这些都雄辩地证明了中国改革开放的优势和多边主义的好处。[2]

推动全球贸易自由化便利化

在习近平主席引领下，新时代的中国无惧逆风和回头浪，坚定站在历史正确的一边，积极利用亚太经合组织领导人非正式会议、二十国集团领导人峰会、金砖国家领导人会晤等重要国际多边舞台，充分发挥建设性、引领性作用，推动全球贸易自由化便利化，并取得了一系列实实在在的成果，展现出一个负责任大国的诚意和担当。

在 2014 年 11 月于北京举行的亚太经合组织第二十二次领导人

[1] 严瑜：《中国是维护国际秩序中流砥柱》，人民网，2019 年 10 月 31 日。
[2] 严瑜：《中国是维护国际秩序中流砥柱》，人民网，2019 年 10 月 31 日。

非正式会议上，中国推动通过了《亚太经合组织推动实现亚太自贸区路线图》，使得亚太自贸区有了实质性的进展，为促进亚太经贸合作作出了历史性贡献。

习近平主席指出，我们决定启动和推进亚太自由贸易区进程，批准《亚太经合组织推动实现亚太自由贸易区路线图》。这是我们朝着实现亚太自由贸易区方向迈出的实质性一步，标志着亚太自由贸易区进程的正式启动，体现了亚太经合组织成员推进区域经济一体化的信心和决心。这一成果将把区域经济一体化水平提升到新的高度，也将使太平洋两岸的经济体广泛受益，为亚太经济增长和各成员共同发展注入新的活力。[1]

对此，美国夏威夷大学东西方中心前主任查尔斯·莫里森评价说，21 世纪是全球化的世纪，亚太地区是其战略核心，而中国在区域经济一体化中发挥核心作用。[2]

在 2016 年二十国集团领导人杭州峰会上，中国推动通过了国际上首份投资政策多边纲领性文件《二十国集团全球投资指导原则》，形成支持多边贸易体制和促进构建开放型世界经济的共识，成功将中国方案转变为成员的共同行动。韩国学者黄载皓认为，二十国集团领导人杭州峰会是中国作为负责任大国的具体实践，特别是倡导达成的"杭州共识"，为维护开放型多边贸易体系、缩小发达国家

---

[1] 习近平：《在亚太经合组织第二十二次领导人非正式会议上的闭幕辞》，新华网，2014 年 11 月 11 日。

[2] 曹凯、骆珺、倪元锦：《述评：APEC 的"北京印记"》，新华网，2014 年 11 月 11 日。

与发展中国家间贫富差距提供了方法论。[1]

在 2017 年金砖国家领导人厦门会晤中，中国推动签署金砖国家经贸合作历史上首份由领导人见证签署、全面指引金砖国家经贸合作的重要文件《金砖国家经贸合作行动纲领》。这份纲领将反对贸易保护主义写入会议成果文件，还明确了金砖经贸合作的重点领域、具体路径和总体规划，就贸易和投资便利化、服务贸易、电子商务、知识产权、经济技术合作以及支持多边贸易体制和反对保护主义等达成了有针对性的行动方案，展现了金砖国家共同推动建设开放型世界经济、促进贸易和投资自由化便利化、合力打造新的全球价值链的坚定立场。

2020 年，在二十国集团领导人应对新冠肺炎特别峰会上，习近平主席提出"减免关税、取消壁垒、畅通贸易，发出有力信号，提振世界经济复苏士气"，再次彰显了中国作为负责任大国的理性认知和责任担当，得到了国际社会的积极响应。阿根廷国际问题专家、布宜诺斯艾利斯大学国际政治研究中心研究员达米安·加里利奥评价称，习近平主席的主张对恢复世界贸易来说有着重要的积极意义。[2]

2023 年 11 月，亚太经合组织工商领导人峰会在美国旧金山举行。习近平主席在亚太经合组织工商领导人峰会上的书面演讲中指出，

---

[1] 徐伟、贾文婷等：《国际社会高度评价二十国集团领导人杭州峰会丰硕成果》，《人民日报》2016 年 9 月 7 日，第 3 版。

[2] 陈占杰、周星竹等：《促抗疫国际合作　增稳定经济信心——国际社会积极评价习近平主席在二十国集团领导人特别峰会上的重要讲话》，新华网，2020 年 3 月 28 日。

亚太发展靠的是开放包容、取长补短、互通有无，而不是对立对抗、以邻为壑、"小院高墙"。我们秉持开放的区域主义，共同制定了茂物目标和布特拉加亚愿景，推进贸易和投资自由化便利化，提升区域经济一体化水平。过去 30 年，亚太地区平均关税水平从 17% 下降至 5%，对世界经济增长的贡献达到七成。[1]

构建面向全球的自由贸易区网络

2024 年 1 月 1 日，《区域全面经济伙伴关系协定》（RCEP）正式生效两周年。中越边境的广西友谊关口岸内一派繁忙：一辆辆中国和越南的货车排队通关，一批批来自东盟国家的榴莲、山竹等农产品通过这里进入中国，满载电子元件、大型机械设备的货车从这里出口至东盟国家。

友谊关口岸是中国通往东盟国家便捷的陆路大通道。该口岸的繁忙景象，是 RCEP 带动区域经济发展的一个缩影。2022 年 RCEP 正式生效实施，全球最大自贸区由此诞生，成员国包括东盟 10 国与中国、日本、韩国、澳大利亚、新西兰，覆盖世界约三分之一的人口和贸易量。RCEP 生效后，关税减免、原产地累积规则等政策落地为中国与东盟经贸往来及产业链构建带来重大利好。

进入 21 世纪以来，开放水平更高、灵活性更强的区域贸易安排蓬勃发展，成为经济全球化的重要引擎。顺应这一大趋势，中共

---

[1] 习近平：《谱写亚太合作新篇章——在亚太经合组织工商领导人峰会上的书面演讲》，新华网，2023 年 11 月 16 日。

十八大报告提出加快实施自由贸易区战略。十八届三中全会提出以周边为基础加快实施自由贸易区战略，形成面向全球的高标准自由贸易区网络。中共十九届五中全会提出，实施自由贸易区提升战略，构建面向全球的高标准自由贸易区网络。中共二十大报告进一步提出，扩大面向全球的高标准自由贸易区网络。

当前，中国正在高质量实施 RCEP，主动对接《全面与进步跨太平洋伙伴关系协定》和《数字经济伙伴关系协定》高标准经贸规则，积极推动加入两个协定进程，扩大面向全球的高标准自由贸易区网络。在贸易保护主义抬头、全球经济风险加剧的背景下，中国加快推进构建面向全球的高标准自贸区网络，将有助于维护经济全球化及贸易和投资自由化便利化，推动区域经济一体化，促进开放型世界经济的加快形成。

2024 年 1 月 1 日，中国—尼加拉瓜自贸协定正式生效。2023 年，中国的自贸区网络实现了新拓展，与厄瓜多尔、尼加拉瓜、塞尔维亚签署自由贸易协定，启动并完成四轮中国—东盟自贸区 3.0 版升级谈判，与新加坡签署中新自由贸易协定进一步升级议定书，与洪都拉斯建交不到 4 个月便开启自贸协定谈判。截至 2024 年 1 月底，中国已与 29 个自贸伙伴签署了 22 个自贸协定，自贸伙伴覆盖亚洲、大洋洲、拉丁美洲、欧洲和非洲。[1] 展望未来，中国将继续通过自贸协定谈判推动高水平开放和高质量发展，推动与更多国家和地区的

---

[1] 李宁：《"朋友圈"越来越大　中国自贸区建设向高而攀》，中国商务新闻网，2023 年 12 月 29 日。

自贸合作进程，扩大中国的自贸伙伴网络。

经济全球化是不可逆转的历史大势，任何国家都无法关起门来搞建设。中国坚决反对逆全球化、泛安全化，反对各种形式的单边主义、保护主义，坚定促进贸易和投资自由化便利化，破解阻碍世界经济健康发展的结构性难题，推动经济全球化朝着更加开放、包容、普惠、均衡的方向发展。中国愿意同全球伙伴一道，深度参与全球产业分工和合作，维护多元稳定的国际经济格局和经贸关系，让经济全球化这艘巨轮行稳致远。

绿水青山就是金山银山。

——习近平

第七章

绿水青山的呼唤

2023 年成为人类历史上有记录以来最热的一年。然而这一纪录在 2024 年就有望被再次打破。

世界气象组织报告显示，2023 年平均气温较工业化前（1850—1900 年）的基线高出约 1.4 摄氏度（截至 2023 年前 10 月数据）。此外，多项指标刷新历史纪录——温室气体水平创历史新高；大气中的二氧化碳水平已比工业化前时代高出 50%；海平面上升创历史新高，且仍在加速上升；海洋表面温度达到历史新高，南极洲的海冰水平降至历史新低……[1]

不仅如此，世界气象组织还警告说，2023 年出现的厄尔尼诺现象，可能会让 2024 年的高温天气加剧。

应对全球气候变化，迫在眉睫。

当今世界正经历百年未有之大变局，人类赖以生存的地球也正面临前所未有的巨大危机。全球气候变暖、极端气象频发、环境污染、生物多样性丧失等一系列环境问题，不停向人类社会敲响警钟。

浩瀚宇宙，只有一个地球。这颗蔚蓝星球，是人类赖以生存的共同家园。

回望人类文明史与社会发展史，人类从原始社会一路走来，经历了农业革命、工业革命、信息革命，但无论生产力如何发展进步，都没有改变一个最根本的现实：地球是人类赖以生存的唯一家园。

地球承载了人类的共同命运，保护地球的生态环境、推动可持

---

[1] 郭爽、邸靖平：《世界气象组织：今年是有记录以来人类历史上最热一年》，新华网，2023 年 12 月 1 日。

续发展、守护人类的未来是各国的共同责任。

气候变化等全球性环境问题给人类生存和发展带来严峻挑战。面对全球环境治理前所未有的困难，国际社会应当以前所未有的雄心和行动，共商应对气候变化挑战之策，共谋人与自然和谐共生之道，勇于担当，勠力同心，共同构建人与自然生命共同体。

一、构建人与自然和谐共生的家园

古老智慧的启迪

2019 年 4 月，北京。习近平主席在 2019 年中国北京世界园艺博览会开幕式上发表重要讲话。他说："纵观人类文明发展史，生态兴则文明兴，生态衰则文明衰。工业化进程创造了前所未有的物质财富，也产生了难以弥补的生态创伤。杀鸡取卵、竭泽而渔的发展方式走到了尽头，顺应自然、保护生态的绿色发展昭示着未来。"[1]

生态兴则文明兴。生态文明是人类文明发展的历史趋势，也是中国式现代化道路的鲜明特质之一。

古代中国虽没有生态文明、生态学等概念与学科，但生态文明的理念素来有之。生态是"中国哲学固有的、本质的维度"，"儒家哲学就是生态哲学"。[2]

"人与自然共生共存，伤害自然最终将伤及人类。空气、水、

---

[1] 习近平：《共谋绿色生活，共建美丽家园——在 2019 年中国北京世界园艺博览会开幕式上的讲话》，《新华每日电讯》2019 年 4 月 29 日，第 1 版。
[2] 乔清举：《儒家生态思想通论》，北京大学出版社，2013 年版，第 23 页。

土壤、蓝天等自然资源用之不觉、失之难续。工业化创造了前所未有的物质财富，也产生了难以弥补的生态创伤。我们不能吃祖宗饭、断子孙路，用破坏性方式搞发展。绿水青山就是金山银山。我们应该遵循天人合一、道法自然的理念，寻求永续发展之路"。2017 年 1 月 18 日，习近平主席在联合国日内瓦总部出席"共商共筑人类命运共同体"高级别会议并发表主旨演讲，其中他引用了中国传统文化理念，阐释应当坚持绿色低碳，建设一个清洁美丽的世界。[1]

"天人合一""道法自然"……中华文明在几千年探索、改造自然的过程中，创造出许多深刻的哲学思想与生态理念。在高度工业化、信息化的当代世界，这些古老的智慧依旧给人启迪，与"人与自然和谐共生的现代化"相得益彰。

"天人合一""道法自然"是中国传统文化的精髓，是中华文明在看待人与自然关系问题上的思想结晶。"天人合一"，也是中国哲学最为重要的思想之一，几乎是儒、道等学派的共同精神追求。

"天人合一"，其实质是讲述人类社会与自然世界之间的协调统一关系。中国古人认为，天生物，地养物，天地对于万物犹如父母。

"天人合一"与"道法自然"一脉相承：效法自然，即是天道；效法天道，即是人道。天之道，是万物运行的规则；人之道，是人类社会的规律。人道对应了天道，就符合了发展的大规则、大趋势。

在"天人合一，道法自然"的哲学理念下，中国传统世界观又

---

[1] 霍小光、李忠发、骆珺：《习近平出席"共商共筑人类命运共同体"高级别会议并发表主旨演讲》，《人民日报》2017 年 1 月 20 日，第 1 版。

包含了"利用厚生"与"以时禁发"等许多具有指导与实践意义的方法论，更具体地阐释了人应当如何认识、处理与自然万物的关系。

一个村庄的蝶变

余村曾是中国东部一个普通的小山村，地处浙江省西北部的群山之中。大山让交通变得困难，却蕴藏了迷人的自然景观和丰富的矿产资源。

开矿，曾让当地人尝到富裕的甜头，也吃尽了污染的苦头。从2003年开始，安吉县开始陆续关停矿山和水泥厂等高污染产业。但关掉矿山和水泥厂等产业，村民收入来源断了，余村经济也遭受了巨大打击。据统计，安吉县的GDP从2003年的大约300万元，下滑至2005年的20万元，降幅超过90%。

当时，"唯GDP论"的观念在一些地方盛行。一味追求经济增速，导致城市发展走上规模扩张之路，缺乏对生态文明建设的综合性考虑与决策，致使治理远远赶不上污染增长的速度。

2005年8月15日，时任浙江省委书记的习近平到余村考察。村民鲍新民向他汇报了余村关停矿山、主动复绿的做法。

"他听完汇报，立即肯定道：'你们下决心关掉矿山，这是高明之举！''过去我们讲既要绿水青山，又要金山银山，实际上绿水青山就是金山银山。'"鲍新民回忆说。

余村调研结束后，习近平在《浙江日报》上发表文章《绿水青山也是金山银山》。他写道："如果能够把这些生态环境优势转化为生态农业、生态工业、生态旅游等生态经济的优势，那么青山绿水也就

上图为浙江省湖州市安吉县天荒坪镇余村 20 世纪 80 年代的资料照片。

下图为 2018 年 4 月 24 日，游客在整修一新的余村游览拍照。（新华社记者 翁忻旸 摄）

变成了金山银山。绿水青山可带来金山银山，但金山银山却买不到绿水青山。绿水青山与金山银山既会产生矛盾，又可辩证统一。"[1]

鲍新民当时不会想到，"绿水青山就是金山银山"这句他从习近平口中听到的话，之后被写入了中共十九大报告、写入了中国共产党党章，余村和安吉县也成了中国绿色发展的先行者。

余村依靠原本山清水秀的自然环境和靠近长三角的区位优势，大力发展休闲经济。村里办起了农家乐，村民以山林资源入股，吸引外来资本建设自然景区；废弃的矿坑经过复绿改造成为矿坑花园；老旧厂房改造成了书屋和电影院……

安吉县的绿色转型也得到更多认可。2012 年，安吉县获得联合国人居署颁发的 2012 年"联合国人居奖"，是中国首个获此荣誉的县。2017 年，安吉县也被生态环境部命名为"绿水青山就是金山银山"实践创新基地。

2020 年 3 月 30 日下午，时隔 15 年，习近平再次来到余村。这次，他以国家主席的身份重回这个他当年提出"绿水青山就是金山银山"的小村庄。

当年逼仄的村道已难觅踪影，取而代之的是平坦宽阔的绿道。15 年后旧地重游，亲眼看见巨大的改变，习近平主席很感慨，他说浙江不少地方的绿水青山就像天生丽质的姑娘一样，不需要太多的妆扮。经济有底子，人民善于经营，树立了新发展理念，再加上处于长三角地带交通便利，是旅游最佳区域，消费群体大，美丽乡村

---

[1] 习近平：《之江新语》，浙江人民出版社，2007 年版，第 153 页。

图为 2023 年 8 月 11 日拍摄的余村未来图书馆，该建筑主要通过铺设在屋顶上的光伏发电系统和"光伏树"供电。（新华社记者 翁忻旸 摄）

便发展起来了。现在发展到这一步，已经是在全国起示范作用了。[1]

习近平在浙江工作期间，亲自谋划并推动"千村示范、万村整治"工程（简称"千万工程"）。20 多年来，"千万工程"从农村环境整治入手，由点及面、迭代升级，造就了万千美丽乡村，造福了万千农民群众，创造了推进乡村全面振兴的成功经验和实践范例。

---

[1] 周咏南、毛传来、刘乐平、翁浩浩、裘一佼：《春风又绿江南岸——习近平总书记在浙江考察纪实》，《浙江日报》2020 年 4 月 3 日，第 1 版。

2018年，"千万工程"获得联合国最高环保荣誉"地球卫士奖"中的"激励与行动"奖，获奖者是当地投身农村人居环境建设的万千干部群众。安吉县村民裘丽琴作为领奖代表之一，在纽约联合国总部的颁奖典礼上，向全世界自豪地分享了家乡翻天覆地的变化。

安吉县余村的实践是浙江、中国基层努力践行绿色、可持续发展的缩影。浙江的绿色发展走在中国前列，除"千万工程"外，在2019年和2023年，还凭借"蚂蚁森林"项目和"蓝色循环"海洋塑料废弃物治理模式两次再度获颁联合国"地球卫士奖"。

从余村，到浙江，再到整个中国，绿色发展已成为社会的共识。不断推进的绿色发展方式和生活方式，正生动绘出美丽中国、幸福家园的模样。

绿水青山就是金山银山

2005年，时任浙江省委书记的习近平在考察安吉县时首次提出"绿水青山就是金山银山"的科学论断。如今，"绿水青山就是金山银山"已成为中国全社会的共识和行动，人与自然和谐共生的理念深入人心。尤其是新时代以来，生态环境保护发生历史性、转折性、全局性变化。

构建人与自然和谐共生的地球家园，实际上是对人类社会旧有发展模式的深刻反思，也是开启人类高质量发展新征程的必然要求。

工业革命让人类迅速从农业文明迈入工业文明，但工业文明在创造巨大物质财富的同时，也加速了对自然资源的攫取，打破了地球生态系统平衡，导致了环境污染、气候变化、生物多样性丧失等一系列问题，人与自然深层次矛盾日益显现，生态环境的退化已经影响到约 32 亿人的福祉。

推动形成绿色发展方式和绿色生活方式是发展观的一场深刻革命。生态环境保护和经济发展并非二元对立，而是辩证统一、相辅相成的。

"我们既要绿水青山，也要金山银山。宁要绿水青山，不要金山银山，而且绿水青山就是金山银山。"2013 年 9 月，在哈萨克斯坦纳扎尔巴耶夫大学，习近平主席这样回答当地学生关于环境问题的提问。[1]

习近平主席的这三句话实际阐述了环境与发展的三重辩证关系：中国不可能再走不顾环境代价、只求经济发展的老路；为了建设更美好的环境，经济发展要进行适应调整；美好的环境本身就可以带来经济发展。正如习近平主席所说，"保护生态环境就是保护生产力，改善生态环境就是发展生产力"。[2]

新的发展观将推动生产方式的深刻变革，转变经济发展方式也成为中国供给侧结构性改革的重要任务。中国不仅要谋求物质财富，还要谋求生态财富。

2012 年，中共十八大报告对生态文明建设的具体政策和制度进行了全面阐述，生态文明建设战略的重要性大幅提升。

---

[1] 习近平：《弘扬人民友谊　共同建设"丝绸之路经济带"》，《人民日报》2013 年 9 月 8 日，第 1 版。
[2] 《习近平出席领导人气候峰会并发表重要讲话》，《人民日报》2021 年 4 月 23 日，第 1 版。

2017 年召开的中共十九大，更将生态文明建设提升至"千年大计"的高度，并由此吹响了发展绿色经济、增进人民福祉、建设美丽中国的号角。中国决心在新时代发展绿色经济，不仅要杜绝新的环境和生态问题，还要治理过去发展所遗留的问题。

2017 年 5 月，习近平主席指出，推动形成绿色发展方式和生活方式，是发展观的一场深刻革命。要充分认识形成绿色发展方式和生活方式的重要性、紧迫性、艰巨性。中国领导人的重要宣示，将一条涵盖绿色发展方式和绿色生活方式的"中国道路"呈现在世人面前。[1]

2022 年召开的中共二十大提出，必须牢固树立和践行"绿水青山就是金山银山"的理念，站在人与自然和谐共生的高度谋划发展。

中国已将生态文明理念和生态文明建设写入宪法，并纳入中国特色社会主义总体布局。绿色发展被写入"创新、协调、绿色、开放、共享"的新发展理念，作为中国实现高质量发展的重要指引。2023 年 8 月 15 日，中国还庆祝了首个全国生态日。

新时代以来，中国坚持"绿水青山就是金山银山"的理念，坚定不移走生态优先、绿色发展之路，促进经济社会发展全面绿色转型，建设人与自然和谐共生的现代化，创造了举世瞩目的生态奇迹和绿色发展奇迹。2012 年以来，中国以年均 3% 的能源消费增速支撑了年均 6.6% 的经济增长。

---

[1] 习近平：《推动形成绿色发展方式和生活方式 为人民群众创造良好生产生活环境》，新华网，2017 年 5 月 27 日。

图为 2020 年 8 月 9 日拍摄的塞罕坝国家森林公园晨景。（新华社发 刘满仓 摄）

　　美丽中国的实践也得到越来越多国际认可。"三北"防护林工程被联合国环境规划署确立为全球沙漠"生态经济示范区"，继塞罕坝林场建设者、浙江省"千万工程"之后，越来越多绿色项目荣获联合国环保最高荣誉"地球卫士奖"。

　　"中国绿"不仅是美丽中国的鲜明底色，更为全球可持续发展增添亮色。

　　中国主张各国以生态文明建设为引领，协调人与自然关系；以绿色转型为驱动，助力全球可持续发展。"万物并育而不相害，道并行而不相悖。"保护生态环境就是保护生产力，改善生态环境就是发展生产力。良好生态环境是最公平的公共产品，是最普惠的民生福祉。优美的自然生态环境也是人民幸福生活的重要内容。

人类应当对自然怀有敬畏之心，尊重自然、顺应自然、保护自然，以自然之道，养万物之生。摒弃牺牲环境换取短期经济发展的做法，大力推进产业结构转型升级，让良好的生态环境成为全球经济社会可持续发展的支撑。

2017 年，习近平主席在联合国日内瓦总部说："宇宙只有一个地球，人类共有一个家园。霍金先生提出关于'平行宇宙'的猜想，希望在地球之外找到第二个人类得以安身立命的星球。这个愿望什么时候才能实现还是个未知数。到目前为止，地球是人类唯一赖以生存的家园，珍爱和呵护地球是人类的唯一选择。"[1]

二、推动构建公平合理、合作共赢的全球环境治理体系

应对气候变化的行动派、实干家

2023 年 11 月 15 日，习近平主席在美国旧金山斐洛里庄园同美国总统拜登举行中美元首会晤。会晤备受全球关注。

两国元首强调在当下关键十年中美加快努力应对气候危机的重要性，欢迎两国气候特使近期开展的积极讨论，包括：2020 年代国内减排行动，共同推动联合国气候变化迪拜大会（COP28）成功，

---

[1] 习近平：《共同构建人类命运共同体——在联合国日内瓦总部的演讲》，新华网，2017 年 1 月 19 日。

启动中美"21世纪20年代强化气候行动工作组"以加快具体气候行动。[1]

中美还发布了《关于加强合作应对气候危机的阳光之乡声明》，表示在21世纪20年代这关键十年，两国支持二十国集团领导人宣言所述努力争取到2030年全球可再生能源装机增至三倍。并计划从现在到2030年在2020年水平上充分加快两国可再生能源部署，以加快煤油气发电替代，从而可预期电力行业排放在达峰后实现有意义的绝对减少。

"中美之间积极互动的意义重大。"世界气象组织秘书长彼得里·塔拉斯称赞中美领导人旧金山会晤的成果。他表示，中美领导人在旧金山会晤中有关气候变化的表态，呼应了全球合作精神，对全球应对气候变化挑战产生积极影响。[2]

2023年11月30日至12月13日，《联合国气候变化框架公约》第二十八次缔约方大会（COP28）在阿联酋迪拜召开。大会就《巴黎协定》首次全球盘点、减缓、适应、资金、损失与损害、公正转型等多项议题达成"阿联酋共识"，向国际社会发出了应对气候变化需要各国合力加快行动的有力呼吁，具有重要里程碑意义。

习近平主席特别代表、中共中央政治局常委、国务院副总理丁薛祥出席会议期间举行的世界气候行动峰会、"77国集团和中

---

[1] 倪四义、颜亮、吴晓凌：《习近平同美国总统拜登举行中美元首会晤》，新华网，2023年11月16日。
[2] 王其冰、[瑞士] 凯瑟琳·菲安康－博孔加：《中美元首会晤对全球合作应对气候挑战产生积极影响——访世界气象组织秘书长塔拉斯》，新华网，2023年11月23日。

2023 年 12 月 13 日，在联合国气候变化迪拜大会闭幕全体会议上，COP28 主席苏尔坦·贾比尔宣布达成"阿联酋共识"后，参会人员起立鼓掌。（新华社记者 王东震 摄）

国"气候变化领导人峰会，宣介中国主张，推动多边主义，加速绿色低碳转型，强调务实行动，为大会的成功注入了强大的政治推动力。

"中国与美国达成的共识是 COP28 开幕前取得的一项重要成果……（共识里的）这些目标将对我们子孙后代产生意义深远影响。"谈到中美两国 2023 年 11 月中旬发布的关于加强合作应对气候危机的阳光之乡声明，《联合国气候变化框架公约》第二十八次缔约方大会主席苏尔坦·贾比尔发出这样的由衷感叹。[1]

此次大会上，中国既与广大发展中国家团结合作，维护发展中

[1] 刘赞、宋盈、朱瑞卿：《大国外交 2023》，《新华每日电讯》2024 年 1 月 4 日，第 3 版。

2021年10月13日，2020年联合国生物多样性大会（第一阶段）高级别会议在云南昆明闭幕。COP15主席、中国生态环境部部长黄润秋（中）与联合国《生物多样性公约》秘书处执行秘书伊丽莎白·穆雷玛（右）、副执行秘书戴维·库珀在闭幕式后合影。（新华社记者 李鑫 摄）

国家正当权益，也和其他缔约方一道积极推动对话磋商，提供各方都能接受的解决方案，最终推动被称为近年来"最困难"的气候会议取得成功。在大会闭幕全体会议现场，中方呼吁取得广泛共识，多方代表明确表示"我们认同中国"。

应对气候变化合作总会遇到各种波折和困难，但中国始终是全球气候治理的行动派和实干家，为《巴黎协定》达成和落实作出历史性贡献。

中国始终积极参与应对气候变化国际合作，建设性参与气候变化国际谈判，向发展中国家提供力所能及的支持和帮助，推动构建公平合理、合作共赢的全球气候治理体系，持续为应对全球气候变化重大挑战作出中国贡献。

全球的"必答题"

气候变化、海洋污染、生物多样性保护等全球性环境问题是当前全人类面临的主要问题之一，关系人类存续与未来。保护环境不是可有可无的选答题，而是应全力以赴的必答题。

促进绿色发展、建设生态文明是全人类的共同事业。中国始终是全球生态文明建设的重要参与者、贡献者和引领者，在全球环境治理问题上作出了非凡贡献。

中国积极主动签署和批准《巴黎协定》等各种重要的国际环境保护条约，并带动其他国家积极加入，体现了负责任大国的担当。仅在 2016 年，中国就签署批准和推动达成多个环境保护条约。2016 年 8 月，中国批准了《关于汞的水俣公约》，这是全球首个旨在结束重金属汞污染给人类带来健康风险并造成环境破坏的公约；2016 年，中国正式成为《〈生物多样性公约〉关于获取遗传资源和公正公平分享其利用所产生惠益的名古屋议定书》缔约方；2016 年 10 月，中国发挥积极作用，推动《关于消耗臭氧层物质的蒙特利尔议定书》基加利修正案通过，该协议将逐步减少用于暖通、空调和制冷领域的氢氟碳化物使用。

2021 年 10 月，中国在昆明成功举办了《生物多样性公约》第十五次缔约方大会（COP15）第一阶段会议。大会总结了过去 10 年全球生物多样性保护工作，制定了"2020 年后全球生物多样性框架"，对未来 10 年全球生物多样性保护战略与计划作出安排。

习近平主席以视频方式出席《生物多样性公约》第十五次缔约方大会（COP15）领导人峰会并发表主旨讲话。他在讲话中阐释了中国对推进全球生态文明建设的立场主张，号召国际社会构建人与自然和谐共生的地球家园，构建经济与环境协同共进的地球家园，构建世界各国共同发展的地球家园，共建地球生命共同体，充分展现了大国领袖卓越的战略眼光和恢宏的全球视野，彰显了中国为建设一个清洁美丽的世界砥砺前行的大国风范。

中国始终积极参与全球生态文明建设合作，共同推进全球生态环境治理。中国率先出资 15 亿元人民币，成立昆明生物多样性基金，支持发展中国家生物多样性保护事业。

中国主张，世界各国以国际法为基础，推动构建公平合理、合作共赢的全球环境治理体系。人类是一荣俱荣、一损俱损的命运共同体，唯有携手合作才能有效应对全球环境挑战。

中国始终秉持人类命运共同体理念，坚持人与自然和谐共生、坚持绿色发展、坚持系统治理、坚持以人为本、坚持多边主义、坚持共同但有区别的责任原则，以天下情怀和大国担当积极参与全球环境治理，与世界各国一道共同建设人与自然和谐共生、经济与环境协同共进、世界各国共同发展的地球家园。

国际社会应当加强互学互鉴、并肩同行、重信守诺、持之以恒，承担应尽国际义务，共商生态保护大计，设立兼顾雄心和务实平衡的环境保护目标，使全球环境治理体系更加公平合理。

三、绿色发展的中国行动

"双碳"的承诺与自我革命

阿拉伯谚语说："语言是叶子，行动才是果实。"一直以来，中国以实际行动全力践行绿色发展和低碳转型，为全球可持续发展、应对环境问题挑战贡献中国方案和中国智慧。

中国坚持走生态优先、绿色低碳的发展道路，坚定不移贯彻创新、协调、绿色、开放、共享的新发展理念，建设美丽中国，积极推进人与自然和谐共生的中国式现代化。

2020 年 9 月 22 日，习近平主席在第七十五届联合国大会一般性辩论上郑重承诺——中国"二氧化碳排放力争于 2030 年前达到峰值，努力争取 2060 年前实现碳中和"。

中国的"双碳"承诺是基于推动构建人类命运共同体和实现可持续发展作出的重大战略决策。中国承诺实现从碳达峰到碳中和的时间，远远短于发达国家所用时间，需要中方付出艰苦努力。为此，中国积极建立健全绿色低碳循环发展经济体系，持续推动产业结构和能源结构调整，启动全国碳市场交易，宣布不再新建境外煤电项目，加快构建"双碳"政策体系等，成果有目共睹。

中国正积极推进全国碳排放权交易市场建设。碳排放权交易是利用市场机制控制和减少温室气体排放的一种手段，也是中国落实碳达峰目标、碳中和愿景的制度创新和重要的政策工具。

中国气候变化事务特使解振华说，碳排放交易作为一种市场机制，能有效减少整体减排成本并实现控制温室气体排放的目标，切

2024年1月18日，在青海省三江源国家公园管理局长江源园区可可西里管理处索南达杰保护站，可可西里巡山队员才文多杰与被救助的藏羚羊幼崽在一起。（新华社记者 张宏祥 摄）

实促进技术进步和产业结构升级。

国际能源署署长法提赫·比罗尔说，中国碳排放交易市场全面建成后将成为世界最大的碳市场，为全球其他发展中国家树立榜样，并为这些国家建立碳市场提供灵感。

实现碳达峰、碳中和是中国对国际社会的庄严承诺，也是中国高质量发展的内在要求。习近平主席反复强调："实现'双碳'目标，不是别人让我们做，而是我们自己必须要做。"

系统、法治地开展保护

中国积极推进生态文明建设和生物多样性保护，不断强化生物多样性主流化，实施生态保护红线制度，建立以国家公园为主体的自然保护地体系，实施生物多样性保护重大工程，实施最严格执法监管，一大批珍稀濒危物种得到有效保护，生态系统多样性、稳定性和可持续性不断增强，走出了一条中国特色的生物多样性保护之路。

在中国不懈努力下，大熊猫已从"濒危"降为"易危"等级。中国90%的陆地生态系统类型和74%的国家重点保护野生动植物种群得到有效保护，300多种珍稀濒危野生动植物野外种群数量得到恢复与增长。[1]

2016年，三江源国家公园作为中国第一个国家公园体制试点启动，如今试点区域生态保护和修复成效日益显现，水资源总量明显增加。近年来，被视为河流生态系统指示物种的欧亚水獭频繁出没于澜沧江源头地区和长江源头地区。

中国目前已建成三江源、大熊猫、东北虎豹、海南热带雨林、武夷山等首批5个国家公园，还有多个国家公园处于试点和建设中。其中，中国最大湖泊——青海湖也于2022年正式开始创建国家公园。

截至2020年，中国共建立自然保护地近万处，保护面积覆盖陆域国土面积的18%，约90%的陆地生态系统类型和71%的国家重点保护野生动植物物种得到有效保护。全国森林覆盖率由20世纪70年代初的12.7%提高到2020年的23.04%。

---

[1] 高敬、黄垚：《保护多样生物　共建美丽家园——我国生物多样性保护成效综述》，新华网，2022年12月7日。

图为 2022 年 10 月 17 日在四川省阿坝藏族羌族自治州若尔盖县拍摄的黄河九曲第一湾景色。（新华社记者 王曦 摄）

中国还继续实施山水林田湖草沙一体化保护和系统治理，处理好自然恢复和人工修复的关系。中国实施了一批山水林田湖草生态保护修复工程试点，启动了 10 个山水林田湖草沙一体化保护和修复工程。以恢复退化生态系统、增强生态系统稳定性和提升生态系统质量为目标，有效改善和恢复了重点区域野生动植物生境。

根据 2023 年 12 月发布的《中共中央 国务院关于全面推进美丽中国建设的意见》，中国设定目标，到 2035 年，全国森林覆盖率要提高至 26%，水土保持率提高至 75%，生态系统要基本实现良性循环。

此外，中国坚持以法治理念、法治方式推动生态文明建设。制定和修改了长江保护法、黄河保护法、土地管理法、森林法、草原法、湿地保护法、环境保护法等法律，覆盖各重点区域、各种类资源、

2019 年 9 月 4 日，内蒙古鄂尔多斯市杭锦旗人武部组织干部职工和民兵深入库布其沙漠开展治沙绿化。（新华社发 杨建荣 摄）

各环境要素的生态文明法律法规体系基本建立；并且建立生态环境保护综合行政执法等机关间信息共享、案情通报、案件移送制度，强化生态环境行政执法与刑事司法的衔接，为绿色发展提供了有力法治保障。

清洁能源大国

中国大力发展清洁能源、植树造绿。建成了世界最大的清洁能源系统，以水电、风电、太阳能发电为代表的可再生能源装机规模稳居世界第一，光伏发电装机容量接近一半在中国；中国新能源汽车保有量超过 2000 万辆，全球新能源汽车一半以上行驶在中国；新时代以来，中国以年均 3% 的能源消费增速支撑了年均 6.6% 的经济增长，成为全球能耗强度降低最快的国家之一；2012 年至 2022 年，中国累计完成人工造林 9.6 亿亩，贡献了全球约 25% 的新增人工绿化面积。

具体来看，中国加快推进以沙漠、戈壁、荒漠地区为重点的大型风电光伏基地建设，积极稳妥发展海上风电，积极推广城镇、农村屋顶光伏，鼓励发展乡村分散式风电。以西南地区主要河流为重点，有序推进流域大型水电基地建设。因地制宜发展太阳能热利用、生物质能、地热能和海洋能，积极安全有序发展核电，大力发展城镇生活垃圾焚烧发电。坚持创新引领，积极发展氢能源。

截至 2021 年年底，中国清洁能源消费比重由 2012 年的 14.5% 升至 25.5%，煤炭消费比重由 2012 年的 68.5% 降至 56.0%。

独行快，众行远。在帮助其他发展中国家提高应对气候变化能力方面，中国早已"实实在在地行动"。

在中国和相关国家的共同努力下，全球可再生能源的可及性和商业化取得了积极进展。正是由于中国大力发展可再生能源，全球风电成本降低了 80%，光伏发电成本降低 90%，这对推动全球可再生能源的发展、实现能源转型作出了重大贡献。

"中国在应对气候变化方面的创新、创造力和实力对世界助力颇多，是全球可再生能源发展的引领者"。《联合国气候变化框架公约》第二十八次缔约方大会主席苏尔坦·贾比尔说。

苏尔坦指出，中国是全球最大的可再生能源市场，并继续通过其可再生能源供应链助力全球能源转型。他认为，中国通过绿色"一带一路"支持绿色经济、提升能源行业绿色投资，不仅生产全球能源转型所需的产品，也在帮助各国减少相关成本。中国在清洁技术

图为 2023 年 7 月 3 日在广东省广州市的广汽埃安第一智造中心拍摄的中国新能源汽车第 2000 万辆下线活动现场。（新华社记者 邓华 摄）

方面的持续引领，是助力实现全球能源转型和应对气候变化、推动发展的重要因素。[1]

　　习近平主席说："生态文明建设同每个人息息相关，每个人都应该做践行者、推动者。要加强生态文明宣传教育，强化公民环境意识，推动形成节约适度、绿色低碳、文明健康的生活方式和消费模式，形成全社会共同参与的良好风尚。"[2]

---

[1] 李良勇、史霄萌：《专访：中国对全球应对气候变化贡献良多——访联合国气候变化迪拜大会候任主席苏尔坦·贾比尔》，新华网，2023 年 11 月 6 日。

[2] 习近平：《推动形成绿色发展方式和生活方式　为人民群众创造良好生产生活环境》，《人民日报》2017 年 5 月 28 日，第 1 版。

图为 2019 年 12 月 13 日拍摄的肯尼亚加里萨光伏发电站。（新华社记者 谢晗 摄）

2020 年 9 月 9 日，在卢旺达首都基加利，埃马纽埃尔·阿希马纳在自家的食用菌培育作坊内工作。（新华社发　西里尔·恩德格亚 摄）

中国坚定不移走生态优先、绿色低碳的高质量发展之路，无疑将为世界提供更多机遇，为全人类进步作出更大贡献。

四、共建清洁美丽的世界

绿色"一带一路"

在肯尼亚东北部，中企承建的加里萨光伏发电站目前是东非最大光伏电站，不仅不排放温室气体，还有效缓解了肯尼亚当地居民的用电短缺问题。

电力短缺一直是肯尼亚经济发展的一大障碍。加里萨光伏电站已与肯尼亚国家电网连接，正逐步改善该国北部地区民众生产生活。

加里萨郡居民伊丽莎白·瓦妮库经营着一家小餐馆，稳定的供电让餐馆营业时间从"早7晚6"延长至"早7晚10"。营业时间的延长对她来说意味着收入的增加。

和瓦妮库一样，得益于光伏电站提供的持续稳定的电力，当地农民哈伦·贾亚的农场改为电力抽水灌溉，节省了挑水灌溉的时间和人力，农场规模逐年扩大，他的生活质量也得到提高。

在卢旺达南方省胡耶市，阳光充沛，数米高的巨草郁郁葱葱。这是中国援卢农业技术示范中心在当地推广种植的"神奇草"——菌草。

当地居民埃马纽埃尔·阿希马纳经营一个食用菌培育作坊，菌草技术带来的收入，除去给4个孩子交纳学费和生活开支，还能有结余用来扩大生意。

菌草技术是"以草代木"发展起来的中国特有技术，实现了光、热、水三大农业资源综合高效利用，植物、动物、菌物三物循环生产，经济、社会、环境三大效益结合，有利于生态、粮食、能源安全。

联合国驻卢旺达协调员奥佐尼亚·奥耶洛说，菌草技术有助于促进非洲可持续农业生产，将为非洲实现可持续发展目标作出贡献。

习近平主席长期关心菌草技术国际合作。从他亲自推动中国首个援外菌草技术示范基地 2001 年在巴布亚新几内亚建成落地，到如今这一技术已推广至全球一百多个国家。菌草合作紧扣消除贫困、促进就业、可再生资源利用和应对气候变化等发展目标，为促进当地发展和人民福祉发挥了重要作用，展现了兼顾经济效益、环境效益、社会效益的中国智慧，受到发展中国家普遍欢迎，成为不少发展中国家人民的"幸福草"。

中国将生态文明领域合作作为共建"一带一路"重点内容，发起一系列绿色行动倡议，采取绿色基建、绿色能源、绿色交通等一系列务实举措，造福各国人民。

中国还发起建立"一带一路"绿色发展国际联盟，成立"一带一路"绿色发展国际研究院，设立"一带一路"生态环保大数据服务平台，从绿色基建到绿色能源、从绿色交通到绿色金融，为高质量共建"一带一路"增添了更多绿色动能。

此外，中国还积极帮助共建国家加强绿色人才培养，实施"绿色丝路使者计划"；制定实施《"一带一路"绿色投资原则》，推动"一带一路"绿色投资。

在埃塞俄比亚，中国科研人员在荒漠中推广"清灌育草、封育

图为 2023 年 5 月 4 日在哈萨克斯坦阿拉木图州拍摄的卡普恰盖 100 兆瓦光伏电站。该电站是哈萨克斯坦单体最大的光伏发电项目之一，也是中哈绿色能源合作项目之一。（新华社发 奥斯帕诺夫 摄）

轮牧、牧养结合"的生态修复与生计可持续发展模式；在埃及，中国的节水梯田模式帮助西奈半岛山区涵养水源；在毛里塔尼亚，中国帮助建设首都努瓦克肖特流沙快速固定、节水灌溉试验示范区；在尼日利亚，中国在卡诺州建成"经济林保育"试验示范区；在尼泊尔，位于特莱平原的中国绿色化肥试验区促成小麦等农作物最高增产 400%……[1] 一系列绿色发展合作项目正帮助发展中国家人民走向"绿富同兴"，一个个生动实践背后的中国智慧和中国方案，为全球生态环境治理注入信心和动力。

---

[1] 张远：《生态兴　文明兴——"一带一路"中的人与自然和谐共生理念》，新华网，2023 年 10 月 14 日。

以人为本　共同发展

中国强调，在绿色发展转型中，要坚持以人为本。要探索保护环境和发展经济、创造就业、消除贫困的协同增效，在绿色转型过程中努力实现社会公平正义，增加各国人民获得感、幸福感、安全感。

作为世界上最大的发展中国家，中国理解关注其他发展中国家在发展绿色转型中资金、技术、能力建设等方面的困难，秉持"授人以渔"的理念，通过形式多样的南南务实合作，尽己所能地帮助全球发展中国家提升绿色发展能力、应对全球气候变化，为全球生态环境治理凝聚起更大合力。

截至 2023 年 11 月，中国已与 40 个发展中国家签署 48 份气候变化南南合作谅解备忘录，通过合作建设低碳示范区、开展减缓和适应气候变化项目、组织能力建设培训等方式，为其他发展中国家提供支持。

"我想向中国政府在过去几十年向埃及提供的支持表示感谢"。埃及电力与可再生能源部副部长艾哈迈德·穆罕默德·马西纳说，中国方案"对全球能源转型和气候治理都具有重要意义，为非洲和阿拉伯国家推动能源转型、加快经济发展、改善生态环境提供了可行的解决方案"。[1]

博茨瓦纳环境、自然资源保护与旅游部部长菲尔达·凯伦说，中国通过分享专业知识、提供资金支持和促进技术交流，为减少

---

[1] 郭爽、邸背平、王燕：《喜忧参半，希望犹存——全球气候治理进程 翻开新篇章》，新华网，2023 年 12 月 15 日。

温室气体排放、增强气候适应能力和促进可持续发展的全球努力作出贡献。

中国未来将持续加强生态文明建设，站在人与自然和谐共生的高度谋划发展，响应联合国生态系统恢复十年行动计划，实施一大批生物多样性保护修复重大工程，深化国际交流合作，研究支持举办生物多样性国际论坛，依托"一带一路"绿色发展国际联盟，发挥好昆明生物多样性基金作用，向发展中国家提供力所能及的支持和帮助，推动全球生物多样性治理迈上新台阶。[1]

"我们处在一个充满挑战，也充满希望的时代。行而不辍，未来可期。为了我们共同的未来，我们要携手同行，开启人类高质量发展新征程"。习近平主席说。[2]

---

[1] 习近平：《在〈生物多样性公约〉第十五次缔约方大会第二阶段高级别会议开幕式上的致辞》，新华网，2022 年 12 月 16 日。

[2] 习近平：《在〈生物多样性公约〉第十五次缔约方大会领导人峰会上的主旨讲话》，新华网，2021 年 10 月 12 日。

文明因多样而交流，因交流而互鉴，因互鉴而发展。

——习近平

第八章

文明光芒，彼此照亮

4月份的博鳌碧海蓝天，繁花似锦。在博鳌亚洲论坛2021年年会开幕式上，习近平主席以视频方式发表主旨演讲，宣布一个令人振奋的消息：中方将在疫情得到控制后即举办第二届亚洲文明对话大会，为促进亚洲和世界文明对话发挥积极作用。

当前，世界进入新的动荡变革期，国际社会面临的问题和挑战越来越多。人类社会唯有同舟共济才能共克时艰，唯有命运与共才能共创未来。应对共同挑战、迈向美好未来，既需要经济科技力量，也需要文化文明力量。

然而，从"文明优越论"到"文明冲突论"，国际舆论场上一直充斥着种种聒噪声音。新冠疫情暴发以来，一些西方政客和媒体等更是肆意挑动意识形态对抗，公然制造文明对立。

站在时代的十字路口，人类期待照亮未来的思想引领，呼唤回应时代之问的答案。

一、中国的文明宣言

穿越时空的文明之约

2014年3月，在法国巴黎的联合国教科文组织总部，习近平主席发表演讲，向世界亮出新时代中国的文明观，指出文明交流互鉴是推动人类文明进步和世界和平发展的重要动力。

倡导以文明交流超越文明隔阂、以文明互鉴超越文明冲突、以文明共存超越文明优越——这是中国面向世界、面向未来的"文明宣言"，是对"西方中心论""文明优越论"等论调的超越，也为人类文明发展指出一条阳光大道。

孟夏时节，万物并秀。2019 年 5 月 15 日，北京国家会议中心一座展厅里，中外领导人对着一件文物驻足沉思。这是斯里兰卡的国宝级文物——郑和《布施锡兰山佛寺碑》（复制品）及拓片。这块刻有中文、泰米尔文和波斯文三种文字的碑，是郑和第二次下西洋时所立，也是海上丝绸之路的重要见证。习近平主席饶有兴致地向外宾介绍，当时郑和船队所到之处，都会立碑纪念。郑和的到访带去的不是战乱，而是和平与繁荣。

一场穿越时空的文明之约，讲述文明交融互鉴的生动历史。受中国之邀，亚洲 47 个国家以及域外政府官员和代表 2000 余人齐聚北京，出席亚洲文明对话大会。这一当代文明交流史上具有开创性的举动，引领文明互鉴之风，为各国文明平等对话、相互启迪提供崭新平台。

环顾全球，"文明优劣论""文明冲突论""制度对抗论"沉渣泛起，搞"小圈子"、组建"价值观同盟"、挑起意识形态对抗等做法令人忧心。冲突还是合作，倒退还是进步，很大程度上取决于人们如何看待和处理不同文明之间的差异。

在首届亚洲文明对话大会上，习近平主席深刻阐述加强文明交流互鉴的中国主张。这场演讲，凝结着中华文明兼容并蓄的思想智慧，展现了对人类文明发展大势的深刻把握，为构建人类命运共同体注入文明力量。

摒弃傲慢和偏见，秉持平等和尊重，才能推动不同文明交流对话、和谐共生；反对文明冲突，共赏文明之美，世界文明百花园才

2019年5月15日，亚洲文化嘉年华在北京"鸟巢"举行。2019年5月15日至22日，亚洲文明对话大会在北京举行，大会举办了规模盛大的亚洲文化嘉年华和丰富多彩的亚洲文明周活动。（新华社记者 陈建力 摄）

能姹紫嫣红、百花齐放；打破文化交往壁垒，坚持兼收并蓄，文明才能保持旺盛生命活力；走出因循守旧，坚持推陈出新，文明成果才能跨越时空、永葆魅力。和合共生的中国方案，为开启人类发展进步的美好未来提供智慧之钥。

"习近平主席倡导举办亚洲文明对话大会恰逢其时，给我们树立了很好的榜样，有助于各方探索如何更好地让世界人民受益，以及如何在亚洲文明以及世界各国文明之间进行对话。"时任新加坡总统哈莉玛说。[1]

---

[1] 刘仲华、赵成：《共同创造亚洲文明和世界文明的美好未来——亚洲文明对话大会开幕式侧记》，人民网，2019年5月16日。

"文明因多样而交流，因交流而互鉴，因互鉴而发展。""人类只有肤色语言之别，文明只有姹紫嫣红之别，但绝无高低优劣之分。"中国领导人的文明之论，令时任希腊总统帕夫洛普洛斯深有共鸣："文明冲突论"是错误的论调，真正的文明不会发生冲突，真正的文明会开展对话。[1]

联合国教科文组织社科助理总干事诺达·阿尔纳什夫则说，举办这场文明对话大会，对于推动世界文明交流互鉴，实现增长、创新和社会繁荣具有重要意义，因为"我们的世界需要倾听明智的声音，需要更多和谐、宽容和同理心"。[2]

"多样性是世界的基本特征，也是人类文明的魅力所在。"习近平主席在博鳌亚洲论坛 2021 年年会开幕式上进一步阐述文明交流互鉴的世界意义，主张要弘扬和平、发展、公平、正义、民主、自由的全人类共同价值，倡导不同文明交流互鉴，促进人类文明发展。

习近平主席关于文明交流互鉴的重要论述，为形成世界各种文明丰富多彩、充满活力、和谐共处的相互关系，推动构建人类命运共同体贡献了中国智慧。

2023 年 3 月，在中国共产党与世界政党高层对话会上，习近平主席面向世界首次提出全球文明倡议，为不同文明更好地实现包容共存、交流互鉴，为世界文明百花园更加繁荣贡献中国智慧，在国

---

[1] 新华社记者：《回应"时代之问"　凝聚"文明力量"——与会外方领导人、嘉宾点赞亚洲文明对话大会》，新华网，2019 年 5 月 16 日。
[2] 蔺妍、蒋励：《联合国教科文组织代表认为推动文明交流互鉴意义重大》，新华网，2019 年 5 月 19 日。

际社会引发强烈共鸣。

全球文明倡议是对各国人民加强团结协作、携手应对共同挑战迫切诉求的及时回应，是对世界各国坚持平等包容、守护世界文明多样性普遍愿望的积极呼应，是对国际社会增进文明对话交流、促进文化繁荣发展共同需求的自觉顺应，是对当今各国推动文明发展进步、共同构建人类命运共同体时代潮流的真挚响应。全球文明倡议和全球发展倡议、全球安全倡议一起构成推动构建人类命运共同体的强大支撑，体现出中国对构建一个持久和平繁荣世界的整体思考。

在匈牙利萨佐德韦格研究所政治分析中心主任基塞伊·佐尔坦看来，当前，世界尤其需要包容与合作，全球文明倡议与共建"一带一路"等倡议一脉相承，其精髓在于促进不同文明、不同国家间的交流合作，"只有这样才能造福世界"。

2023年10月，习近平文化思想在全国宣传思想文化工作会议上首次提出。"着力加强国际传播能力建设、促进文明交流互鉴"正是习近平文化思想的最新成果之一。

"我们愿同国际社会一道，努力开创世界各国人文交流、文化交融、民心相通新局面，让世界文明百花园姹紫嫣红、生机盎然"。这是新时代中国为人类文明未来发展描绘的美好图景。

文明多样性是人类社会的基本特征。当今世界有超过80亿人口，200多个国家和地区，2500多个民族，7000多种语言。无论是古代的中华文明、希腊文明、罗马文明、埃及文明、两河文明、印度文明等，还是现在的亚洲文明、非洲文明、欧洲文明、美洲文明、大洋洲文明等，都是整个世界和全人类共同创造的文明成果，都值得尊重，都需要珍惜。

文明之间应该秉持相互尊重的态度，而不是相互隔膜、相互排斥、相互取代。历史和现实表明，傲慢和偏见是文明交流互鉴的最大障碍，平等和尊重是文明交流互鉴的前提。在此基础上，不同文明加强对话交流，互学互鉴，求同存异，取长补短，才能共同进步；人类文明才能充满生命力，不断地创造性转化和创新性发展；世界文明之园才能变得万紫千红、生机盎然。

文明交流互鉴，是增进各国人民友谊的桥梁、推动人类社会进步的动力、维护世界和平的纽带、打造人类命运共同体的重要思想基础。不同文明彼此兼收并蓄，将为人类提供共同的精神支撑和心灵慰藉，推动人类携手应对全球挑战，迈向共同发展、共享繁荣的美好明天。

温暖世界的文明足迹

地中海冬日的阳光温暖和煦，透过雅典卫城博物馆的玻璃，为一座座精美的古希腊雕像涂上金边。2019 年 11 月 12 日，习近平主席和夫人彭丽媛在时任希腊总统帕夫洛普洛斯夫妇陪同下，参观这座承载古希腊文明厚重记忆的博物馆。

从古希腊大理石雕像上的"拔火罐"图案谈到古代中医，由帕特农神庙三角楣上的众神雕像联系到中国古籍《山海经》，从酒神剧场复原模型讲到艺术和教育……习近平主席仔细听取讲解，时而询问历史细节，时而同大家交流。

　　"交流互鉴是文明发展的本质要求""中希都支持文明交流互鉴，反对文明冲突谬论""双方应该继续发挥各自文化底蕴优势，共同打造不同文明以及各国人民和谐共处之道，为当今世界和平和人类进步提供更多有益启示"……帕夫洛普洛斯发出这样的感慨，"如果世界各国都秉持这样的理念，人类前进的道路将越走越宽广"。

　　"我访问过世界上许多地方，最喜欢做的一件事情就是了解五大洲的不同文明，了解这些文明与其他文明的不同之处、独到之处，了解在这些文明中生活的人们的世界观、人生观、价值观"。[1]2013年以来，从墨西哥奇琴伊察玛雅文明遗址到埃及卢克索神庙，从捷克斯特拉霍夫图书馆到乌兹别克斯坦布哈拉古城，习近平主席的"文明之旅"，勾勒出不同文明相交相知、互学互鉴的动人画卷，也让"各美其美，美美与共"的中国理念不断深入人心。

　　仿佛一名"文明使者"，中国领导人带着开阔的文化视野、深厚的文化积淀和坚定的文化自信行走世界，架设起文明交流互鉴的桥梁，为中国特色大国外交书写浓墨重彩的文明篇章。

　　在法国尼斯，习近平主席与法国总统马克龙畅谈欧洲文艺复兴；在罗马，习近平主席和时任意大利总理孔特共同见证意大利返还796件套中国文物艺术品；在金奈，习近平主席和印度总理莫迪闲庭信步，追溯中印文明互学互鉴渊源。谈文学、聊历史、访古迹……中国领导人对文明交流互鉴的热忱，对中华文明的深刻理解，对不

---

[1] 习近平：《在联合国教科文组织总部的演讲》，《新华每日电讯》2014年3月28日，第2版。

同文明的尊重礼敬，对人类社会命运与共的精辟阐释，让国际社会印象深刻。

元首外交引领下，中外人文交流精彩纷呈，拉近了各国民众彼此距离，将友好的种子播撒在人们心间。吸收了中华文明精髓的中国理念、中国方案，正在为破解人类难题提供有益启示，赢得日益广泛的支持认同。

习近平主席倡导的文明观，以构建人类命运共同体理念为指引，强调不同文明应当正视差异、彼此尊重、互学互鉴、和而不同，点亮了通向世界和平发展的思想明灯，向世界展现了中国为促进世界和平发展而努力的博大胸怀和责任担当。英国东亚委员会秘书长阿利斯泰尔·米基对习近平主席倡导的文明观和人类命运共同体理念深表赞同："面对挑战，唯一的出路就是全人类作为一个整体共同行动。"[1]

习近平主席的"文明足迹"仍在延伸。中华文明将在"各美其美，美美与共"的交流互鉴中，让古老文明的智慧照鉴未来，以更加精彩的文明发展成就贡献世界。

美美与共的文明方案

九层塔上的风铃随风轻吟，壁画上的飞天含笑不语。2019 年 8 月一个晴朗的夏日，流沙中沉寂千年的莫高窟迎来习近平主席的

---

[1] 党琦、蒋励等：《为世界文明交流互鉴指明正确路径——海外人士热议习近平主席在亚洲文明对话大会开幕式上的主旨演讲》，新华网，2019 年 5 月 17 日。

到访。

"敦煌文化是中华文明同各种文明长期交流融汇的结果。我们要铸就中华文化新辉煌，就要以更加博大的胸怀，更加广泛地开展同各国的文化交流，更加积极主动地学习借鉴世界一切优秀文明成果"。习近平主席在敦煌研究院考察调研时这样说。

灿烂的敦煌文化，正是世界各族文化精粹的融合，也是中华文明几千年源远流长、不断融会贯通的典范。2000多年以来，当轻盈顺滑的丝绸为西方人带来一种崭新的东方生活方式，当印度香料随商人的驼队和商船流入，当印刷术西传，当基督教东渐，人类文明在古丝绸之路上璀璨绽放。敦煌作为贯通亚欧的古丝绸之路上一座重要枢纽，东西方文化在这里汇聚交融，书写了不同文明交流对话、互鉴共进的美好篇章。

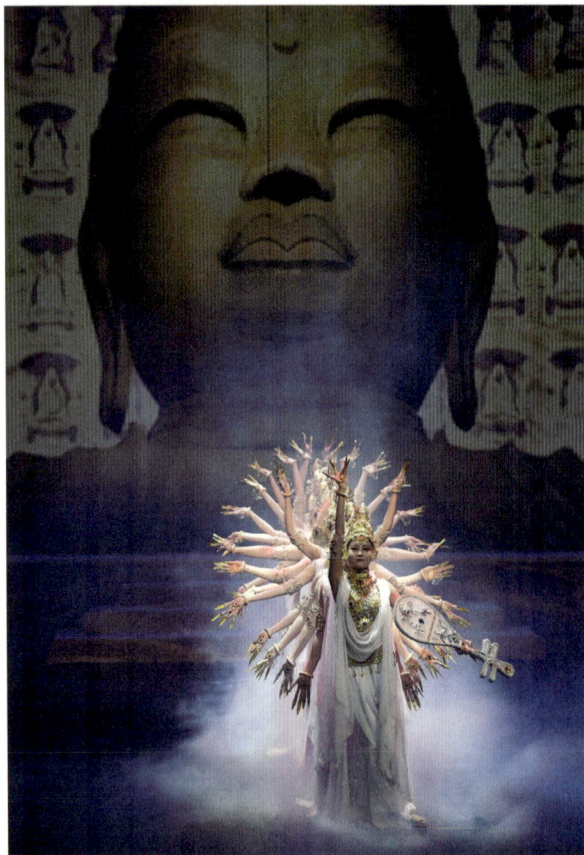

2019年4月2日，演员在甘肃省敦煌市敦煌大剧院表演舞剧《丝路花雨》。（新华社记者 陈斌 摄）

　　而今，从国际文化博览会到国际旅游节，敦煌继续见证着新时代"一带一路"上各国互联互通、互学互鉴、互利共赢的丰富实践和成果，继续绽放着丝路明珠的耀眼光芒。

　　文明交流互鉴，伴随着中华文明演进的历史进程。先人们用互美互鉴的深邃哲学与思想气度，推动文明的相遇相知，其他文明也从中华文明中汲取了无数宝贵养分。如今，世界已经进入大发展大变革大调整的时代。不同国家如何相处？世界和平如何维护？文明光芒如何熠熠生辉？中国在思考，也在行动。推动文化创新与合作，加强文明交流与对话，让人类文明的丰富成果造福更多民众——这是中国的选择，也是时代的呼唤。

　　中国的"文明方案"，蕴含在丰富的外交思想和理念中。从和平共处五项原则的提出，到独立自主、自力更生的路径选择；从永不称霸、永不对外扩张的坚定承诺，到和平发展、合作共赢的开阔胸襟，中国的世界秩序观和外交思想理念中，始终闪耀着深厚的文明底色。

　　以推动构建人类命运共同体为总纲，呼吁引导经济全球化朝着更加开放、包容、普惠、平衡、共赢的方向发展，倡导创新、协调、绿色、开放、共享的发展理念，主张开放、融通、互利、共赢的合作观，倡导共商共建共享的全球治理观，倡导和平、发展、公平、正义、民主、自由的全人类共同价值，主张共同、综合、合作、可持续的新安全观，倡导构建相互尊重、公平正义、合作共赢的新型国际关系……这些中国主张，深刻反映着中华民族协和万邦的处世之道，天下为公的治理思想，天人合一的生存理念，革故鼎新的改革精神，是中华文明对人类文明的重要贡献。这些中国方案，也必将伴随着中国知行合一的实践探索，深刻改变世界文明格局和话语格局。

中国的"文明选择"，展现在扎实有力的外交实践中。平等、互鉴、对话、包容的文明观，蕴含在多边与双边交往的诸多细节中：从雁栖湖畔到西子湖畔，再到长城脚下，重大多边、主场外交场合，丰富多彩、独具匠心的文化活动融汇东西方元素，激发精神共鸣；从非洲到拉美，中国推动的诸多人文交流举措引发广泛好评，促进多元互动人文交流格局的形成；在高层引领下，中外高级别人文交流机制日益丰富，与多个国家互办"文化交流年""旅游年"等活动，日益成为深化双边关系举措的"标配"；历经20多年发展，中国国际旅游交易会日益成为国际旅游业界交流与合作的重要平台与年度盛会，中国以海纳百川的胸怀打破文化交流壁垒，与各国共享文旅业发展红利……推动人文交流和文明对话，已经成为中国外交的重要支点和靓丽风景，为文明的共生共荣、合作共享提供更多通道。

中国所倡导的文明观，为国际和地区组织增添人文视角，为国际合作拓展文化版图。上合组织，人文合作与安全、经济齐头并进；金砖国家合作机制，人文交流与经贸财金、政治安全"三轮驱动"。作为金砖合作和上合组织重要成员，中国为这些合作机制注入"人文气质"，发挥重要引领。

共建"一带一路"倡议提出以来，中国携手各国展开文明对话，持续推动教育、科学、文化、考古等多领域合作。从联合拍摄电影电视剧，到倡导共建丝路国际图书馆联盟；从推动中外联合考古，到促成深度文旅合作，中国的"文明行动"，为促进"一带一路"共建国家经济社会发展、人民心灵相通、不同民族文化大交流、文明大融合贡献力量。共建"文明之路"，逐渐成为各共建国的思想共识，为消弭隔阂与误解、开启美美与共的多元文明时代注入动力。

"无论是中国的历史文化传统，还是当今中国日益开放、进步、发展的事实，中国都有力地回击了'文明冲突论'和'国强必霸论'"。希腊前总统帕夫洛普洛斯说。

"对话可以促进平衡，中国文明是和谐与平衡的文明"。法国前总理拉法兰说。[1]

回望历史，丝绸之路、茶叶之路、香料之路，条条大路曾把不同大陆紧密相连。放眼当下，中外文明对话的合作机制日益完善。今日之中国，正以开放包容的姿态拥抱世界、以精彩纷呈的文明成就贡献世界，促进不同民族心灵相通。不同文明互学互鉴，为了共同的发展和繁荣携手前行，必将汇聚起构建人类命运共同体的强大力量，也为塑造人类文明的美好未来贡献力量。

二、东学西渐的真历史

拨开西方叙事的迷雾

翻开西方人编写的历史书，读者常会看到这样的历史发展脉络：从古希腊到罗马，从罗马到欧洲，从欧洲文艺复兴到启蒙运动，从政治民主到工业革命……西方文明创造了无数文明成果，达到了人

---

[1]《多国官员表示　文明互学互鉴尤为重要》，央视网，2019 年 5 月 14 日。

类文明发展的高峰。

在这样的叙事中，西方文明从古希腊时代起就不断"自力更生"，仅凭自身的卓越创造力、理性和社会民主特性，完全无须借助外部帮助就获得了巨大成功。在这种西方叙事中，东方文明在过去较长历史时期里给予西方文明的积极影响被刻意忽略了。

这种盲目"优越感"导致的一个结果是，在不少西方人的认知里，欧洲历史是一条高歌猛进的"直线"，而东方历史则是一个停滞不前的循环。事实上，这种把世界历史的发展和西方崛起混为一谈的逻辑，是一种富有欺骗性且漏洞百出的西方中心论。

近年来，已有越来越多的研究表明，东西方从公元500年左右就建立了联系，而从公元500—1800年，东方在诸多方面比西方更先进，在促进近代西方文明的崛起方面发挥了至关重要的作用。比如，英国学者霍布森的研究发现，东方在公元500年左右缔造了一种全球经济和全球联系网，这些更为先进的东方"资源组合"，包括东方的思想、制度、技术等，通过多种途径传播到西方并被其吸收。同时，伴随着15世纪以来西方帝国主义的崛起，欧洲人开始攫取东方各种经济资源，从而使西方的整体崛起成为可能。[1]

越来越多的史学研究表明：意大利人"开创"的金融制度，其实源自伊斯兰商人；水车的起源并非在罗马帝国，而是出现在公元前1世纪的中国，在传入欧洲之前已在中东地区广泛应用；

---

[1] [英] 约翰·霍布森：《西方文明的东方起源》，孙建党译，山东画报出版社，2009年版，第18页。

最早的风车并非由欧洲人在 13 世纪发明，而是出现在 644 年的波斯；马镫最早出现在公元前 2 世纪的印度，而后在 3 世纪的中国取得长足发展，其发明者显然不是生活在 8 世纪的法国人查理·马特；第一支金属枪身的火枪和第一门大炮都出现在 13 世纪的中国，而不是意大利或英国；[1] 1700 年后，刺激英国农业和工业革命的主要技术和科技思想，从蒸汽机到鼓风炉，从炼钢法到纺织机，都来自中国……[2]

欧洲在自身发展的多个重大阶段，从东方思想、制度和技术中汲取了丰富营养。美国历史学者威尔·杜兰特在《世界文明史》中指出："今天的西方文明……与其说系于克里特、希腊、罗马，不如说系于近东……近东才真正是西方文明的创造者。"

当西方人津津乐道"达·伽马神话"，宣称这名葡萄牙探险家于 15 世纪"第一个"绕过好望角、远航抵达东印度时，他们没有说出，伊斯兰航海家艾哈迈德·伊本·马吉德早在达·伽马前数十年就已绕过好望角抵达非洲西岸，经直布罗陀海峡进入地中海；爪哇人、印度人和中国人都在达·伽马之前数十年远航到好望角。而达·伽马之所以能够成功抵达印度，是因为他有一个不知名的穆斯林领航员作引导。更进一步讲，所有能使达·伽马的航行得以成功的航船以及航海技术技巧，实际上都是中国或伊斯兰国家发明的。[3]

---

[1] 武斌：《文明的力量：中华文明的世界影响力》，广东人民出版社，2019 年版，第 82—145 页。

[2] [英] 约翰·霍布森：《西方文明的东方起源》，孙建党译，山东画报出版社，2009 年版，第 266 页。

[3] [英] 约翰·霍布森：《西方文明的东方起源》，孙建党译，山东画报出版社，2009 年版，第 148 页。

固执于欧洲中心论的人们，或许应该听听美国人类学家鲁斯·本尼迪克特的话：文明是逐渐建立起来的，时而是由于这一部分人的贡献，时而则是由于另外一部分人的贡献……狭隘主义可能改写历史，而仅仅大肆宣扬自己族群成就的历史学家，同样是狭隘主义者。

站在人类文明的视角俯视世界，东西智慧，彼此照亮，条条大路，殊途同归。人类历史本就是一部东西方文明交互交融、共生共荣的历史。世界上并非只有一个文明中心，也没有始终孤立存在的"先进文明"。超越文明中心的错觉，重归文明多元的常识，需要拨开迷雾，正视历史。

寻找启蒙运动的"东方启蒙"

"这个礼物很珍贵，我要把它带回去收藏在中国国家图书馆。"2019年3月下旬，正在法国访问的习近平主席收到一份特殊国礼——1688年法国出版的首部《论语导读》法文版原著。这本300多年前的中国古书在法国迅速"走红"。

法国文化人心中，这本《论语导读》弥足珍贵。17世纪后期，从中国归来的欧洲传教士，带回大批中国文化译著，也带回他们领悟的中国精神。整个18世纪，中国文化风靡欧洲。上流社会和贵族阶层热衷于收藏来自中国的瓷器、漆器、丝织品，以模仿中国的生活方式和艺术品位为时尚。而法国知识界对中国社会制度的熟悉程度，甚至超过对欧洲一些地区的了解。

华夏大地上，高度发达的农耕文明孕育出高度发达的政治文明。中华文明始终与外界保持密切交往沟通，自信大度地同域外文明对话，不断汲取外来文明的丰富营养，浇灌绚丽多姿的文明之花。

汉代的百戏堪称国际化表演舞台，博采众长，融汇西方杂技、魔术、驯兽、幻术等多种表演形式。佛教东传后，不仅迅速本土化，还实现儒释道的圆融。从万里驼铃的浩浩丝路长歌，到万国衣冠会长安的盛唐气象；从丝绸和陶瓷成为中国文化最靓丽的名片，到宋、元、明代中国文化漂洋过海……这是工业革命前的全球化史，以独特的东方智慧，充实了人类制度、文化和思想宝库。

欧洲人看到，一个东方民族按照自然之道，生生不息，延续文明。当传教士努力寻找中国文化思想与基督教的共通之处时，探寻思想解放的欧洲哲人，则找到了反对宗教专制和政治压迫的有力武器。[1] 孔子和他代表的东方智慧点亮了欧洲的启蒙时代，犹如一盏思想明灯，引导西方从神学世界走入世俗人间。

伏尔泰在《哲学辞典》中说，他从孔子著作中吸取精华，感受到最纯洁的道德，而欧洲人应当在道德上"成为中国人的学徒"。在他看来，《论语》所倡导的"己所不欲，勿施于人"，应成为每个人遵守的座右铭。[2] 法国大革命时期的罗伯斯庇尔把这句箴言视为自由道德的标准，写进了《人权宣言》。[3] 德国启蒙运动先驱莱布尼茨推崇中国文化，把来自中国的知识视为"不可估量的财富"。受到宋明理学等思想启发，他构建起"理由律"，也把中

---

[1] 郑汉根：《东方有圣人》，线装书局，2008年版，第5页。

[2] 武斌：《文明的力量：中华文明的世界影响力》，广东人民出版社，2019年版，第279—290页。

[3] 张维为：《这就是中国》（第16期　解构"西方中心论"），观察者网，2019年5月5日。

国的哲学精神引入欧洲哲学思想体系中。[1] 17 世纪荷兰理性主义哲学家斯宾诺莎在研究中国的政治制度后得出结论，中国是一个遵循自然法的国家，而不是像欧洲那样政教合一，中国治理国家的方式更符合人性。

当代人提及西方经济学，多半想到亚当·斯密的《国富论》，却不知亚当·斯密的思想深受重农学派影响。马克思认为，重农主义体系是资本主义生产的最早系统解释，他把重农学派代表人物魁奈称为"政治经济学始祖"。而魁奈是中国文化的崇拜者，被称为"欧洲的孔夫子"。重农学派主张依照自然法，重视农业，破除政治干预，实现经济自由。而"自然法"的根源，正是中国的"道法自然"思想。[2]

中国政治制度对欧洲的影响同样深远。中国的开明君主制让不少欧洲启蒙思想家产生共鸣。他们深信，中国君主以儒家理性价值观治理国家，以伦理道德服人，对社会教化影响深远，应当成为欧洲社会伦理和政治的榜样。[3] 伏尔泰感叹，当欧洲的王族和商人在东方只专注于追逐财富时，"哲学家们则在那里发现了一个新的道德与物质世界"。而中国的文官制度和选贤任能传统，打破了欧洲的世袭官制和门第思想，使得公开竞争考试的文官制度得以在欧洲推广。西方的各种政治学教科书中，都把文官制度的创始者归于中国。

放眼整个启蒙时期的欧洲，西方的思想家们几乎都对中国文化

---

[1] 朱谦之：《中国哲学对欧洲的影响》，世纪出版集团、上海人民出版社，2006 年版，第 54—97 页。

[2] 郑汉根：《东方有圣人》，线装书局，2008 年版，第 9 页。

[3] [美] 孟德卫：《1500—1800：中西方的伟大相遇》，江文君等译，新星出版社，2007 年版，第 163—189 页。

有了解，而理性思想则是他们从中国文化中发现的重要思想智慧。欧洲在与东方世界的深入接触中，深受恒久浩大的中华文明震撼，尤其在 17—18 世纪，把中国视为其"近代转型"的文明样板。在广阔的人类文明视域和历史坐标系中，东西方文明这一时期的相遇和对话脉络如此清晰。

然而，仅仅不到一个世纪，欧洲人却"集体失忆"，通过身份的重新塑造，摇身变成了所谓的"高等文明"，最终呈现给世界一种截然不同的叙事：欧洲始终是先进生产力和文化的代表，东方却是退化落后制度的代名词。那个西方"发现"东方、钦慕称羡中华文明、一批睿智西方思想家敏锐揭示东西方文化共性和个性价值的时代戛然而止。

启蒙运动尽管借鉴并吸收了大量来自中国的东方思想，但这些思想随后却被精心包装成一种知识体系。在这一体系中，东方被假想成"未开化地区"，从而导致了帝国文明化的使命和对东方的压迫。[1]

诚然，西方文明对于推动人类社会发展发挥了重要作用，但"西方中心论"早已为世界多种文明共存、多元文明中心的事实所否定。

其他文明的繁荣和兴起并不意味着西方文明的衰落。只要不抱偏见，坦然接受文明平等的理念，就能理解文明共存和文明互鉴的道理。文明的多样性之于人类社会就像生物的多样性之于自然界一样。人类文明共存的结果是共同发展成长，而不是某一文明绝对地处于优势和领导地位，更不是某种单一文明"终结历

---

[1] [英] 约翰·霍布森：《西方文明的东方起源》，孙建党译，山东画报出版社，2009 年版，第 99 页。

史""统治"人类。

三、用一盏灯点燃另一盏灯

对话，驱动文明发现

"公元前 4 世纪，古希腊人给遥远的中国起了一个美丽的名字'丝之国'。16 世纪欧几里得的《几何原本》传入中国，成为中西科学交流的先导。古希腊戏剧家埃斯库罗斯塑造的普罗米修斯形象曾经激发中国革命志士仁人的昂扬斗志。柏拉图的《理想国》、亚里士多德的《政治学》也早就传入了中国……"

2019 年 11 月 10 日，在对希腊共和国进行国事访问之际，习近平主席在希腊《每日报》发表题为《让古老文明的智慧照鉴未来》的署名文章。在娓娓道来的讲述里，蕴含着深刻的历史经验和哲理：正是在交流互鉴中，东西方文明彼此发现、彼此启迪。对话，是驱动文明前行的动力。

文明之交汇碰撞、平等对话，乃是塑造自身精神品格、维持永续生命力的必由之路，也是不同文明大交融、大繁荣的基础。这样的文明之光，不仅在亚欧大陆的两端交相辉映，也曾在中国南海的广阔海面上留下时代帆影。

从唐宋到明清，一条条自由航行的商船上，佛教、犹太教、天主教、伊斯兰教、儒学、道教等各类宗教和思想在海上丝路碰撞交汇；玉米、番薯、花生等"番邦物种"在南海周边自由传播；中国的养蚕、制瓷、纺织、火药等技术在南海周边广泛流传；甚至中国文化还曾深深植入南海古国的政治制度和人才选拔体系。[1]南海诸国的生产技术和物产资源，也源源不断地进入中国，开启一段美好的外交大时代。交趾（今越南）的甘蔗种植和蔗糖生产技术，在汉代就已传入中原；明代中国彩瓷工艺走向巅峰，与郑和从南海诸国带回的多彩颜料密切相关；南海诸国的丰富物产，推动中医药向前发展……[2]

然而，文明的浮沉，始于扁舟，毁于战船。16 世纪开始，西方大踏步前行，将长期雄踞世界之巅的东方古国远远甩在身后，带着资本主义工业文明的骄傲，带着"唯一成功和正确发展逻辑"的偏执，打着"自由贸易"旗号，开始了在不同国家和地区的殖民时代。穷兵黩武、殖民统治、压榨攫取、干涉打压……一些文明残缺变形，消失无踪，一些文明迷失自我，沦为附庸。

任何单方面的输入或输出，任何归于一尊的自我中心，都可能让文明对话的天平失衡，让文明发展的道路变窄乃至阻塞。只认同一种文化，只接受一种模式，渲染所谓世界文化西方化、西方文化普世化，不仅违背文化多元化的时代潮流和历史大势，也可能引发严重的认同危机和文化衰落。

历史的车轮滚滚向前，时代变革的浪涌翻转常让人目不暇接。迈入 21 世纪的第一个十年，当一些人依然固守"西方中心"的逻辑，西方文明却在陷入现代性危机。

从全球金融危机到社会治理危机，从政治极化到族群对立，

---

[1] 新华社国际部：《南海文明图谱：复原南海的历史基因》，新华出版社，2017 年版，第 32 页。

[2] 新华社国际部：《南海文明图谱：复原南海的历史基因》，新华出版社，2017 年版，第 38—39 页。

从经济全球化浪潮遭遇挫折到全球治理体系和国际秩序加速变革……曾经自诩的"唯一"不再唯一，曾经自以为的"正确"不再正确。

西谚有言："手拿锤子，看什么都是钉子。"西方面临的困境背后，是难以调和的结构性矛盾和二元对立的哲学思维。要超越自我、摆脱困境，需要新的世界观和方法论，需要带着发现的眼睛观察世界，尊重并理解"他者"的逻辑。

各美其美，美人之美。只要秉持开放包容精神，就不存在隔阂与冲突，就可以彼此发现、彼此欣赏、共存共荣——这是中国人整体观结出的思维硕果，也是中华文明秉持的交往之道。这种兼收并蓄、中道兼合，能够化解西方哲学唯心与唯物的对立，破解人类发展长期存在的多元阻隔、二分极化与统合一体矛盾，为构建一个和谐共生的大同世界提供强大智识支撑。正如法国前总理拉法兰在其《中国的启示》中所说，中国思想是"人类经验另一极"。

以平等的心态对待西方，以西方为镜鉴反观自身，不是为了"让自己变成西方"，或成为西方的又一个"他者"，而是为了消除认知偏差，在交流互鉴中共同前进。爱人如己的博大胸怀，美美与共的中国文化精神，必将在润物无声中启迪世界、增益世界。

创造，延续文明生机

"文化在，则国家存。"清华大学艺术博物馆举办的阿富汗国家宝藏展入口处的展板上写着这样两行文字。

这是 2019 年 5 月的一个春日，展厅内人流涌动。黄金王冠、宝石吊坠、青铜塑像、牙刻壁饰、玻璃彩皿令人目不暇接，其原料、造型、工艺则体现着古希腊文明、古波斯文明、古埃及文明、古印度文明、中华文明等不同时代诸多文明的特征。这批来自阿富汗的国宝，闪烁着东西方文明交汇的历史光彩。

2017年3月，这批来自阿富汗国家博物馆的珍宝首次亮相中国，最早在故宫博物院展出。此后，这批文物先后在敦煌、成都、郑州、深圳等地博物馆"接力"展出。

与中国公众见面前，这批文物从2006年起开始世界巡展，辗转法国、意大利、荷兰、德国、日本、韩国等国的20多家博物馆，以巡展的形式加以保护。故宫展览结束后，珍宝按原计划将赴美国展出，却传来美方取消展览的消息。关键时刻，中方作出决定，把这场国际接力变成国内接力，用中国巡展的方式守护这份人类共同的文明记忆。

这批国宝展现的开放和包容对当今世界仍有启发，而抗战时期为躲避炮火敌寇的中国文物南迁史，也让中国民众对阿富汗国宝的坎坷命运感同身受。以接力展出、创造性策展的方式，讲述东西方文明交流互鉴的历史，是在用文明的力量守护文明，也是一种心灵相通的惺惺相惜。

守护，延续文明记忆。创造，延续文明生机。在文明的交流对话中取长补短，照亮彼此，也照亮未来。

莱布尼茨在《中国近事》一书中写道："中国人以观察见长，而我们以思考领先，正宜两好合一，互相取长补短，用一盏灯点燃另一盏灯。"

2017年3月17日，"浴火重光——来自阿富汗国家博物馆的宝藏"展览在北京故宫博物院开幕。本次展览精选231件（套）阿富汗国家博物馆馆藏珍品，以考古学意义上的发现地点为主线，向观众展示公元前3世纪至公元1世纪的阿富汗历史风貌。图为在北京故宫博物院拍摄的展览开幕式现场。（新华社记者 金良快 摄）

几千年来，文明的行脚人和文明的取经人，沿着海陆丝路，传播文明火种。张骞之于西域，法显之于南亚东南亚，伊本·西拿之于中西亚……他们远赴他乡，传播物种，传授技艺，传承教化，相互启发，不断创新，延续着文明生生不息的火种。

不同文明的交流对话、传承创新构建起人类共同的"成长记忆"和"生存反思"。封闭、排他、对立从来不是人类文明的出路，一个被暴力、仇恨、分裂占据的世界，难有真正的未来。弥合观念和思想的裂痕，增进理解和包容，我们需要打造更加开放包容的对话和创新平台，共同推动不同文明的再发现、再创造、再繁荣，共同启迪关于人类发展与人类命运的再思考。

交融，增进文明共情

夜色下的吴哥别样温柔。曾经沉睡在柬埔寨雨林深处不为人知，数百年后重见天日，吴哥文明却已在外族入侵和殖民蹂躏后湮没无息。破碎的记忆散落于断壁残垣，飘零于封尘古籍。唯有石塔上的笑容如莲花般恒久，见证高棉帝国的复兴与沉寂。直到 20 世纪 90 年代，一场大规模全球性文化遗产跨国保护行动启动，废墟才重现繁华。

为吴哥寻回失落记忆的，有一群中国人。一些在专注修复文物，接续被打断的历史和文化脉络；一些在打造文艺演出，重新演绎那一抹神秘微笑背后的故事。

算起来，中国援助柬埔寨吴哥的文物保护工程已经走过 20 多个年头。从周萨神庙到茶胶寺，再到吴哥王宫遗址，一路走来，多少青春年少化为两鬓斑白。寻配石块搭积木，坍塌的寺庙从瓦砾中重新站立起来；手把手培养木工石匠，让当地的技术团队成长起来；结合实践制定修复标准，完善石刻防风化技术，采集气象大数据，从侧重文物本身保护延伸到侧重文物本体周边环境保护，再到整个暹粒地区发展……这是一部恢宏浩荡的吴哥"复活记"。

中国的无偿援助不仅保护了吴哥珍宝，帮助柬埔寨修复文明之魂，也带动当地经济社会和文化发展，深受政府和民众认可。当吴哥重新向世人展现曼妙身姿，它所唤醒的人类情感又何尝不是延续文明的动力。柬埔寨一名前国家领导人曾说，吴哥是柬埔寨人民最珍贵的文化遗产，修好它，"就抓住了柬埔寨人民的心"。[1] 文物保护与联合考古，已经成为拓展文明对话、拉近彼此心灵的纽带。

每次登台前，柬埔寨舞蹈演员皮克迪都会按照当地传统焚香祈祷。白天，她是一家西餐厅服务员。夜晚，她化身"仙女"，为全球观众演绎遥远的吴哥故事。作为大型舞蹈史诗剧《吴哥的微笑》的舞者，皮克迪格外珍惜每次演出机会，希望通过自己的表演，把吴哥文化传向世界。

《吴哥的微笑》由中国企业与柬埔寨文化部门合作推出，中柬两国艺术家联袂出演，公演已超过 10 年，吸引全球观众超过 180 万人次。《吴哥的微笑》的导演、音乐、舞编等皆由中国艺术家担任，演员团队主要为柬埔寨人。

以中国创意和本土资源，向世界呈现柬埔寨文化之美，正是文明互鉴的价值和要义；从"他述文明"到"自述文明"，同样映照出亚洲文明历经辉煌与劫难的"再发现"之路。

近年来，中国援助了柬埔寨吴哥古迹、蒙古国科伦巴尔古塔、尼泊尔加德满都杜巴广场九层神庙等文化遗产保护修复项目。2018年，陕西省文物保护研究院援助缅甸修复在地震中受损的世界遗产蒲甘他冰瑜佛塔项目也正式启动。同时，中国多次与美国、日本、意大利、德国等国家开展文化遗产保护合作，介绍中国理念和技术。一系列文物保护援外工程的开展和推进，尽显一个文明古国的责任担当和行动力。

---

[1]《我在吴哥修文物——中国援柬吴哥保护二十年》，凤凰网，2016 年 11 月 7 日。

2018 年 7 月 9 日，在柬埔寨暹粒，中国—柬埔寨政府吴哥古迹保护工作队进行茶胶寺保护修复项目的结项收尾工作。（新华社记者 毛鹏飞 摄）

2019 年 4 月，巴黎圣母院遭遇大火。作为法国乃至欧洲文明象征之一，巴黎圣母院灾后修复工作全球瞩目。数月间，中法文化遗产主管部门多次函件来往，讨论合作设想。

"石质文物保护，这是世界难题。中国文化遗产研究院和国内的其他院所在用传统材料、现代科技修复石质文物方面都有很好的实践经验，相信对法国巴黎圣母院的修复会有很好的借鉴意义"。时任中国文化遗产研究院院长柴晓明说。[1]

中国是第一个与法国就修复巴黎圣母院达成政府间协议的国

---

[1] 孙小婷：《光明时评：中国专家将参与巴黎圣母院修复，网友这么说》，光明网，2019 年 11 月 8 日。

家。中国专家带着中国工艺与技术前往巴黎，将传递一种信念：人类文明的共同财富，需要人类一起守护。

文物和遗址的修复，修复民族的精神和心灵家园，促进知识与技艺的交流，文化与审美的互通，心灵和思想的共情。这份水乳交融的共鸣与共情，让人在探寻自身文化根脉的同时，能够欣赏文明的丰富多彩，敞开视野和胸怀，读懂自我和他者。守护共同的文明记忆，凝聚更深切的共识，我们才能携手创造更美好的未来。

四、"现代性"与新选择

"伪命题"背后的"真问题"

20多年前，冷战结束后，一名服务于美国国务院的学者从美苏意识形态之争入手，试图论证未来世界的冲突不再以国家为主要行为体，而是以文明为边界，并暗示伊斯兰文明、中华文明可能成为美国未来潜在的文明冲突对象。[1] 塞缪尔·亨廷顿的"文明冲突论"，在国际学术界引发不小争议。而21世纪初震惊世界的"9·11"事件，更让不少人惊呼"文明冲突论"的"预见性"。

事实果真如此吗？导致"9·11"事件的根本原因是什么？不少学者早已一针见血地指出，美国长期的霸权主义行径和明显有失公允的中东政策，正是加剧贫富分化、制造狂热激进分子、产生恐怖主义

---

[1] [美] 塞缪尔·亨廷顿：《文明的冲突与世界秩序的重建》，周琪等译，新华出版社，2013年版，第21—48页。

的根源。而"文明冲突论"，一方面刻意渲染不同文明的差异性，另一方面忽视造成冲突的政治、经济、社会等深层根源，"只见树木不见森林"。[1]西方视角下所谓的"文明冲突"，大多是在私欲裹挟下的利益冲突。"文明冲突论"不仅是个伪命题，而且本身就暗含某种种族优越感。

其实，亨廷顿本人后来也曾反复"辩解"，他强调的是不同宗教、民族、文化之间的差异和碰撞会在世界历史、国际关系进程中产生重要作用，要重视文明这一"变量"。他并不赞成所谓的"文明冲突"，认为未来世界将不存在全球性文明，而是由不同文明组成的世界，"所有文明都必须学习共存"。[2]

然而，让人出乎意料的是，时隔20多年，"文明冲突论"不仅再次引发一轮"舆论风暴"，而且成了新一轮鼓吹"西方中心论"者的"理论武器"。当美国政府官员使用这一用语来描述国家间的互动逻辑时，迅速引发了国际社会担忧。

煽动"文明冲突"的固然只是少数政客，但这背后隐含的思想脉络和心理模式值得深思。而其与民粹主义、保护主义、种族主义等相互呼应的姿态，也令人警醒。

每年年初在德国举行的慕尼黑安全会议，都是观察全球政治格局演进的一个重要窗口。曾多次受邀出席慕安会的中国资深外交官傅莹，对于西方世界近年的"战略焦虑"，有着深刻感受。2017年

[1] 郑永年：《"文明冲突论"为什么是错误的？》，观察者网，2019年5月19日。
[2] 潘光：《为什么说"文明冲突论"是伪命题》，《文汇报》2019年6月24日，第6版。

慕安会报告提出了"后真相、后西方、后秩序"的全球变局挑战，2018 年探讨了"超越西方"的时代特点，2019 年提出"全球拼图：谁来拼起碎片"的紧迫问题。2020 年以"西方的缺失"为主题，进一步拓展了欧洲战略界的反思。2021 年，受新冠疫情影响，慕安会未能如期举行，代以一场线上对话作为先导活动，主题为"超越西方缺失：恢复跨大西洋合作，应对全球挑战"。2022 年慕安会报告主题为"摆脱无助感"，2023 年的主题为"重塑愿景"，2024 年主题为"多输"。

在傅莹看来，"西方缺失"反映了弥漫在西方内部的集体焦虑情绪——担心西方在急剧变化的世界格局中失去主导地位，担心欧美统一立场因正在生成的不同理念和利益取向而受到侵蚀，担心西方主导的世界体系被"修正""替代"等。一方面，欧洲看到西方"体系性危机"正在发生，但也认为西方"自觉"犹在，并非行将"终结"。另一方面，他们对中国等新兴力量融入西方主导的世界体系进而不断壮大感到不适。越来越多的欧洲有识之士认识到，中国崛起势不可当，无法逆转，欧洲乃至西方须努力适应，找到与政治制度迥异的中国和平共存的路径。[1]

诚然，历史的巨浪已经冲高到时代巨变的转折点。非西方世界的群体性崛起，正在见证全球生产力与财富的重新分配。过去以西方为中心的"一元现代性"框架，已不能不为"多元现代性"所取代，

---

[1] 傅莹：《在慕安会感受西方对华复杂态度》，观察者网，2020 年 2 月 21 日。

美国的霸权与强权趋于式微，资本主义世界的危机，也在日益凸显。[1]
新冠疫情的全球蔓延，加速了这一趋势。

俯瞰历史长河的奔流，西方构想的"世界文明秩序"，其实是
西方精神的自我镜像，是想当然地将其地域性知识"普世化"。

以西方为中心的文明观，视国家争霸、弱肉强食、追逐利益为
历史演进的必然，并将其所主张的"自由""民主"看作人类意识
形态和政治形态的终点。显然，这种文明观的隐含前提是霸权思维，
其哲学根源是社会达尔文主义。[2]

人类社会的共同目标应当是建立公平与正义的社会，促进民众的
美好生活。历史一再证明，西方推行殖民主义、争夺世界霸权，以及
经年不息的"民主输出"和煽动对立，经常是世局纷乱与灾难之源。

以西方文明判定"进步"与"落后"的坐标，已经错位失灵。
所谓文明的冲突，不过是为霸权主义披上一层文明的薄纱，为维系
单极世界而抬出的一份苍白说辞。早有西方历史学家警告，依据种
族主义政治而塑造的东西方两极分裂，不会带来和平与繁荣，只会
加剧冲突和对立。[3] 重新审视全球共同的历史，方能携手创造一个
更好的未来。

人类社会已经进入 21 世纪，人类文明也发展到很高程度，如果
现在还鼓吹甚至制造文明冲突，就是开历史的倒车。鼓吹"文明冲

---

[1] 朱云汉：《高思在云：中国兴起与全球秩序重组》，中国人民大学出版社，2015 年版，第 5 页。

[2] 郑永年：《"文明冲突论"为什么是错误的？》，观察者网，2019 年 5 月 19 日。

[3] [英] 约翰·霍布森：《西方文明的东方起源》，孙建党译，山东画报出版社，2009 年版，
第 148 页、第 260—281 页。

突论"的人，内心深处残留着西方文明优越论的潜意识。他们没有准备好，也不想接受任何非西方文明国家的发展和振兴，但这显然有失公允。作为平等的国际社会成员，各国都有发展的权利。"只有所有国家都发展起来，我们这个世界才能够繁荣稳定，我们才能共同建设好人类唯一居住的地球村"。[1]

从"依附性陷阱"到"文明的追随"

当 2021 年的新春阳光冲破乌云照耀世界，中东地区多国民众依然笼罩在新冠疫情的沉重阴霾中。中国疫苗的到来仿佛一场及时雨，为不少国家带来战胜疫情的信心和希望。

从叙利亚的烽火连年，到巴以问题的世纪难题，中东"火药桶"似乎一直处在引爆边缘，而国家富强、人民安居的梦想，始终遥遥无期。人们在思考，中东之乱，解药何在？

近百年来，渴望实现复兴的阿拉伯世界，一直在探寻适合自身的政治制度和治国模式。一些西方国家或带着前宗主国的傲慢，或打着利益攸关者的旗号，把奉为圭臬的西方民主制度强力输出或粗暴嫁接到中东土壤上，反复上演着南橘北枳的悲剧。

进入 21 世纪，在阿富汗、伊拉克等被西方国家武力输出民主的国家，西式选举同样没有带来社会的稳定发展，相反加剧了不同教派民族的对立冲突，致使极端组织"伊斯兰国"趁机崛起。[2]

---

[1]《国务委员兼外长王毅接受路透社专访实录》，中华人民共和国外交部网站，2020 年 2 月 15 日。
[2] 田文林：《专家：阿拉伯分裂无力复兴　大一统中国才能崛起》，环球网，2014 年 8 月 26 日。

历史总是惊人的相似，新一轮"阿拉伯之春"启动了"政治民主化"进程，同样没有扭转国家发展之困，反而变成"阿拉伯之冬"。

其实，阿拉伯世界的民主迷思并非特例。放眼全球，一波波民主化退潮早已不新鲜。一些拉美和加勒比国家移植的西方式的民主制度弊端日益显现，拖累经济社会发展。非洲也遭遇了类似困境。

西方自由民主移植到发展中国家为何普遍治理绩效不佳？从政治学角度分析，是由于"共识政治"的缺失。不同国家背后是民族、文化、历史乃至文明的巨大差异。想在截然不同的条件下推行同一种模式，轻则水土不服，重则引发危机。不少非西方社会的思想者在反思：现代化道路，是否只有西方一种模式？文明的发展，究竟应该选择怎样的方向？

2009 年，约旦学者萨米尔·艾哈迈德《文明的追随》在阿拉伯世界出版，颇受欢迎。2014 年，这本书的中文版出版，书名副标题引人瞩目："中国的崛起与阿拉伯人的未来"。

"我们阿拉伯人很少关注东方，我们的案例、研究对象大都着眼于西方。西方用武力征服我们，之后又迫使我们跟随其后，而我们也一直在像伊本·哈勒顿所说的那样在做：被征服者绝对是征服者忠实的模仿者。"艾哈迈德如是说。[1]

他认为，过去 200 多年间，阿拉伯人一直关注西方的文明经验，但西方经验并没有帮助阿拉伯人实现复兴。阿拉伯世界与美国之间

---

[1] [约旦] 萨米尔·艾哈迈德：《文明的追随：中国的崛起与阿拉伯人的未来》，刘欣路、吴晓琴译，北京师范大学出版社，2014 年版，第2—3 页。

存在巨大的文明差异，美国用各种借口控制、利用阿拉伯人，并打击异己，而阿拉伯人仅凭一己之力，很难缩小与其之间的发展鸿沟。

艾哈迈德指出，阿拉伯复兴事业应积极借鉴中国的"非模式化崛起"经验；基于历史基础和现实条件，阿中两大文明可以相互扶持，实现"中国梦"和"阿拉伯梦"。

所谓"非模式化"，是指发展过程中不会用一种固定、神圣化的模式来衡量各种举措计划。[1]如果用中国人的话说，就是不拘泥于教条，具体问题具体分析，独立自主，实事求是，改革创新。

在欧洲殖民者入侵阿拉伯世界之前，阿拉伯复兴运动正是遵循"非模式化"，不受意识形态束缚，以民族复兴为最高目标，将外部经验拿来改造后为己所用，使之符合国情和文化。艾哈迈德认为，这才是阿拉伯和伊斯兰世界复兴的唯一正确道路。

"如果说自拿破仑以武力打开阿拉伯世界大门以来，西方列强出于种种原因一直剥削、压迫阿拉伯世界，那么有希望成为世界上重要一极的中国不会像西方一样对待阿拉伯世界，而是会与我们站在一起，与我们携手创造公正的国际环境，解决阻碍阿拉伯文明进步的各种问题。"[2]这是一名学者的沉思，在某种程度上，也为"中东之问"提供了一个令人信服的答案。

每个国家都渴望更加美好的明天，每种文明都有创造美好生活

---

[1] [约旦] 萨米尔·艾哈迈德：《文明的追随：中国的崛起与阿拉伯人的未来》，刘欣路、吴晓琴译，北京师范大学出版社，2014年版，第68页。

[2] [约旦] 萨米尔·艾哈迈德：《文明的追随：中国的崛起与阿拉伯人的未来》，刘欣路、吴晓琴译，北京师范大学出版社，2014年版，第151页。

的权利。伟大的文明不会带着傲慢与偏见贬低其他文明，更不会粗暴践踏其他文明。执意改造其他文明，只会引来更多对抗。真诚的对话和学习，能够启迪智慧，催生前进动力。

从中东到非洲，从拉美到中亚，摆脱"依附性陷阱"，以文明互鉴超越文明冲突，以"文明的自觉"替代"模式化"输入，中国给那些既想加快发展又想保持自身独立的国家和民族提供了一种全新选择。

五、迈向复兴的文明梦想

中国道路再思考

在新冠疫情和世界经济深度衰退的背景下，中国成为 2020 年全球唯一实现正增长的主要经济体。疫情大考下，中国向世界交出一份亮眼答卷：率先控制疫情、率先复工复产、率先实现经济增长由负转正，三大攻坚战取得决定性成就。面对疫情引发的全球性危机，是什么让中国经济一枝独秀？

拉长时间轴，端起历史的望远镜去观察，才能看得清中国发展壮大的脉络，理解中国与世界互动的逻辑。

数千年来，中国曾长期居于世界农业文明的中心。工业文明虽比西方晚起步，但在新中国成立的 70 余年间，一路拼搏赶超，如今已实现全球工业产业规模最大、产业体系和链条最完整，并逐渐迈向世界工业文明中心。

中国的发展打破了人类社会的历史纪录，颠覆了种种解释模型和理论预期。越来越多海外学者开始探究中国的"发展密码"及其背后的"文明变量"。不少学者认为，中国选择的道路使传统文化与现代文明有机融合，既保持灵活性，又凝聚向心力。

在中国台湾地区学者朱云汉看来，中国传统的政治观念一向重视"民本主义"。"民为邦本，本固邦宁。"对于众多发展中国家而言，全力消除贫困、改善民生，才能为百姓带来真正的安全感与获得感。这也纠正了西方人权概念中的一个认知偏差：只重公民权，不重民生权。西方人似乎很少把消除贫困视为人权问题，至多把消除贫困看成消除享受人权的障碍。[1]

中国共产党以人民为中心的发展思想、全心全意为人民服务的执政理念，与贯穿中华文明数千年历史的"以人为本"的价值追求彼此呼应。面对突如其来的新冠疫情，中国政府始终把人民的生命安全和身体健康放在首位，全力治病救人，保护困难群体，得到了百姓的充分拥护和极大信任。

加拿大资深中国研究专家贝淡宁认为，中国的政治尚贤制不仅能选拔出能力超群的领导者，而且依此体制选拔出的领导者更具长远眼光和全局意识，能够作出更加具有说服力的政治决断。[2] 政治尚贤制更适合像中国这样的大国，它能够有效规避民主选举制的主要缺陷。

同时，好的政治制度设计转化为好的国家治理，需要有效的执

---

[1] 朱云汉：《高思在云：中国兴起与全球秩序重组》，中国人民大学出版社，2015年版，第8页。
[2] [加] 贝淡宁：《贤能政治》，吴万伟译，中信出版集团，2016年版，第36—77页。

行实体。在中国，这个执行者是一个强有力且长于自我革新的执政党及其政府。英国学者马丁·雅克认为，中国政府是颇为称职的机构，已经证明自己不仅具有非凡的连续性，而且能够进行令人称道的自我重塑。[1]

比如，中国实行的干部交流和培训制度，促进不同地区和部门的干部相互学习交流，同时有计划、按步骤地安排各级干部定期接受党校培训，这对人才的长期培养和成长起到重要作用。[2]

衡量制度优劣，不是看其是否符合西式民主，而是看其是否符合国情，能否实现民众的整体和长远利益。用政治学者王绍光的话说，这就是重"政体"还是"政道"的区别。"政体"思维把复杂的现实化约为一两个简单指标，重形式、轻实质，容易忽略政治体制其他方面的重要变化。而"政道"思维选取整体眼光，认为实践民主理念的方式多种多样，必须具体问题具体分析。[3]

一种以人为本、励精图治的良政善治，始终把国家长治久安、人民幸福放在更重要地位，从结果判断政治制度的质量，而非仅仅关注形式。选贤任能的政治传统和注重民生的治国理念，不仅符合中国国情，也为百姓带来了真正的好日子。

鞋子合不合脚，自己穿了才知道。在国家发展道路和模式上，中国一直主张条条大路通罗马，不把自身的发展道路视为标准答案，

---

[1] [英] 马丁·雅克：《大国雄心》，孙豫宁、张莉、刘曲译，中信出版集团，2016 年版，第201—211 页。

[2] 田学斌：《中国奇迹与中华人文精神》，中国社会科学网，2018 年 8 月 15 日。

[3] 王绍光：《政体与政道：中西政治分析的异同》，爱思想网，2014 年 7 月 31 日。

也不把自己的发展道路强加于人。作为包含数千年古老文明与现代国家形态的国家，中国不会生搬硬套其他模式，而是沿着自身的轨迹和逻辑发展演进。与此同时，中华文明具有强大的自我调适、自我变革、自我发展能力，广泛吸收人类文明的先进成果和成功经验。中国坚持和发展中国特色社会主义，推动物质文明、政治文明、精神文明、社会文明、生态文明协调发展，创造了中国式现代化新道路，创造了人类文明新形态。

中国式现代化既有各国现代化的共同特征，更有基于自己国情的中国特色。中国式现代化是人口规模巨大的现代化，是全体人民共同富裕的现代化，是物质文明和精神文明相协调的现代化，是人与自然和谐共生的现代化，是走和平发展道路的现代化。

习近平主席强调，中国式现代化，打破了"现代化＝西方化"的迷思，展现了现代化的另一幅图景，拓展了发展中国家走向现代化的路径选择，为人类对更好社会制度的探索提供了中国方案。

中国式现代化既基于自身国情、又借鉴各国经验，既传承历史文化、又融合现代文明，既造福中国人民、又促进世界共同发展，是强国建设、民族复兴的康庄大道，也是中国谋求人类进步、世界大同的必由之路。长期关注中国发展的英国48家集团俱乐部副主席基思·贝内特说，中国的现代化进程"映照着中国的智慧、文明与历史"。

抱着开放心态的有识之士，从中国经验中看到了一种新的政治、经济和文化探索路径。美国政治学者福山在《政治秩序与政治衰败》中，讨论了中国成功政治模式中所展现的高效能政府以及政治合法性之间相辅相成的关系。[1]俄罗斯学者尤里·塔夫罗夫斯基认为，中国共产党以"实现中华民族伟大复兴的中国梦"为长远目标，找到了最适合中国的发展道路，展现出卓越的动员力、纪律性和执行力，在自由资本主义之外创造了"充满生命力的选择"。布隆迪前驻华大使马丁·姆巴祖穆蒂马认为，中国共产党具有悠久历史和丰富经验累积，"代表一种新的文明样态"。

中国特色社会主义道路是在对中华民族5000多年悠久文明的传承中走出来的。中华文明具有深厚的道德根基，厚德载物的道德境界，天下为公的人类意识，亲仁善邻的处世之道。中国在推动构建新型国际关系的理论和实践中同样融入了道义与公正的文明底色。

2023年6月，文化传承发展座谈会上，习近平总书记指出中华文明的五个突出特性——连续性、创新性、统一性、包容性、和平性，为中华文明"精准画像"。

中华文明的创新性，从根本上决定了中华民族守正不守旧、尊古不复古的进取精神，决定了中华民族不惧新挑战、勇于接受新事物的无畏品格。中华文明的包容性，从根本上决定了中华民族交往交流交融的历史取向，决定了中国各宗教信仰多元并存的和谐格局，决定了中华文化对世界文明兼收并蓄的开放胸怀。中华文明的和平性，从根本上决定了中国始终是世界和平的建设者、全球发展的贡献者、国际秩序的维护者，决定了中国不断追求文明交流互鉴而不

---

[1] 郑永年：《中国的文明复兴》，东方出版社，2018年版，第153—162页。

搞文化霸权，决定了中国不会把自己的价值观念与政治体制强加于人，决定了中国坚持合作、不搞对抗，绝不搞"党同伐异"的小圈子。[1]

海纳百川的处世哲学，强不执弱的精神传承，天下大同的文化理想——中国正在走出一条与传统大国轨迹不同的和平崛起之路，以文明的力量实现复兴梦想，为世界持续注入正能量。中国台湾地区学者胡佛如此描述：中国在"和衷共济"天下观下所推展的"非西方世界崛起"的世界新秩序，会在东方随着太阳和煦的晨曦逐渐升起，光照大地。[2]英国学者马丁·雅克说："中国提供了一种'新的可能'，这就是摒弃丛林法则、不搞强权独霸、超越零和博弈，开辟一条合作共赢、共建共享的文明发展新道路。"

文化基因的再创造

政治学者、复旦大学中国研究院院长张维为将中国高铁建设称为"人类有史以来规模最大的城市化进程"，当四纵四横的高铁网络把大半个中国都连成一体的时候，它不仅刷新了中国速度，更带来了中国人时空观念的转变和生活方式的革命。他注意到，高铁奇迹与中国历史上伟大工程有着深层文化联结。

历史上的大运河、万里长城、茶马古道、丝绸之路等，某种意义上都属于中国作为一个超大型国家的跨地域工程，承载着人本主义、集体主义和开天辟地的奋斗精神。

---

[1] 习近平：《在文化传承发展座谈会上的讲话》，《求是》，2023 年第 17 期。
[2] 朱云汉：《高思在云：中国兴起与全球秩序重组》，中国人民大学出版社，2015 年版，第 10 页。

　　中国的高铁建设历程本身，也是中国精神的充分展现。从全面引进到推陈出新，从追赶到超越，以"国之重器"的显赫成就，为"中国制造"走向世界树立典范。不断提高自身自主技术的同时，"高铁工匠"专注打造中国品牌，与世界分享中国的技术与智慧。中国许多科研项目，展现出基于中华传统文化的浪漫主义情怀。华为自主研发的手机芯片叫"麒麟"，操作系统叫"鸿蒙"，服务器芯片叫"鲲鹏"，路由器芯片叫"凌霄"，其他注册商标名称包揽了从金刚、玄武到鸿雁、鸿鹄等诸多中国古典文化意象，有的网友戏称其为"华为修仙系统"。[1]

　　中国的航天人同样浪漫满怀：火星探测器叫"天问一号"，引领"嫦娥四号"在月背顺利软着陆的关键中继通信卫星叫"鹊桥"；"嫦娥四号"着陆点命名为"天河基地"；着陆点周围呈三角形排列的三个环形坑分别命名为"织女""河鼓"和"天津"[2]，三者均为中国古代天文星图中的星官；全球定位卫星系统叫"北斗"；太阳监测卫星计划叫"夸父计划"；发动机名为峨眉、太行、岷山、泰山、秦岭、昆仑……这些命名，不仅是代号，更体现着中国科研工作者深沉的家国情怀，以及中国高科技成果背后的文化底蕴。

　　微信、微博等社交软件的"原版"虽然最初产生于欧美社会，却在中国社会迅速普及且高度本土化，不少功能和设计已经青胜于

[1] 共青团中央：《华为开启"鸿蒙"，航天放飞"悟空"，硬核科技该有多浪漫》，澎湃新闻，2019 年 8 月 13 日。

[2] 张喆炯：《月球新添 5 个中国地名　嫦娥四号着陆点命名为"天河基地"》，国际在线网站，2019 年 2 月 15 日。

2020年4月26日，印度尼西亚雅万高铁3号隧道贯通现场。雅万高铁项目是中国高铁全系统、全要素、全生产链走出国门的"第一单"，也是共建"一带一路"倡议的标志性工程和印度尼西亚国家战略项目。雅万高铁连接印度尼西亚首都雅加达和第四大城市万隆，线路全长142.3公里，设计时速350公里。（新华社记者 杜宇 摄）

蓝，带来更流畅的使用体验。抖音、快手等短视频社交分享软件更是走出中国，在全球流行。

在互联网上，经常可以看到一些定居中国的外国人，热情地向同胞介绍这个迷人的东方国度。在他们眼中，这里不仅有美食、文化和历史，更有当代中国人依靠勤劳和智慧打造出的一个时髦、前沿、快捷、舒适的美好社会。一名曾在中国居住多年的澳大利亚男子回到澳大利亚，经历购物、打车等诸多生活不便后，发了一段视频"吐槽"：这里太慢，太不方便，我现在就想回中国了。

活力四射、蒸蒸日上的中国社会，以及中国创造的诸多现代化成就，折射着吃苦耐劳、拼搏奋进、自强不息的民族品格和民族精神，蕴含着创新、包容、和谐等传统文化的强大基因。

文化自信的深沉力量

美国前国务卿基辛格曾经如此论述中国文明的独特性：中国人具有高度的文明自觉，坚信可以克服一切艰难险阻延续中国文明；中国之所以成其为中国，是因为中国的政治文明高度成熟；中国文明之所以成其为中国文明，还在于它自成一体，不仅内部语言、文化、社会和政治体制自成体系，对外战略也自成一体；中国文明具有其他文明无法比拟的连续性。[1]

这是一名美国学者眼中的中国文化自信之源。文化自信带给一个国家的，是一份从何而来、向何而去的方向感和认同感，构建起一个民族的精神家园和心灵栖息地。中国文化自信的源头在哪里？中国为什么能自信？

中国特色社会主义文化，源自中华民族 5000 多年文明历史所孕育的中华优秀传统文化，熔铸于中国共产党领导人民在革命、建设、改革中创造的革命文化和社会主义先进文化，根植于中国特色社会主义伟大实践。社会主义先进文化，具有融汇古今、融通中西的包容性特质和开放性特征。

当代中国背后的传统中国，是今日中国文化自信的根脉和基石。

---

[1] [美] 亨利·基辛格：《论中国》，胡利平、林华、杨韵琴等译，中信出版社，2015 年 7 月版，第 34-49 页。

中华文明生长、形成和定型于北温带大陆上的地理空间，于数千年间发展成人类文明独一无二的样式，以民族和文化的多元一体为基本特征。而多元一体又与"大一统"紧密相连。[1]

这个大一统，是地理的一统，王朝的一统，政治的一统，文化的一统。王朝体制代代沿革，朝代更替编年可溯，古语音韵今朝可考，文献积累浩如烟海，口头文学世代相传，民俗风雅推陈出新……在"大一统"传统下，中国农耕文明高度发展，人口繁衍保续，文化海纳百川，人民安土重迁，坚守天下中心，文明中心始终不曾向海外转移。[2]

与此同时，中华文明的传播，如同涟漪荡漾，向外扩散辐射，向内吸收融合。与世界其他文明相比，中华文明始终处于活态传承，没有出现较大断裂变更，始终具有韧性和延续性。

"天下兴亡，匹夫有责"的爱国情怀，自强不息的奋斗精神，民胞物与的民本思想，和而不同的处世哲学，革故鼎新的改革精神，执两用中的中庸智慧……古人留给后世的诸多思想遗产，一脉相传，历久弥新，浸染中国人的思维与言行，塑造着国民的集体精神气质和国家认同，展现着中华民族的品格、胸怀和智慧。

近代以来，中华民族经历了山河破碎、神州陆沉的种种屈辱历史，无数革命仁人志士为探索救国救民真理、争取民族独立解放付出生命代价，找到了马克思主义这一科学锐利的思想武器，为中华

---

[1] 任遂虎：《复兴的文明：新时代中国传统文化归来与重生》，中国书籍出版社，2016 年版，第 25—34 页。
[2] 向云驹：《中华文明与构建人类命运共同体的关系》，中国作家网，2019 年 11 月 29 日。

文化注入先进的思想内涵，使得中国人民精神思想得到极大解放。[1]

在数十年革命、建设和改革的历史实践中，中国共产党领导中国人民创造了催人奋进的革命文化。从井冈山精神、长征精神，到延安精神、抗战精神、西柏坡精神，从雷锋精神、大庆精神、"两弹一星"精神，到载人航天精神、北京奥运精神、抗震救灾精神、抗疫精神、脱贫攻坚精神……这些富有时代特征、民族特色的宝贵财富，深刻融入人们的精神世界，为我们在新的历史条件下推进文化建设奠定了坚实基础。

与此同时，任何一种文化都不可能与世隔绝，都需要从其他文化中汲取养分。"只有充满自信的文明，才会在保持自己民族特色的同时包容、借鉴、吸收各种不同文明。"社会主义先进文化具有强大的自我调适、自我吸纳、自我变革、自我发展能力，不仅向历史开放，向实践开放，也广泛吸纳、融汇人类文明的积极成果，推动中华文化的繁荣兴盛。

"文化自信是一个国家、一个民族发展中更基本、更深沉、更持久的力量。"习近平主席多次强调。今日中国的文化自觉与文化自信，是在整个国际高度开放基础上形成的，是在与世界互动的环境下形成的，是在高度国际竞争基础上形成的。中国将不断开拓创新，不断与世界交融对话、为世界文明作出更大的原创性贡献。

---

[1] 云杉:《文化自觉 文化自信 文化自强——对繁荣发展中国特色社会主义文化的思考（中）》，《红旗文稿》，2010 年第 16 期。

中华文化　面向世界

近年来，一批带有鲜明"中国元素"的文化和思想产品走向全球，展现中国人的精神世界和价值追求，对世界产生越来越深远的影响。

来自伊斯坦布尔的菲尔代夫斯·塞芙达·达拉尔几年前因骨折卧床在家静养，正是从那时起，她首次"打开"了中国网络小说的神奇世界。带着对亚洲历史的浓厚兴趣，她钻研起网络上大量中文历史及言情小说。她常感叹中国文化与土耳其文化"何等相似"。如今，对中国网络文学"上瘾"的她打算重返校园，读个中文方面的研究生。[1] 艾瑞咨询发布的《2020年中国网络文学出海研究报告》显示，2019年，中国网络文学的海外市场规模达4.6亿元，海外中国网络文学用户数量达3193.5万。[2]

研究显示，中国网络文学的海外传播以东南亚地区与欧美为主，覆盖40多个共建"一带一路"国家和地区。[3]《斗破苍穹》《莽荒纪》《盘龙》等网络小说不仅有大批中国"粉丝"，也获得众多外国拥趸。

中国网络文学的出海历程，印证了中国文化的多元性和包容性、创造力和生命力，以及中国故事在全球市场的接受度。从网络文学到科幻文学，从谍战小说到儿童文学，经过漫长深厚的孕育和积淀，中国当代文学在全球的"能见度"不断提升。世界在小说里聆听中国的心跳，在科幻里见证中国的想象力，在非虚构作品里触摸中国的社会

---

[1] [美] 西蒙娜·麦卡锡：《中国大众文化拥有大量海外粉丝 港媒：国际吸引力日渐增强》，参考消息网，2019年10月30日。

[2] 《2020年中国网络文学出海研究报告》，艾瑞网，2020年8月31日。

[3] 《2020年中国网络文学出海研究报告》，艾瑞网，2020年8月31日。

肌理，在思想典籍中了解中国的发展道路、发展理念和发展模式……

中国影视作品同样吸引大量海外"粉丝"。电视剧《媳妇的美好时代》在非洲引发"万人空巷"的观影热潮；《延禧攻略》位列谷歌2018 年全球热搜电视剧榜单首位；而电影《流浪地球》则让外国观众在领略中国科幻恢宏视野的同时，看到了无私无畏、命运与共、为伟大事业奉献自我的中国精神和道德观念。

走向世界的"中国创造"里，带着中国人对自身文化和不同文明的深刻洞察。2018 年年初，"中国李宁"带着一批时尚卫衣和潮鞋登陆纽约时装周，用东方美学与中国哲思理念征服国际秀场，成为"国潮"崛起的标志性事件。随后，一系列中国品牌用年轻化、国际化的风格演绎中式情怀，将"国潮"推向新高，获得海外消费者青睐。东方美学成为国际时尚圈新的潮流风向标，也激发出更多的跨界融合创新。

泸州老窖推出同名香水，周黑鸭推出鸭脖味口红，冷酸灵打造"火锅牙膏"，云南白药推出"包治百病"背包……一波又一波的国潮好物，彰显出国民老字号强大的包容度、创造力，也引发了海外消费者对中国好物的"逆向代购"。

当人们欣喜于当代文化释放的勃勃生机之时，传统文化的创造性转化与创新性表达也为文化的复兴注入澎湃力量。从汉服流行到国学热潮，从《中国诗词大会》的热播到《国家宝藏》的刷屏，越来越多人开始从中华文化传统中寻找精神食粮。而当厚重的思想理念以新颖的方式传播呈现，传统文化有了更多人情味和亲和力，就能够打破文化樊篱，进入海外民众心间。

　　2021 年，中国牛年春节期间，河南省春节晚会上的舞蹈《唐宫夜宴》让网友"一秒穿越回大唐"，迅速登上热搜榜。风吹仙袂飘摇举，犹似霓裳羽衣舞。这场神仙舞蹈，仿佛一场"唐朝少女的博物馆奇妙夜之旅"，不仅带给人惊艳的视觉体验，更唤起观众强烈的文化自信。

　　2022 年虎年春节期间，舞剧《只此青绿》亮相央视春晚，一曲宋风雅韵成为网络热点：山峦起伏，江河浩渺，展卷寻石，人影婀娜……以古典画卷《千里江山图》为灵感的舞剧中，年轻舞者配上古琴之音，举手投足间展现着千载山河之丽。有网友评论："旷古的华夏气韵扑面而来。"

2019 年 10 月 9 日，在奥地利首都维也纳"文化中国·锦绣四川"四川文化旅游展示会上，人们观看"变脸"表演。本次活动通过图片展、传统文艺表演以及川菜美食推介等形式，向当地居民和海外华人展示川蜀文化，展现中国魅力。（新华社记者 郭晨 摄）

以中国建筑工艺经典"榫卯"为灵感的智趣游戏《第五大发明》被法国吉美博物馆收藏；以《蒙娜丽莎》和敦煌壁画为灵感的中国文创作品在法国博物馆文创店开售；故宫文创产品作为国礼赠送外国元首……新技术、新创意的应用，让全球受众在欣赏古典中国之美时，亦能感受扑面而来的时代新风。

显然，中国正在将自身的传统文化和当代的实践话语经验进行创造性融合，向世界提供新的思维方式和有说服力的解说。透过种种文艺表现方式，中国正在向世界呈现富有魅力的文明形态，也在与世界的持续交流互动中不断融合创新，再造繁荣。

以文化人，化成天下。思想文化是一个国家、一个民族的灵魂。中华文明作为人类文明史上唯一没有中断过的悠久文明，不仅仅是停留在古籍里的文字，也不只是陈列在广袤大地上的文物和遗产，而是在中华民族博大精深的传统文化与不同发展阶段的实践探索相适应协调的过程中逐步形成的文明积淀。

"我们应该用创新增添文明发展动力、激活文明进步的源头活水，不断创造出跨越时空、富有永恒魅力的文明成果。"[1]

激活中华文明的内生力和发展力，推动中华传统文化创造性转化和创新性发展，将为国家的文明转型提供强大动力、价值导向和智力支持。展望未来，走在民族复兴大路上的中国，必将以更加开放的姿态拥抱世界，以更有活力的文明成果贡献世界，中华文明将与丰富多

---

[1] 习近平：《深化文明交流互鉴　共建亚洲命运共同体——在亚洲文明对话大会开幕式上的主旨演讲》，《新华每日电讯》2019 年 5 月 16 日，第 2 版。

彩的世界各国文明一道，为人类提供强大的精神动力。

六、创造人类文明新形态

新选择　新未来

曾提出"历史终结论"的美国学者福山近年较为关注国家能力建设。他认为，全球政治未来的重要问题很简单，那就是：谁的模式会奏效？迈向 21 世纪的第三个十年，世界望向东方，东方望向中国。

100 多年前的思想者曾发出警世恒言，沉醉于天朝迷梦的旧中国统治者，需要"开眼看世界"。如今，世界需要"开眼看中国"，看一个有着数千年连绵未绝文明的古国如何焕发新的生机，如何以文明的力量实现复兴梦想，为世界注入正能量，为人类社会发展提供新的可能性。

这也正是中华文明现代性转型的核心问题：能否为人类社会提供一种全新的文化选择、制度与模式？能否构建起符合自身和人类发展规律的世界秩序观？

作为各个国家和民族走向繁荣进步的普遍选择，现代化是一场深刻的思想革命、社会变迁和历史转型，并由此塑造着世界的发展格局。在这场旷日持久的"马拉松"中，"中国式现代化"作为"后来者"，创造了人类发展新模式，在世界发展变革转折期，深刻地影响着人类文明格局的重建。

中国走出了一条和平发展的现代化道路，粉碎了"国强必霸"的"丛林法则"。中国以巨大的体量推进现代化，没有出现历史上与大国崛起伴生的剧烈动荡和战乱，是第一个以和平发展方式迈向现代化的大国。除了"经济快速发展""社会长期稳定"这"两大奇迹"，中国式现代化还创造了"国家和平崛起与世界和平发展相统一"的奇迹。

中国走出这样的道路、作出这样的选择，背后有深厚的文明动因和精神营养。博大悠远的中华文明，涵养了讲信修睦的传统思想，造就了海纳百川的处世哲学，催生了世界大同的文化理想，留下了强不执弱的精神传承。中国不认同"国强必霸"，中国人的血脉中没有称王称霸、穷兵黩武的基因。中国从和平发展中获取了动力，看到了未来，也将继续沿着这条人间正道大步向前。

秦朝统一中国，不仅结束了春秋战国的天下大乱，更开创了一整套包括郡县制、中央集权制、政令、文字、度量衡、生产与交通基础设施的标准化、社会风俗的文明化、社会规则的法治化在内的文明框架，这套以"天下为公"为旨向的文明框架赋予中国文明超越时空的普遍性。秦虽未能千万世，"政法"却通行百代。[1]

历史镜鉴未来，也照亮未来。这个在世界范围内堪称独特的巨型文明共同体，不仅经受住了几千年间内忧外患的考验，更随着时代的推进而展现出强大的聚合力和感召力。

迈入人类社会深度互联的 21 世纪，中国不仅在继续构建和完善自身，也在思考人类文明的共同未来。中国的成功意味着文明应该

---

[1] 任遂虎：《复兴的文明：新时代中国传统文化归来与重生》，中国书籍出版社，2016 年版，第 35—48 页。

而且可以多样，不同文明应该而且可以和谐共生。中华民族的复兴不仅将带来自身的富民强国、文化兴盛，也将推动不同文明的平等对话，深刻影响世界文明格局的重塑。

中共二十大报告强调："中国式现代化是走和平发展道路的现代化。我国不走一些国家通过战争、殖民、掠夺等方式实现现代化的老路，那种损人利己、充满血腥罪恶的老路给广大发展中国家人民带来深重苦难。"中国式现代化道路为人类实现现代化提供了新的选择，创造了人类文明新形态。这条道路不是传统大国崛起的翻版，不是国强必霸的再版，而是造福中国、有利于世界的正道。中国外交坚定站在历史正确的一边，站在人类文明进步的一边，高举和平、发展、合作、共赢旗帜，在坚定维护世界和平与发展中谋求自身发展，又以自身发展更好地维护世界和平与发展。

从"战国世纪"到"人类世纪"

早在 30 年前，人类学家、社会学家费孝通就曾提出，20 世纪是一个世界性的"战国世纪"。"战国"之后，人类将迎来"多元一体"的世界文化。

人类必须有共同一致的利益，文化才能从交流而融合。殖民主义不可能解决文化共存的问题——这是费孝通的人类学老师马林诺夫斯基在非洲殖民地上得出的结论。[1] 英国《金融时报》首席经济评论员马丁·沃尔夫用"人类世"描绘我们这个时代：这是人类改

---

[1] 费孝通：《从反思到文化自觉和交流》，《读书》，1998 年第 11 期。

变地球的时代，人类造成的影响，只有人类才能解决。"全球共同体"并非空洞之言，倘若没有全球共同体，很多危害就将失控。[1]

中国提出构建人类命运共同体理念，是立足自身、面向全球的新型文明观，一种源自东方智慧的世界秩序观，也是应对"人类世"全球挑战的系统解决方案。这一理念为人类社会未来的发展形态描绘了同舟共济、合作共赢的巨幅画卷。

中国始终站在历史演进的正确一边，站在绝大多数国家的共同利益一边，捍卫多边主义，完善全球治理，秉持公道正义，与世界携手战"疫"，共同应对全球挑战。当小小的病毒让全球数亿人口感染，几百万人失去生命，人们更加深刻理解了命运与共的含义。疫情防控中，中华文明又一次展现出非凡的韧性和潜力：逆行出征的豪迈，顽强不屈的坚守，守望相助的温暖，负重前行的坚韧，患难与共的担当……

中国人民没有忘记，在抗击疫情的艰难时刻，170多个国家领导人、50多个国际和地区组织向中国表示慰问和支持，众多国家和国际组织向中国捐赠抗疫物资。无论是日韩的"风月同天"、巴基斯坦的倾国之援，还是缅甸的大米、蒙古国的3万只肥羊，都带来雪中送炭的温暖。

当世界多国民众陷于疫情旋涡时，中国毫不犹豫地伸出援手，尽己所能，携手抗疫。从口罩到防护服、从呼吸机到疫苗，一批批抗疫物资跨越山海，奔向目的地，一个个感人故事在网络上流

---

[1] [英] 马丁·沃尔夫：《特朗普的文明冲突观与全球共同体》，观察者网，2017年7月19日。

传。君送我"与子同裳"，我报君"同担风雨"。对日捐赠物资上，人们写上"天台立本情无隔，一树花开两地芳"；对韩捐赠物资上，则印有"肝胆每相照，冰壶映寒月"；运往意大利的捐赠物资上，印有歌剧《图兰朵》一段咏叹调的歌词——"消失吧，黑夜！黎明时我们将获胜"；在运往阿根廷的物资箱上，印着阿根廷作家何塞·埃尔南德斯《马丁·菲耶罗》中的一句名言："兄弟之道是团结同心。"……这些凝聚文化精粹的寄语，在抗击疫情的特殊时刻，激发出人们心中的温情，传递出超越时空的暖意，抚慰人们心中的焦虑。若干年后，当我们回望历史，那份中国担当必将给世界留下不可磨灭的印象。

患难见真情。世界见证，经历疫情洗礼的中国，在构建人类命运共同体的道路上迈出坚实一步，以文明的力量助力世界驱散疫病阴霾。

历史和现实反复证明，人类命运共同体理念，并非高高在上的外交理论，而是实实在在的行动和关照。它超越了"西方中心论"的狭隘视角和民族国家的"本国优先论"，着力打造一种新型"共生体系"，不仅是经济共生，更是文明共生。以文明的力量凝聚不同文化族群和政治体系，探寻国家相处之道、全球治理新范式，实现共同发展、共享繁荣。

中国人历来有立己达人、兼善天下的胸怀，不仅希望自己好，也希望大家好。作为中国参与全球治理的重要理论支撑，人类命运共同体理念融通东西，体现共通人性，包容异质文明，提倡天下大同，追求人类文明最大公约数。

正如政治哲学研究学者赵汀阳所言，中国的世界观应该是中国人"从世界去思考世界"，而不是从西方去思考世界。[1] 在新的历史条件下，中国人不仅在为自身民众谋福，也在"以天下观天下"，努力创造"既属于中国又属于世界的利益"。这是看待人类文明发展的一种新视角，也是对人类文明走向的远见和洞察。

天下大同是中国人的理想追寻，和而不同是中国人的智慧胸襟。习近平主席倡导构建人类命运共同体，体现着"不同"与"大同"的辩证统一。推动构建人类命运共同体的行动，将助力这颗星球上的人们超越社会制度、意识形态、历史文化等差异分歧，凝聚人类精神合力，书写和合共生的文明新篇章。这是中华文明对人类文明作出的贡献，也必将赢得国际社会越来越多的认同与和鸣。

---

[1] 柯岚安：《中国视野下的世界秩序》，中国社会科学网，2014 年 1 月 21 日。

世界命运握在各国人民手中，人类前途系于各国人民的抉择。中国人民愿同各国人民一道，推动人类命运共同体建设，共同创造人类的美好未来。

——习近平

第九章

为了更加美好的世界

2023 年 12 月 12 日下午，越南首都河内巴亭郡雄王路 1 号，越共中央驻地鲜花盛放，中越两党两国旗帜迎风飘扬。

在越南进行国事访问的习近平总书记乘专车抵达。时任越共中央总书记阮富仲总书记在会谈厅门口迎候。两位领导人满面笑容，双手紧紧握在一起。

当天，两党两国最高领导人共同宣布，在深化中越全面战略合作伙伴关系基础上，携手构建具有战略意义的中越命运共同体。这一消息播发后，迅速成为当天海内外舆论的热点。

中越关系的新定位，既是两国关系高水平和特殊性的有力见证，也是构建人类命运共同体理念落地生根、开枝散叶的最新例证。

提出十余年以来，构建人类命运共同体已从理念主张发展为科学体系，从中国倡议扩大为国际共识，从美好愿景转化为丰富实践，不断拓展延伸到各个地区、各个领域，成为引领时代前进的光辉旗帜。

这一中国方案何以深入人心？

有着怎样的根脉和气质？

切中了怎样的现实需求？

还将为世界带来什么？

一、中国方案何以深入人心

构建人类命运共同体，体现了中国共产党人的世界观、秩序观、价值观，顺应了各国人民的普遍愿望，指明了世界文明进步的方向，是新时代中国特色大国外交追求的崇高目标。

"外交大权在党中央，党中央对外交工作实行集中统一领导。"[1]
中共十八大以来，以习近平同志为核心的党中央总揽外交全局，紧
扣服务民族复兴、促进人类进步这条主线，高举和平、发展、合作、
共赢的旗帜，推进和完善全方位、多层次、立体化外交布局，积极
发展全球伙伴关系。

经过持续努力，中国特色大国外交全面推进，构建人类命运共
同体成为引领时代潮流和人类前进方向的鲜明旗帜，我国外交在世
界大变局中开创新局、在世界乱局中化危为机，我国国际影响力、
感召力、塑造力显著提升。

新时代中国共产党人的不懈追求

中国共产党是为中国人民谋幸福、为中华民族谋复兴的党，也
是为人类谋进步、为世界谋大同的党。党的宗旨历来具备国际情怀，
党的事业历来具有全球视野。

将构建人类命运共同体理念写入中共十九大、二十大报告，
载入党章和《中共中央关于党的百年奋斗重大成就和历史经验的决
议》，推动写入宪法，陆续提出并践行共建"一带一路"倡议、全
球发展倡议、全球安全倡议、全球文明倡议，习近平总书记引领中
国共产党矢志不渝地推动人类命运共同体建设。

作为习近平外交思想的核心理念，构建人类命运共同体是我们

---

[1] 侯丽军：《习近平接见 2017 年度驻外使节工作会议与会使节并发表重要讲话》，新华网，
　　2017 年 12 月 28 日。

党不断深化对人类社会发展规律的认识,对建设一个什么样的世界、怎样建设这个世界给出的中国方案,体现了我们党的初心使命与时代发展潮流的高度统一,凝聚了各国人民期盼建设美好世界的最大公约数,具有重大理论价值和深远历史意义,越来越展现出强大的影响力、生命力、感召力。

2023 年是人类命运共同体理念提出十周年。土库曼斯坦、吉尔吉斯斯坦、塔吉克斯坦、越南加入构建命运共同体的行列,命运共同体建设实现中亚地区、中南半岛全覆盖。中国同柬埔寨、老挝打造命运共同体新一轮五年行动计划,又同马来西亚达成共建命运共同体共识,更为紧密的中国—东盟命运共同体建设蹄疾步稳。中国和南非宣布携手构建高水平中南命运共同体,中非关系进入共筑高水平命运共同体新阶段。中阿、中拉、中国—太平洋岛国等区域性命运共同体建设也展现出新气象。

构建人类命运共同体凸显了历史大势、人心所向。越来越多的国家认识到,世界命运应该由各国共同掌握,世界的未来需要由大家携手创造。

埃及共产党总书记萨拉赫·阿德利认为,构建人类命运共同体理念是"中国共产党基于同西方截然不同的坚实政治、文化基础上所构建的全球愿景"。

"中国人民深知和平的珍贵,我们愿同国际社会一道,以人类前途为怀、以人民福祉为念,推动构建人类命运共同体,建设更加美好的世界。"在二〇二四年的新年贺词中,习近平主席再次发出推动构建人类命运共同体的真挚邀请。

以天下之利为利，以人民之心为心。十年步履不停，构建人类命运共同体踏上新征程，和平、发展、公平、正义、民主、自由的全人类共同价值日益深入人心，建设持久和平、普遍安全、共同繁荣、开放包容、清洁美丽的世界正成为越来越多国家共同的奋斗目标。

目前，中国共产党与世界上 170 多个国家的 600 多个政党和政治组织保持着经常性联系，有效发挥党际关系对国家关系的引领、巩固、促进作用。站在新的历史起点上，中国共产党人将团结全国 14 亿多中国人民，同世界各国政党和政治组织一道，为推动构建人类命运共同体、建设更加美好的世界作出新的更大贡献。

元首外交发挥战略引领作用

元首外交是新时代中国对外交往的最高形态，在中国特色大国外交中发挥着决定性作用。

10 余年来，习近平主席足迹遍及五大洲 70 余个国家以及主要国际和地区组织，在国内热情接待百余位国家元首和政府首脑。

针对各国共同关心的和平与发展、全球治理体系变革、经济全球化等一系列重大问题，习近平主席在重大外交活动场合深刻阐明中方立场主张、讲述中国故事、提出中国方案，鲜明倡导维护多边主义、加强团结合作，共同构建人类命运共同体，引领中国特色大国外交准确把握世界安全、共同发展和人类文明进步面临的突出问题，及时提出全球发展倡议、全球安全倡议、全球文明倡议，占据国际道义制高点，赢得各方高度评价和广泛认同，为世界奉献具有鲜明特色的中国思想公共产品。

开创性地提出共建"一带一路"倡议，搭建各方广泛参与的国际合作平台；在人类社会面临新冠疫情考验的关键时刻，引领中国外交开展新中国成立以来规模最大的全球紧急人道主义行动；主持亚太经合组织北京峰会、二十国集团领导人杭州峰会、"一带一路"国际合作高峰论坛、金砖国家领导人厦门会晤、上海合作组织青岛峰会、中非合作论坛北京峰会、全球发展高层对话会、中国—中亚峰会等一系列重大主场外交活动，将主场外交提升到新的高度。北京冬奥会、冬残奥会在疫情背景下成功举办，成都大运会、杭州亚运会让世界看到中国的热情和活力……中国的"朋友圈"越来越大，构建人类命运共同体理念在一次次元首外交的成功实践中直抵人心。

习近平主席从战略高度引领推动新时代中国特色大国外交光辉实践，打造了一件件大国外交的经典之作，丰富和发展了中国外交的新形态，携手各方共同推进构建人类命运共同体的伟大进程。

二、中国方案的根脉与气质

中国方案是文明的回响、历史的选择、现实的召唤。

它从悠久的中华文明中走来，从新中国优秀外交传统中走来，从新时代实践创新中走来。

以和为贵，从中华文明中走来

15世纪初，一支由明朝航海家郑和率领的庞大船队，从中国太仓的刘家港起锚，先后 7 次，历时 28 年，由海路造访了亚非 30 多个国家和地区。这便是举世闻名的"郑和下西洋"。郑和的这一壮举，比哥伦布发现新大陆还要早半个多世纪。

尽管有当时世界上最大的船队，郑和下西洋却不是为了侵占掠夺他国，更不是要充当"海上霸主"。郑和七下西洋，没有占领他国一寸土地，没有掠夺他国一点财物，对所有国家民族都以礼相待、平等交往，而且还给所到之国的人民带去了大量丝绸、瓷器等精美物品。也因此，在很多国家和地区，郑和宝船今天仍被视为"和平""友好""交流"的象征。[1]

中华文明具有突出的和平性。和平、和睦、和谐是中华文明 5000 多年来一直传承的理念，主张以道德秩序构造一个群己合一的世界，在人己关系中以他人为重。倡导交通成和，反对隔绝闭塞；倡导共生并进，反对强人从己；倡导保合太和，反对丛林法则。

2014 年，习近平主席同时任美国总统奥巴马会晤时说："要了解今天的中国，要预测明天的中国，必须了解中国的过去，了解中国的文化。当代中国人的思维、中国政府的治国方略，浸透着中国传统文化的基因。"[2]

事实上，5000 多年的悠久历史，一直是中国外交的源头活水；东方哲学的深邃智慧，始终在为中国外交提供充足养分。亲仁善邻、和合共生、协和万邦、天下大同等优秀传统文化，是中国特色大国

---

[1] 人民日报评论部：《习近平讲故事》，人民出版社，2017 年版，第 302 页。

[2] 刘华：《习近平同奥巴马在中南海会晤强调要以积水成渊、积土成山的精神推进中美新型大国关系建设》，《人民日报》2014 年 11 月 12 日，第 1 版。

外交的重要思想来源。

"大道之行，天下为公"的理想，传递的是超越民族的责任感；"己所不欲，勿施于人"的观念，表达的是相互尊重、互不干涉的原则；"修身齐家治国平天下"的信条，强调的是运用内在道德修养的力量，通过文明教化去实现天下太平的目标；"和而不同""和衷共济"的主张，揭示的是求同存异、包容互补、和谐共存的价值取向；"先天下之忧而忧"的抱负，抒发的是中国人的济世情怀；"达则兼济天下"的追求，承载的是倡导共赢共享的责任担当；"四海之内皆兄弟"的豪情，体现的是平等相待、相互帮助的愿望。

中华优秀传统文化的丰富哲学思想、人文精神、道德理念等，可以为人们认识和改造世界提供有益启迪，可以为治国理政提供有益启示，也可以为道德建设提供有益启发。

今天，中国以中国式现代化开启强国建设、民族复兴的新征程，坚持和平发展道路、推动构建人类命运共同体是其中应有之义，也是古老东方智慧在当今时代的回响。

"和"的首要是和平发展

中国是拥有5000多年文明积淀的东方大国，历来崇尚以和为贵，从来就没有对外武力扩张的基因。数百年前，即使中国强盛到国内生产总值占世界30%的时候，也从未对外侵略扩张。中国人民深信，只有和平安宁才能繁荣发展。

《孙子兵法》是中国一部著名兵书，但其第一句话就讲"兵者，国之大事，死生之地，存亡之道，不可不察也"，全篇的要义也是慎战、不战。

2017 年，习近平主席在联合国日内瓦总部的演讲中，再次向世界宣示，中国将始终不渝走和平发展道路。无论中国发展到哪一步，中国永不称霸、永不扩张、永不谋求势力范围。

"和"的关键是合作共赢

博施众利、兼济天下，是中国几千年培育起来的价值观念，中国人民从精神深处不接受弱肉强食、赢者通吃的丛林法则。在与周边国家上千年的交往中，中国始终怀柔远人、厚往薄来。大量历史事实证明了这点。

从历史中走来，和平合作、开放包容、互学互鉴、互利共赢的丝路精神薪火相传。2013 年，习近平主席提出共建"一带一路"重大倡议，跨越不同文明、文化、社会制度、发展阶段差异，开辟了各国交往的新路径，搭建起国际合作的新框架，汇集着人类共同发展的最大公约数。

进博会、服贸会、消博会、广交会、链博会，一个个国家级展会相继举行；统筹推进 21 个自贸试验区建设，高质量高标准建设海南自由贸易港；积极推动《区域全面经济伙伴关系协定》正式生效，正式申请加入《全面与进步跨太平洋伙伴关系协定》……新时代的中国向世界敞开怀抱，推动建设开放型世界经济，在中国同世界开放相融中共享发展机遇、汇聚发展力量。

"我们追求的不是中国独善其身的现代化，而是期待同广大发展中国家在内的各国一道，共同实现现代化。"2023 年 10 月，习近平主席在第三届"一带一路"国际合作高峰论坛上，提出实现和平发展、互利合作、共同繁荣的世界现代化愿景，引发国际社会积极反响。

"和"的核心是求同存异

中国哲学的精髓在于"万物并育而不相害，道并行而不相悖"。中国人民始终相信世界应该是多姿多彩的，各国可以和谐共处、交流互鉴。中国古代圣贤孔子主张"君子和而不同""己所不欲，勿施于人"。这些充满真理和智慧的思想，今天成为中国处理国与国之间关系的重要遵循。

尊重彼此差异，学会换位思考，才能达到真正的"和"。这个世界上没有放之四海而皆准的发展模式，国与国交往的目的恰恰是在承认不同的前提下增进相互了解、彼此和平共处。

2018 年 9 月 29 日，王毅在美国对外关系委员会发表演讲。他指出："历史反复证明，一定要按照自己的标准来改造对方，执意把外来的制度强加于人，大多难以成功，不少还会引发灾难性后果。不管过去、现在还是将来，中国既不会照搬外国的模式，也不会要求别国复制中国的做法。"[1]

美国前国务卿基辛格对"和"文化有深刻认识。在《论中国》一书的序言中，他写道："若要了解 20 世纪的中国外交或 21 世纪中国的世界角色，必须首先对中国的历史有一个基本的认识，即使可能有过于简单化之虞。"进一步比较中美两国价值观，基辛格指出，

---

[1] 王毅：《机遇还是挑战，伙伴还是对手？》，中华人民共和国外交部网站，2018 年 9 月 29 日。

美国的例外主义是传经布道式的，认为美国有义务向世界的每个角落传播其价值观。然而，"中国的例外主义是文化性的，中国不试图改变他国的信仰，不对海外推行本国的现行体制"。[1]

中国独具特色的传统文化，为中国特色大国外交提供了源源不断的精神财富，为人类命运共同体理念奠定了历史文化根基。

中华优秀传统文化的思想精华，在当代社会熠熠生辉，正在为国际社会应对各种问题与挑战贡献中国智慧。

新中国成立以来，中国形成了以独立自主、和平发展、合作共赢为鲜明特色的外交传统。[2]这些优良传统是中国外交的重要基石。

70多年来，中国外交在国际风云激荡中成长奋进，积淀了优良传统，砥砺了坚韧风骨，铸就了独特精神。构建人类命运共同体，继承和发扬了新中国成立以来的外交理念、战略思想和优良传统，并在波澜壮阔的中国特色大国外交实践中不断守正创新。

新中国成立后，中国坚持独立自主的和平外交政策，提出和平共处五项原则、"三个世界"等政策方针和思想，在国际舞台上站稳了脚跟、赢得了尊重、扩大了影响。改革开放以来，中国提出和平与发展是时代主题的重大论断，倡导促进世界多极化和国际关系民主化，推动建设和谐世界，中国全方位外交取得重要进展。

进入新时代，中国高举和平、发展、合作、共赢的旗帜，全面推进中国特色大国外交，形成全方位、多层次、立体化的外交布局。

---

[1] [美]亨利·基辛格：《论中国》，胡利平、林华、杨韵琴等译，中信出版社，2012年版，第19页。
[2] 杨洁篪：《以习近平外交思想为指导　深入推进新时代对外工作》，《求是》，2018年第15期。

中国创造性提出推动构建人类命运共同体、新型国际关系、全人类共同价值、共建"一带一路"、全球发展倡议、全球安全倡议、全球文明倡议等新理念，倡导全球治理观、正确义利观、安全观、发展观、合作观、生态观等重要理念，体现了鲜明的中国特色、中国风格、中国气派，为各国和平相处、共同繁荣指明人间正道。

三、中国方案契合了怎样的现实需求

中国方案为何能引发全世界共同的期待？在这个多元多样的时代，它赢得普遍认同的秘诀是什么？它为何能获得广泛的赞誉和支持？

要找到这些答案，必须准确把握世界人民千百年来的共同梦想，准确把握当今世界面临的共同难题，准确把握中国的新角色、承担的新使命。

古老梦想 共同心愿

古往今来，过上美好幸福生活是人类孜孜以求的梦想。

"在几千年文明发展史上，人类创造了灿烂的文明成果，但战争和冲突从未间断，加上各种自然灾害、疾病瘟疫，人类经历了无数的苦难，付出了惨痛的代价。"[1]

回首最近 100 多年的历史，人类经历了炮火连天的热战、紧张

---

[1] 习近平：《携手建设更加美好的世界——在中国共产党与世界政党高层对话会上的主旨讲话》，《新华每日电讯》2017 年 12 月 2 日，第 1 版。

对峙的冷战，也取得了惊人的发展、巨大的进步。20 世纪上半叶，人类遭受了两次世界大战的劫难，那一代人最迫切的愿望，就是免于战争、缔造和平。20 世纪五六十年代，殖民地人民普遍觉醒，他们最强劲的呼声，就是摆脱枷锁、争取独立。冷战结束后，各方最殷切的诉求，就是扩大合作、共同发展。可以说，近 100 多年来，全人类的共同愿望，就是和平与发展；对美好生活的向往，就是世界人民的共同期待。

习近平主席在不同场合阐述构建"五个世界"的愿景：坚持对话协商，建设一个持久和平的世界；坚持共建共享，建设一个普遍安全的世界；坚持合作共赢，建设一个共同繁荣的世界；坚持交流互鉴，建设一个开放包容的世界；坚持绿色低碳，建设一个清洁美丽的世界。

建设美好世界的倡议，顺应世界各国人民对美好生活的向往，反映世界各国人民的共同心声。

这是中国方案"何以能"的重要密码。

我们认为，世界各国尽管有这样那样的分歧矛盾，也免不了产生这样那样的磕磕碰碰，但世界各国人民都生活在同一片蓝天下、拥有同一个家园，应该是一家人。世界各国人民应该秉持"天下一家"理念，张开怀抱，彼此理解，求同存异，共同为构建人类命运共同体而努力。[1]

---

[1] 习近平：《携手建设更加美好的世界——在中国共产党与世界政党高层对话会上的主旨讲话》，《新华每日电讯》2017 年 12 月 2 日，第 2 版。

在中国共产党与世界政党高层对话会上，习近平主席的一番深情话语，展现了共产党人的天下情怀，体现着东方哲学的文化精髓，也蕴藏了深厚的中国智慧。

人类命运共同体，顾名思义，就是每个民族、每个国家的前途命运都紧紧联系在一起，应该风雨同舟，荣辱与共，努力把我们生于斯、长于斯的这个星球建成一个和睦的大家庭，把世界各国人民对美好生活的向往变成现实。

中国方案之所以能赢得世界广泛赞誉、高度认同，从根本上讲，就是反映了各国人民要和平不要战争、要发展不要贫穷、要合作不要对抗、要共赢不要单赢的共同心声。

抓住发展这个一切问题的关键

发展承载着人民对美好生活的向往，是发展中国家的第一要务，也是人类社会的永恒主题。

当前，百年变局加速演进，"全球南方"国家声音更加响亮，发展中国家群体性崛起的历史潮流不可逆转，团结协作、共谋发展的呼声和意愿前所未有的强烈。如何解决发展赤字、破解发展困境成为人类社会面临的时代课题。

中国把自己的事情办好了，对世界而言就是贡献。作为世界第二大经济体，中国对世界经济增长的贡献率长期保持在 30% 左右。中国提前 10 年完成联合国 2030 年可持续发展议程减贫目标，创造了人类减贫史上的奇迹，为在全球范围内推进减贫事业、实现可持续发展作出了巨大贡献。

中国的发展不仅造福中国人民，也惠及全世界。中国人民深知，中国发展得益于国际社会，愿意以自己的发展为世界发展作出贡献，欢迎各国分享中国发展红利。

150 多个国家携手高质量共建"一带一路"；积极落实全球发展倡议，持续落实 32 项务实举措；成功举办 6 届国际进口博览会；推动创设亚洲基础设施投资银行，同其他金砖国家共创新开发银行，发起成立中国—联合国和平与发展基金、全球发展和南南合作基金、气候变化南南合作基金等；在中非合作框架下提出助力非洲一体化和现代化的三项举措，深化中阿"八大共同行动"，推动落实中国—拉共体论坛成果，不断丰富合作内容、创新合作方式，为发展中国家能力建设贡献中国经验和中国方案。

"习近平主席的倡议，将饱受冲击的可持续发展目标重新带回全球多边议程的核心位置。"所罗门群岛前总理索加瓦雷说。尼加拉瓜总统奥尔特加说："中国对亚非拉人民的帮助没有附加条件，为促进发展中国家的社会进步和人民福祉作出重要贡献。"

秉持"以人民为中心"的发展理念，中国倡导世界各国以人民福祉为中心，让发展成果更多更公平惠及各国人民，促进社会公平正义。

英国国际关系顾问基思·贝内特表示："习近平主席提出的'以人民为中心''努力不让任何一个国家掉队'等理念，对提升全球发展的公平性、有效性、包容性至关重要，受到国际社会的广泛认可和普遍欢迎。"

放眼当今世界，经济全球化是生产力发展的客观要求、科技进步的必然结果，也是人类社会前进的必由之路、不可逆转的时代潮流。近年来各种形式的保护主义明显抬头，内病外治、转嫁矛盾等现象令人担忧。

中国倡导普惠包容的经济全球化重要主张，为构建人类命运共同体提供坚实依托，具有重要深远意义。

经济全球化应当是普惠的，就是顺应世界各国尤其是发展中国家的普遍诉求，解决好资源全球配置造成的国家间和各国内部发展失衡问题，使发展既充分又平衡，推动形成有利于世界各国尤其是发展中国家加快发展的全球化。

经济全球化应当是包容的，就是支持各国走出符合自身国情的发展道路，同时携手开创全人类的共同发展。要反对各种形式的单边主义、保护主义，抵制歧视性、排他性的标准、规则。要促进贸易和投资自由化便利化，维护全球产业链供应链稳定畅通，推动各方互谅互让照顾彼此利益关切，破解阻碍世界经济健康发展的结构性难题，保持全球经济增长活力与动力。

解决世界难题的金钥匙

中国方案之所以能赢得广泛的支持和赞誉，还在于它为解决当今世界面临的共同挑战，提供了切实可行的解决方案。

20 世纪以来，人类经历了两次惨烈无比的世界大战，也见证了战后社会生产力的极大跃升。广大发展中国家纷纷走上民族解放和国家独立道路，然而世界贫富鸿沟远未填平、发展失衡问题远未解决。经济全球化带来大联通、大融合，单边主义、"逆全球化"却不断试图让割裂、阻塞卷土重来。 如今，世界的迷雾、乱象不是更少了，而是更多了："退群""甩锅""脱钩"泛滥，霸权、霸凌、霸道横行，冷战思维、零和心态、强权政治屡屡冲击国际秩序和道德底线。世界再次来到关键的十字路口，人们有徘徊迷惘，有回眸反思，瞩望穿云破雾的思想力量。[1]

世界上的问题错综复杂，解决问题的出路是维护和践行多边主义，推动构建人类命运共同体。[2]

"世界问题多得很、大得很，全球性挑战日益上升，应该也只能通过对话合作解决。"2020 年 9 月 21 日的联合国成立 75 周年纪念峰会上，习近平主席呼吁，国际上的事"大家商量着办"。

"商量着办"，这是多边主义的中国表达，诠释着国际关系民主化的真谛，蕴含着中国对维护世界和平稳定、推动国际体系变革的深刻思考。

2013 年 3 月，习近平担任国家主席后首次出访，在南非出席金砖国家领导人第五次会晤时，就鲜明提出："一国的事情由本国人民做主，国际上的事情由各国商量着办。"

语句平实，意蕴深邃。"商量着办"这句话，此后还出现在二十国集团领导人峰会、世界互联网大会、中阿合作论坛、中法全

---

[1] 周宗敏、陈贽、韩墨：《照亮前行方向的希望之光——记习近平主席出席联合国成立 75 周年系列高级别会议》，《新华每日电讯》2020 年 10 月 3 日，第 1 版。

[2] 习近平：《让多边主义的火炬照亮人类前行之路——在世界经济论坛"达沃斯议程"对话会上的特别致辞》，新华网，2021 年 1 月 25 日。

球治理论坛等许多重要多边场合。[1] 相互尊重、一律平等，不仅是联合国宪章首要原则，也是习近平主席在联合国讲台多次阐释的主题。

——"世界的前途命运必须由各国共同掌握。世界各国一律平等，不能以大压小、以强凌弱、以富欺贫。"

——"我们要坚持多边主义、不搞单边主义；要奉行双赢、多赢、共赢的新理念，扔掉我赢你输、赢者通吃的旧思维。"

——"各国关系和利益只能以制度和规则加以协调，不能谁的拳头大就听谁的。"

——"我们要摒弃一切形式的冷战思维，树立共同、综合、合作、可持续安全的新观念。"

秉持公道、坚定自信的话语，超越传统国际关系理论，回答了"21世纪国与国应该如何相处"这个关乎人类持久和平的重大问题，在全球引起广泛共鸣。

"所有人都希望拥有一个和平、可持续的和公平正义的国际社会。"第七十三届联合国大会主席埃斯皮诺萨说，"习近平主席着眼于更大的合作、更广泛的对话和应对全球挑战更大的集体责任。"

新角色　新担当

中国方案之所以能，还在于适应了新时代中国与世界关系的历史性变化，承担起应尽的国际责任，用事实证明了"世界好，中国

---

[1] 周宗敏、陈贽、韩墨：《照亮前行方向的希望之光——记习近平主席出席联合国成立75周年系列高级别会议》，《新华每日电讯》2020年10月3日，第1版。

2020年9月21日，在位于纽约的联合国总部举行的联合国成立75周年纪念峰会上，第七十五届联合国大会主席博兹克尔致辞。（新华社发 联合国供图 / 埃瑟金德尔·德贝贝 摄）

才能好；中国好，世界才更好"的道理。

几十年来，中国不仅通过自己的努力让14亿多人民过上越来越好的生活，而且还为维护世界整体和平与繁荣、促进各国人民共同利益和福祉作出着越来越大的贡献。[1]

2023年年初，沙特和伊朗跨越恩怨的握手举世瞩目。在中方大力支持下，三方达成《北京协议》，沙伊宣布恢复外交关系，进而在中东地区掀起"和解潮"。叙利亚重返阿盟大家庭，卡塔尔与巴林、阿联酋，叙利亚与突尼斯、沙特，伊朗与苏丹，土耳其与埃

---

[1] 王毅：《机遇还是挑战，伙伴还是对手？》，中华人民共和国外交部网站，2018年9月29日。

及等纷纷复交或实现关系正常化，中东的命运正在重回地区各国人民的手中。[1]

安全是发展的前提。面对巴以冲突、乌克兰危机、伊朗核、朝鲜半岛核等国际和地区热点问题，中国坚持公平正义、独立自主，从事情本身的是非曲直作出判断，始终劝和促谈，主张标本兼治，倡导构建均衡、有效、可持续的全球和地区安全架构，为消弭和平赤字、安全赤字持续贡献正能量。

"构建人类命运共同体是目光远大、以全人类利益为诉求的重要理念，致力于推动社会共融、利益共享、共同发展、共同受益。"巴西共产党前政治和国际关系书记若泽·雷纳尔多·卡瓦略说。老挝老中合作委员会副主席赛萨纳说，构建人类命运共同体理念等中国方案，"把各国更紧密地联系在一起，为促进世界和平发展、互利共赢提供了新思路、新方案、新机遇"。

中国的道路，顺应了 14 亿多中国人民的愿望，顺应了和平发展的时代潮流，不仅有益于中国，同样有益于世界。

这是中国道路和中国方案获得世界广泛赞誉的重要原因。

四、中国方案为世界贡献了什么

在世界上许多政党领导人的案头，都摆放着这样一部著作——

---

[1] 王毅：《促成沙伊和解树立了政治解决热点问题新典范》，中华人民共和国外交部网站，2024 年 1 月 9 日。

《习近平谈治国理政》。2014 年以来，《习近平谈治国理政》已面向全球出版数十个语种和版本，引发海内外热烈反响，成为改革开放以来翻译出版语种最多、发行量最大、覆盖面最广的中国领导人著作。

从《习近平谈"一带一路"》《论坚持推动构建人类命运共同体》，到《摆脱贫困》《之江新语》，再到"中国关键词""读懂中国""丝路百城传"等系列热销图书，为各国政党领导人读懂中国打开了"思想之窗"。

新启迪　新选择

世界各国共同关心的问题是，中国方案能给世界带来什么？

回答之一，是思想上的新启迪和行动上的新选择。它将拓展发展中国家走向现代化的途径，为探索更好的社会制度提供启示和全新选择。

从一穷二白、百废待兴，到成长为世界第二大经济体；从久困于穷、千年寻梦，到实现现行标准下农村贫困人口全部脱贫，中国共产党正团结带领 14 亿多中国人民，开启全面建设社会主义现代化国家新征程，向第二个百年奋斗目标奋勇进军。

柬埔寨人民党中央委员金烈提认为，中国共产党领导下的改革致力于给中国人民带来更好的生活，满足人民对于美好生活的向往。改革开放之后，中国取得了奇迹般的经济社会发展成就，成功让 7 亿多人摆脱贫困，过上了幸福生活。

"新中国成立特别是改革开放以来，我们用几十年时间走完西方发达国家几百年走过的工业化历程，创造了经济快速发展和社会长期稳定的奇迹，为中华民族伟大复兴开辟了广阔前景。实践证明，中国式现代化走得通、行得稳，是强国建设、民族复兴的唯一正确道路。"习近平主席指出。

曾几何时，西方国家的现代化路径被奉为圭臬，更有人提出了所谓"历史终结论"。然而，中国用事实宣告了"历史终结论"的终结、"中国崩溃论"的崩溃，宣告了各国最终都要以西方制度模式为归宿的单线式历史观的破产，为当今世界各国实现现代化提供了一种不同于西方的新路径。

长期研究中国问题的美国学者阿里夫·德里克认为，中国特色社会主义的理论价值，不仅在于它目前在全球经济中的重要性，而且在于它为广大发展中国家发展提供一种"替代经验"。

前民主德国党和国家领导人埃贡·克伦茨认为："苏联东欧社会主义的消失是苏联主导的社会主义模式的失败，世界社会主义的历史并不因为苏联崩溃和欧洲社会主义的沦亡而终结。中国的成功给予社会主义思想以新的鼓舞，如今世界的目光投向中国，凡是真正想走社会主义道路的人都不能绕开中国经验。"[1]

新加坡南洋理工大学协理副校长刘宏指出，中国方案是在解决世界各国所面临类似的经济、环境和发展等问题时，可以为世界提供的中国经验和中国实践。中国方案展示了中国坚持和平发展道路、推动构建人类命运共同体的大国自信和大国担当，是针对人类文明

---

[1] [德] 埃贡·克伦茨：《我看中国新时代》，王建政译，世界知识出版社，2019年版，第2页。

2017 年 11 月 27 日，16 个国家的知名出版机构同中国外文局外文出版社在北京签署《习近平谈治国理政》第二卷国际合作翻译出版备忘录，共同翻译出版这些国家语种版本的《习近平谈治国理政》第二卷。图为在签约仪式上拍摄的《习近平谈治国理政》多语种版本图书。（新华社记者 李涛 摄）

发展进步的根本问题，围绕"更好社会制度的探索"这一人类社会发展的宏大主题，发出的中国声音。

桃李不言，下自成蹊。

到东方去，到中国去！越来越多国家的政党领导人，迫切希望了解中国共产党的"执政密码"，渴望从中国的国家治理中汲取经验与启示。或怀着真诚敬意，或带着些许好奇，他们来华"取经"。

"中国共产党是如何领导人民摆脱贫困的？"

这是很多国家的政党问的最多的问题。时任老挝人民革命党中央总书记本扬也迫切想知道答案。2017年11月，习近平主席到访老挝时，中老领导人之间曾有一番推心置腹的谈话。本扬说，老挝农业自然禀赋较好，但受困于资金和技术。习近平回答说，农业领域可以成为双方合作的重点领域，中国不仅可以帮助老挝发挥自然优势，还可以帮助老挝农民脱贫致富。此后两年，本扬先后到访湖南湘西十八洞村、福建宁德下岐村，沿着习近平曾经走过的足迹，感受"精准扶贫"的中国实践。"中国同志脱贫攻坚的成功经验十分宝贵，我们要把中国同志的好做法带回老挝去。"本扬说。

"中国这么大，一项决策如何从中央落实到地方？"

2020年9月22日，贵州省惠水县，一场围绕当地特色产品佛手瓜产销问题的县委常委会会议正在火热进行。地球另一端，拉美16个国家、70多个政党和政党组织的200多名领导人，通过网络视频直播在线观摩。

这是一场为外国政党和政党组织介绍中国经验的专题活动，主题就是"中国共产党的故事——地方党委的实践"。

"不同领域的负责人通过深度研究、反复讨论，最终作出集体决策，这充分展示了中国共产党的民主决策过程，很好地解释了中国为什么能够取得如此大的发展成就。"巴拿马民主革命党前总书记佩德罗·冈萨雷斯说。

时代正能量

中国方案能为世界带来什么？

回答之二，是可以为和平、发展、合作、共赢的时代潮流不断注入中国正能量。

2024 年 2 月 17 日，王毅出席慕尼黑安全会议，在"中国专场"发表讲话。

王毅说，世界充满动荡不安，人类面临多重挑战。保护主义、泛安全化冲击世界经济，单边主义、集团政治重创国际体系。乌克兰危机延宕加剧，中东冲突硝烟再起。人工智能、气候变化、太空极地等新的挑战接踵而来。但不论国际风云如何变幻，中国作为负责任大国，将始终保持大政方针的连续性和稳定性，坚定做动荡世界中的稳定力量。

一是做推动大国合作的稳定力量。共同落实中美两国元首共识，推动中美关系沿着相互尊重、和平共处、合作共赢的正轨前进。稳定发展中俄关系，促进亚太和全球战略稳定。坚持中欧伙伴关系定位，为应对乱局注入正能量。

二是做应对热点问题的稳定力量。践行全球安全倡议，努力探索中国特色的热点问题解决之道。坚持不干涉内政，反对强加于人；坚持客观公道，反对谋取私利；坚持政治解决，反对使用武力；坚持标本兼治，反对短视片面。

三是做加强全球治理的稳定力量。支持联合国的权威和核心地位，支持安理会在和平与安全问题上发挥首要作用。加强"全球南方"团结合作，提升发展中国家在全球事务中的代表性和发言权。

为世界提供更多公共产品，为应对全球挑战作出中国贡献。

四是做促进全球增长的稳定力量。中国经济始终充满活力和韧性，长期向好的势头更趋明显。未来将向世界释放更大利好。我们集中精力实现中国式现代化，愿同各方一道，推动全球化朝着更加普惠包容的方向发展，让更多国家、更多人民从中受益。

时间是最好的见证。越来越多的人认识到，中国始终把自己的梦想融入各国人民的共同梦想，始终用自身的发展助力世界各国的共同发展。在动荡变革的时代，中国始终在为充满不稳定性和不确定性的世界注入稳定性和正能量。

在新加坡南洋理工大学社会科学学院院长刘宏看来，中国方案为构建人类命运共同体贡献了不可或缺的"正能量"。全球化的发展使得世界任何国家都不可能独善其身。中国方案中体现的"和平、发展、合作、共赢"的外交理念，"不搞强权独霸，超越零和博弈"，建立平等相待、互商互谅的伙伴关系，为建立国际机制、遵守国际规则、追求国际正义，形成以合作、共赢为核心的世界新秩序注入巨大能量。

俄罗斯科学院东方研究所首席研究员奥斯特洛夫斯基表示，共建"一带一路"倡议是中国倡导的世界的发展方向。中国近年来更加重视与发展中国家的合作，重视与共建"一带一路"国家建立紧密的经济联系，并支持这些国家完善基础设施建设。从这个意义上说，中国正在成为世界经济的重要贡献者。

2019年，来中国参加世界政党高层论坛的尼日尔民社党青年组织副主席姆杜尔·伊斯梅尔高度评价中国在当今世界发挥的作用。

他说，中国的发展是一个很好的样板，更值得肯定的是，中国鼓励非洲人民根据自己的国情选择适合自己的发展道路，走独立自主的发展道路。

类似赞誉不胜枚举。

——中国始终是国际秩序的建设者、维护者，为全球治理体系不断增添稳定因素。中国已加入了几乎所有普遍性政府间国际组织和600多项国际公约，积极参与全球治理体系改革和建设，坚决维护以联合国为核心的国际体系，维护以国际法为基础的国际秩序，维护以联合国宪章宗旨和原则为基础的国际关系基本准则，维护以世贸组织为代表的多边贸易体制。

——中国始终是文明多样性的守护者、践行者。中国倡导并积极践行全球文明倡议，同各方合力提升人文领域全球治理体系效能，推动形成人民之间大交往，探索构建全球文明对话网络，积极弘扬全人类共同价值，为推动人类社会现代化进程、繁荣世界文明百花园提供精神和文化力量。

——中国始终是全球化的参与者、推动者，为构建开放型世界不断作出重要贡献。中国已成为世界上开放程度最高的国家之一。中国关税总水平已降至7.3%，低于世界绝大多数国家。中国已经是140多个国家和地区的主要贸易伙伴，是国际各大跨国企业最重要的市场之一。

——中国始终是世界发展的贡献者、引领者，为全球经济增长不断提供强劲动力。改革开放以来，中国是世界上发展速度最快的国家之一，连续10多年对世界经济增长贡献率超过30%，中国的减贫事业对全球减贫贡献率超过 70%。无论是在 1997 年爆发的亚洲金融危机还是 2008 年爆发的国际金融危机中，中国稳健的政策、坚实的经济基础，都在地区和世界经济复苏发展中起到重要拉动作用。[1]

朋友遍天下　世界更美好

中国方案能为世界带来什么？

回答之三，是中国将和全球伙伴一起，共担时代责任，共促全球发展，携手建设更加美好的世界。

有海外媒体注意到，2023 年全年，中国同 10 多个国家和地区提升了双边关系定位，其中多数为发展中国家。

新朋友越来越多，老朋友越来越铁。作为发展中国家，中国是"全球南方"的当然一员，始终同广大发展中国家同呼吸、共命运，坚定维护发展中国家共同利益。中国同发展中国家的团结合作，不是要拉拢谁、对抗谁，而是要共同捍卫世界和平、促进全球发展、维护国际秩序。

伙伴关系是中国开展全球合作的重要纽带，是共同应对当前挑战的必然选择，也是构建新型国际关系、通往人类命运共同体的现实路径。同俄罗斯开启"中俄新时代全面战略协作伙伴关系"，同哈萨克斯坦发展"中哈永久全面战略伙伴关系"，同新加坡发

---

[1] 王毅：《团结合作开放包容　共同维护人类和平发展的进步潮流》，中华人民共和国外交部网站，2020 年 8 月 30 日。

展"全方位高质量的前瞻性伙伴关系"……中国的伙伴关系形式更加多样，内容更加丰富。

朋友圈不断扩大的背后，是中国推动构建新型国际关系的主张越来越深入人心，是中国方案正在让世界享受到更多红利。中国人民与全球伙伴一起，正在为推动构建更加美好的世界贡献力量。

志同道合是伙伴，求同存异也是伙伴。中国坚持走"对话而不对抗，结伴而不结盟"的国与国交往新路，同各国广交朋友、深化合作，不断扩大与各国的利益交汇点。

"积力之所举，则无不胜也；众智之所为，则无不成也。"习近平主席在世界经济论坛 2017 年年会开幕式上的主旨演讲中这样说道："只要我们牢固树立人类命运共同体意识，携手努力、共同担当，同舟共济、共渡难关，就一定能够让世界更美好、让人民更幸福。"

这就是中国方案的理想愿景。

结语：携手构建更加美好的世界

百年未有之大变局，呼唤大智慧、大格局、大胸怀。今天，中国方案的理论内涵不断丰富，实践路径不断完善，全球影响不断深化，正赢得越来越广泛的理解和支持。

放眼未来，中国将继续推动各国超越意识形态、社会制度、历史发展阶段差异，坚守和平、发展、公平、正义、民主、自由的全人类共同价值，携手建设持久和平、普遍安全、共同繁荣、开放包容、清洁美丽的世界。

　　寒冬阻挡不了春天的脚步，黑夜遮挡不住黎明的曙光。无论遇到什么灾难逆流，历史的车轮终会滚滚向前，时代发展潮流依然势不可当。中国将始终站在历史正确的一边，站在人类进步的一边，站在国际公平正义的一边，与世界人民一道，推动建设新型国际关系，推动构建人类命运共同体，共同迎接一个更加美好的世界。

后 记

党的十八大以来，以习近平同志为核心的党中央高瞻远瞩、统揽全局，深刻思考人类前途命运，准确把握新时代中国和世界发展大势，提出了一系列富有中国特色、体现时代精神、引领人类发展进步潮流的新理念新主张新倡议，在对外工作上进行一系列重大理论和实践创新，形成了习近平外交思想。

在推进新时代中国特色社会主义事业的伟大征程中，中国的对外工作取得历史性成就、发生历史性变革。习近平外交思想开辟了中国外交理论和实践的新境界，为推进中国特色大国外交提供了根本遵循。构建人类命运共同体从中国倡议扩大为国际共识，从美好愿景转化为丰富实践，从理念主张发展为科学体系，成为引领时代前进的光辉旗帜。中国外交的战略自主性和主动性显著增强，自信自立、胸怀天下、开放包容的大国形象日益深入人心。

《中国方案是什么》一书，是新华通讯社在中共中央宣传部、外交部指导下组织编写的阐释解读习近平外交思想、反映中国特色大国外交辉煌成就的辅助读物。本书以丰富案例和翔实数据，阐释习近平外交思想的核心要义和深刻内涵，阐明中国方案在破解和平赤字、发展赤字、安全赤字、治理赤字方面的理论与实践意义，展现中国为促进世界和平与发展、应对全球性挑战所付出的努力、展开的行动和作出的贡献，解析中国方案的历史底蕴、时代价值和文化渊源，彰显中国将自身发展同世界共同发展相统一的全球视野、世界胸怀和大国担当。

新华社副社长袁炳忠、原副总编辑周宗敏同志多次提出要求并审定书稿，新华社国际部主任倪四义同志统筹、指导了本书的编写工作。

本书编写工作由新华社总编室、国际部、对外部、研究院等部门的同志完成。各章书稿的执笔人是：第一章，王建华；第二章，张永杰；第三章，韩墨、周燕群；第四章，韩墨、王玉；第五章，刘丽娜；第六章，刘蓉蓉、郭信峰；第七章，卜多门；第八章，韩梁；第九章，文建。韩墨同志负责统改全书，韩梁、卜多门、文建、陈杉、赵嫣、任珂、刘晨、周文其等同志参与统稿和审读工作。姚飞同志为本书的编写和出版做了大量组织协调工作。

感谢新华出版社社长匡乐成，原总编辑许新；感谢责任编辑徐光；感谢特约编辑江文军；特别感谢新华出版社原社长梁相斌等同志为本书出版所付出的努力。

本书编写组

2024 年 7 月